JN310146

筆界特定事例集

**東京法務局不動産登記部門
地図整備・筆界特定室●編著**

日本加除出版株式会社

はしがき

　筆界特定制度は，平成18年1月20日に運用が開始され，およそ5年が経過しようとしていますが，現在までに，当初の予想を大きく上回る件数が申請され，今後も全国的に高水準を維持することが続いていくものと思われます。このことは，本制度に対する国民の信頼と期待の高さをうかがわせるものであり，この付託に応えるために，より一層適正かつ迅速に筆界特定手続を進めていく必要があります。

　そのためには，本制度の両輪である筆界特定登記官と筆界調査委員の強い連携が求められるところから，法務局と筆界調査委員の選出母体である土地家屋調査士会，司法書士会及び弁護士会との協力関係を引き続き維持する必要があります。

　また，本制度が国民にとって更に利便性が高く，かつ，効果的であるためには，土地家屋調査士会ADRを始めとする他の制度との連携を高めることが不可欠であり，今後，これら制度相互のシナジー効果が期待されるところです。

　ところで，筆界は，「公法上の境界」であり，その概念が不動産登記法（第123条第1号）に規定されていることから，明治以来の不動産登記制度にその基礎を置くことは論を待たないところです。したがって，筆界の特定に当たっては，表示登記に関する制度やその変遷に対する十分な理解と，土地台帳，登記簿，地図，地積測量図等の資料を的確に読み解き，整理する専門的知識による理論構成が必要になりますが，加えて，地勢や周囲の状況だけでなく，地域的慣習などによる事情を斟酌できる豊富な経験を求められることがあります。

　本制度の発足から年数が浅いこともあり，筆界特定に至るまでの道標は必ずしも明確に確立されているとは言えないところではありますが，本書で取り上げた事例は，歴史ある登記制度の運用により蓄積された知見を縦横に駆使し，筆界を特定したものであり，類似の事案を考察するための参考となることを期待しています。

　なお，本年は表示登記制度が発足して50周年に当たっており，その記念すべき年に本書を発刊することは，大変意義深いことと考えています。

　平成22年11月

東京法務局不動産登記部門地図整備・筆界特定室

目　次

はしがき………………………………………………………………………… i

総　論

筆界特定における主要な資料とその評価等について……………………… 1

　第1　不動産登記法14条1項地図………………………………………… 1
　第2　地図に準ずる図面……………………………………………………… 2
　　1　意　義………………………………………………………………… 2
　　2　種　類………………………………………………………………… 2
　　　(1)　公図（旧土地台帳附属地図）………………………………… 2
　　　　ア　公図の意義…………………………………………………… 2
　　　　イ　公図の一般的証明力………………………………………… 3
　　　　ウ　筆界特定と公図の証明力…………………………………… 3
　　　(2)　土地改良・区画整理事業による換地図……………………… 4
　　　(3)　国土調査法による地籍図……………………………………… 4
　　　(4)　震災復興図……………………………………………………… 5
　　　(5)　戦災復興図……………………………………………………… 5
　　　(6)　奈良図…………………………………………………………… 5
　　　(7)　その他の地図に準ずる図面…………………………………… 6
　第3　地積測量図……………………………………………………………… 6
　　1　意　義………………………………………………………………… 6
　　2　機　能………………………………………………………………… 6
　　3　地積測量図の活用における留意点………………………………… 7
　　　(1)　昭和30年代後半から昭和53年ころに作成された地積測量図……… 7
　　　(2)　昭和53年から平成5年ころまでに作成された地積測量図………… 7
　　　(3)　平成5年以降に作成された地積測量図……………………… 7
　　　(4)　現行法下の地積測量図………………………………………… 8
　第4　土地に関する各種図面………………………………………………… 8
　　1　市区町村税務課等備付けの図面…………………………………… 8
　　2　古地図………………………………………………………………… 8

	3　地形図	8
	4　売買契約時等に作成された実測図	9
	5　地籍地図及び土地宝典	9
	6　建築確認通知書に添付される図面	9
第5	その他筆界特定資料	9
	1　境界標	9
	(1)　意　義	9
	(2)　境界標の見方等	10
	2　塀	10
	3　擁　壁	11
	4　占有状況及び慣習	11
	5　空中写真	12
	6　登記記録及び土地台帳	12
	(1)　地　番	12
	(2)　地　目	13
	(3)　地　積	13
	(4)　所有者	13
	7　当事者等の主張	13

筆界特定事例集

事例1　国土調査法による地籍調査において筆界未定地とされた土地間の筆界特定をした事例 …………………………………………… 15

　　第1　事案の概要 ……………………………………………………… 15
　　　　1　事案の骨子 …………………………………………………… 15
　　　　2　筆界を特定するに当たって考慮した要素 ………………… 15
　　　　3　対象土地等現地の状況 ……………………………………… 16
　　第2　申請人及び関係人の主張 …………………………………… 16
　　　　1　申請人の主張 ………………………………………………… 16
　　　　2　関係人の主張 ………………………………………………… 16
　　第3　関係資料及び現地調査に基づく筆界の特定 …………… 17
　　　　1　境界標及び囲障等 …………………………………………… 17

	2	地図及び地図に準ずる図面（公図） …………………………17
	3	地積測量図等………………………………………………………17
第4		結　論………………………………………………………………18

事例2　土地区画整理法による換地処分で創設された筆界が経年により不明になった事例…………………………………………………………20

第1		事案の概要………………………………………………………20
	1	事案の骨子………………………………………………………20
	2	筆界を特定する上で，次の要素を考慮した。…………………20
	3	対象土地及び関係土地の状況……………………………………20
第2		申請人及び関係人の主張…………………………………………21
	1	申請人の主張……………………………………………………21
	2	関係人の主張……………………………………………………21
第3		本件筆界の判断……………………………………………………21
	1	境界石及び囲障等………………………………………………21
	2	土地区画整理事業による換地図………………………………22
	3	その他の事情等…………………………………………………22
第4		結　論………………………………………………………………23

事例3　分筆筆界について，地積測量図を有力な資料として特定した事例 …………………………………………………………………………25

第1		事案の概要………………………………………………………25
	1	事案の骨子………………………………………………………25
	2	対象土地等の現況………………………………………………25
第2		申請人及び関係人の主張並びにその根拠………………………26
	1	申請人の主張及び根拠…………………………………………26
	2	関係人Aの主張及び根拠………………………………………26
第3		本件筆界の検討……………………………………………………26
	1	境界標及び囲障等の検討………………………………………27
	2	地図に準ずる図面（公図）の検討……………………………28
	3	地積測量図及び実測図等の検討………………………………28
	4	公簿面積と現況面積の検討……………………………………30

第4　結　論……………………………………………………………30

事例4　分筆筆界について，地積測量図を資料として採用せず，実測図及び公共用地境界図を有力な資料として特定した事例……………31
　　　第1　事案の概要………………………………………………………31
　　　　1　事案の骨子………………………………………………………31
　　　　2　対象土地及び関係土地の現況…………………………………32
　　　第2　申請人及び関係人の主張及びその根拠………………………32
　　　　1　申請人の主張及び根拠…………………………………………32
　　　　2　関係人Aの主張及び根拠………………………………………33
　　　　3　関係人Bの主張及び根拠………………………………………33
　　　第3　本件筆界の検討…………………………………………………33
　　　　1　地積測量図及び実測図等の検討………………………………33
　　　　2　境界標及び囲障等の検討………………………………………34
　　　　3　地図に準ずる図面（公図）の検討 ……………………………35
　　　　4　公共用地境界図の検討…………………………………………36
　　　第4　結　論……………………………………………………………37
　　　　1　本件筆界1（手続番号平成18年第01号）について …………37
　　　　2　本件筆界2（手続番号平成18年第02号）について …………37

事例5　昭和40年代前半の国土調査法による地籍調査が実施された土地間の筆界特定をした事例…………………………………………………39
　　　第1　事案の概要………………………………………………………39
　　　　1　事案の骨子………………………………………………………39
　　　　2　対象土地及び関係土地の現況…………………………………40
　　　第2　申請人及び関係人の主張及びその根拠………………………41
　　　　1　申請人……………………………………………………………41
　　　　2　関係人A…………………………………………………………41
　　　　3　関係人B…………………………………………………………41
　　　　4　関係人C…………………………………………………………42
　　　第3　本件筆界の検討…………………………………………………42
　　　　1　境界標等…………………………………………………………42

2　14条地図……………………………………………………42
　　　3　地積測量図等………………………………………………43
　第4　結　論……………………………………………………………43

事例6　分筆筆界について，地積測量図に座標値の記載がないことから，測量者が保管する座標値を有力な資料として特定した事例…………44
　第1　事案の概要………………………………………………………44
　　　1　事案の骨子…………………………………………………44
　　　2　対象土地及び関係土地の現況……………………………44
　第2　申請人及び関係人の主張並びにその根拠……………………45
　　　1　申請人の主張及びその根拠………………………………45
　　　2　関係人Aの主張及びその根拠……………………………45
　　　3　関係人Bらの主張及びその根拠…………………………45
　第3　本件筆界の検討…………………………………………………46
　　　1　境界石及び囲障等…………………………………………46
　　　2　地図に準ずる図面…………………………………………46
　　　3　地積測量図等………………………………………………46
　第4　結　論……………………………………………………………47

事例7　一元化前の分筆筆界について，近隣土地の地積測量図及び公共用地境界図を有力な資料として特定した事例……………………48
　第1　事案の概要………………………………………………………48
　　　1　事案の骨子…………………………………………………48
　　　2　対象土地及び関係土地の状況……………………………49
　第2　申請人及び関係人の主張等……………………………………49
　　　1　申請人の主張………………………………………………49
　　　2　関係人の主張………………………………………………49
　第3　本件筆界に対する判断…………………………………………50
　　　1　境界標等について…………………………………………50
　　　2　公共用地境界図の検討……………………………………51
　　　3　民有地所有者間の土地筆界合意についての検討………51
　　　4　地積測量図の検討…………………………………………52

5　地図に準ずる図面（公図）について …………………………52
　　　6　以上の事実及び資料から，本件筆界については，次のとおり判断する。…………………………………………………53
　第4　結　論………………………………………………………………54
　　　1　本件筆界1（手続番号平成18年第01号）について …………54
　　　2　本件筆界2（手続記録平成18年第02号）について …………54

事例8　一元化前の分筆筆界について，実測図，筆界承諾書，公共用地境界図及び占有状況を有力な資料として特定した事例………56
　第1　事案の概要…………………………………………………………56
　　　1　事案の骨子…………………………………………………………56
　　　2　対象土地及び関係土地の現況……………………………………57
　第2　申請人及び関係人の主張並びにその根拠………………………57
　　　1　申請人の主張及びその根拠………………………………………57
　　　2　関係人Aの主張及びその根拠……………………………………58
　　　3　関係人Bの主張及びその根拠……………………………………58
　　　4　関係人Cの主張及びその根拠……………………………………59
　第3　本件筆界に対する判断……………………………………………59
　　　1　境界標及び囲障等の検討…………………………………………59
　　　2　地図に準ずる図面及び土地区画整理に基づく図面の検討…59
　　　3　地積測量図及び道路敷境界図等の検討…………………………59
　　　4　対象土地及びその周辺土地の占有状況等と分割図の検討…60
　　　5　本件筆界第3部分について………………………………………62
　　　6　本件筆界第2部分について………………………………………62
　　　7　本件筆界第1部分について………………………………………62
　　　8　対象土地等の公簿面積及び現況面積……………………………63
　第4　結　論………………………………………………………………63

事例9　一元化前の分筆筆界について，隣地の地積測量図を資料として採用せず，分筆申告図及び公共用地境界図を有力な資料として特定した事例………………………………………………………66
　第1　事案の概要…………………………………………………………66

	1	事案の骨子	66
	2	対象土地及び関係土地の現況	67
第2	申請人及び関係人の主張並びにその根拠		67
	1	申請人の主張及びその根拠	67
	2	関係人Aの主張及びその根拠	68
	3	関係人Bの主張及びその根拠	68
	4	関係人Cの主張及びその根拠	68
第3	本件筆界に対する判断		69
	1	境界標及び土地境界図等の検討	69
	2	囲障の検討	70
	3	地図に準ずる図面（公図）の検討	71
	4	申告実測図の検討	71
	5	地積測量図の検討	71
	6	対象土地乙，対象土地甲，隣接地及び161番5の土地（以下「本件四筆」という。）の形状等について	73
	7	以上の事実及び資料から，本件筆界については，次のとおり判断する。	74
第4	結　論		75

事例10 耕地整理法による換地処分によって創設された土地について，換地処分のための丈量図，公共用地境界図等を有力な資料として特定した事例 …… 77

第1	事案の概要		77
	1	事案の骨子	77
	2	対象土地及び関係土地の現況	78
第2	申請人及び関係人の主張並びにその根拠		79
	1	申請人らの主張及びその根拠	79
	2	関係人Aの主張及びその根拠	80
	3	関係人Bの主張及びその根拠	80
	4	関係人Cの主張及びその根拠	80
	5	関係人Dの主張及びその根拠	81
第3	本件筆界の検討		81

1　境界標及び囲障等の検討……………………………………81
　　　2　地図に準ずる図面（公図）及び確定図等の検討　…………81
　　　3　公共用地境界図の検討………………………………………82
　　　4　本件筆界第3部分について…………………………………83
　　　5　実測図等の検討………………………………………………83
　　　6　本件筆界第1部分及び本件筆界第2部分について………84
　　第4　結　論………………………………………………………………85

事例11　対象土地乙の里道（赤道）について，公共用地境界確定図による確定点を基点として，旧公図における形状を現地に復元して特定した事例……………………………………………………………………88
　　第1　事案の概要…………………………………………………………88
　　　1　事案の骨子……………………………………………………88
　　　2　対象土地及び関係土地の現況………………………………89
　　第2　申請人及び関係人の主張並びにその根拠………………………89
　　　1　申請人の主張及びその根拠…………………………………89
　　　2　関係人Aの主張及びその根拠………………………………90
　　　3　関係人Cの主張及びその根拠………………………………90
　　第3　本件筆界に対する判断……………………………………………90
　　　1　境界標の検討…………………………………………………90
　　　2　公共用地境界図の検討………………………………………91
　　　3　地積測量図の検討……………………………………………92
　　　4　対象土地乙の幅員の検討……………………………………93
　　　5　旧土地台帳附属地図の検討…………………………………93
　　　6　実測平面図の検討……………………………………………94
　　　7　本件筆界について……………………………………………95
　　第4　結　論………………………………………………………………96

事例12　震災復興に係る土地区画事業内の土地について，当該事業換地図及び公共用地境界図を有力な資料として特定した事例……………99
　　第1　事案の概要…………………………………………………………99
　　　1　事案の骨子……………………………………………………99

	2	対象土地及び関係土地の現況 …………………………100
第2		申請人及び関係人の主張並びにその根拠 ……………100
	1	申請人の主張及びその根拠 ……………………………100
	2	関係人Aの主張等 ………………………………………100
	3	関係人Bの主張等 ………………………………………101
	4	関係人Cの主張及びその根拠 …………………………101
第3		本件筆界に対する判断 …………………………………101
	1	境界標及び囲障等の設置状況及び検討 ………………101
	2	換地図及び土地境界図等の検討 ………………………101
第4		結　論 ……………………………………………………104

事例13 対象土地乙の私道について，現況測量図の成果を踏まえつつ，登記簿面積を考慮し，公図幅員の読み取りにより特定した事例 …107

第1		事案の概要 ………………………………………………107
	1	事案の骨子 ………………………………………………107
	2	対象土地及び関係土地の現況 …………………………108
第2		申請人及び関係人の主張並びにその根拠 ……………109
	1	申請人の主張及びその根拠 ……………………………109
	2	関係人Aの主張等 ………………………………………109
	3	関係人Bの主張及びその根拠 …………………………109
	4	関係人Cの主張及びその根拠 …………………………109
第3		本件筆界に対する判断 …………………………………110
	1	地図に準ずる図面の検討 ………………………………110
	2	境界標及び囲障等の検討 ………………………………110
	3	公共用地境界図の検討 …………………………………113
	4	現況測量図の検討 ………………………………………113
	5	対象土地乙の形状等について …………………………114
	6	対象土地乙の南側及び北側筆界線の位置について ……115
	7	対象土地乙の東側及び西側筆界線について …………115
	8	指定道路の中心線について ……………………………115
第4		結　論 ……………………………………………………116

事例14　地租改正による原始筆界について，公図，地積測量図及び空中写真を有力な資料として特定した事例 ……………………119

 第1　事案の概要 ……………………………………………………119
  1　事案の骨子 ……………………………………………………119
  2　対象土地等の現況 ……………………………………………119
  3　対象土地等の所有状況及び占有状況 ………………………120
  4　対象土地の沿革 ………………………………………………120
 第2　申請人及び関係人の主張並びにその根拠 ……………………121
  1　申請人の主張及びその根拠 …………………………………121
  2　関係人Aの主張及びその根拠 ………………………………122
  3　関係人Bの主張 ………………………………………………122
  4　関係人Cの主張 ………………………………………………122
 第3　本件筆界に対する判断 …………………………………………123
  1　地図に準ずる図面（公図）及び空中写真の検討 …………123
  2　土地境界確定図の検討 ………………………………………124
  3　地積測量図の検討 ……………………………………………124
  4　土地境界確認書の検討 ………………………………………125
  5　境界標及び囲障等の検討 ……………………………………126
  6　道路境界査定図の検討 ………………………………………126
  7　本件筆界について ……………………………………………127

事例15　震災復興に係る土地区画事業後の分筆筆界について，当該事業の街路公差中心点図と地積測量図との距離の差異を按分調整して特定した事例 ……………………………………………………130

 第1　事案の概要 ……………………………………………………130
  1　事案の骨子 ……………………………………………………130
  2　対象土地及び関係土地の現況並びに所有状況等 …………130
  3　対象土地の沿革 ………………………………………………131
 第2　申請人及び関係人等の主張並びにその根拠 …………………132
  1　申請人の主張及びその根拠 …………………………………132
  2　関係人Aの主張及びその根拠 ………………………………132
  3　関係人Bの主張及びその根拠 ………………………………132

4　前関係人の主張 …………………………………………………132
　第3　本件筆界に対する判断 ………………………………………………133
　　　1　地図に準ずる図面の検討 ………………………………………133
　　　2　本件中心点図の検討 ……………………………………………133
　　　3　本件換地確定図の検討 …………………………………………134
　　　4　境界標の検討 ……………………………………………………134
　　　5　地積測量図の検討 ………………………………………………135
　　　6　本件筆界について ………………………………………………136
　第4　結　語 …………………………………………………………………137

事例16　分筆筆界について，地積測量図及び公共用地境界図を有力な資料として，筆界付近の境界標について検討を行い特定した事例 …139
　第1　事案の概要 ……………………………………………………………139
　　　1　事案の骨子 ………………………………………………………139
　　　2　対象土地等の現況，所有状況及び占有状況 ………………140
　　　3　対象土地等の沿革 ………………………………………………140
　第2　申請人及び関係人の主張並びにその根拠 …………………………141
　　　1　申請人の主張及びその根拠 ……………………………………141
　　　2　関係人Aの主張及びその根拠 …………………………………141
　　　3　関係人Bの主張 …………………………………………………141
　　　4　関係人Cの主張及びその根拠 …………………………………141
　第3　本件筆界に対する判断 ………………………………………………142
　　　1　境界標の設置状況 ………………………………………………142
　　　2　地図に準ずる図面の検討 ………………………………………143
　　　3　地積測量図の検討 ………………………………………………143
　　　4　道路境界図の検討 ………………………………………………145
　　　5　本件筆界について ………………………………………………146
　第4　結　論 …………………………………………………………………147

事例17　原始筆界について，対象土地乙への立入りを拒否されたため，実測図，公共用地境界図，境界標，囲障等を有力な資料として特定した事例 …………………………………………………………150

第1　事案の概要 …………………………………………150
　　　1　事案の骨子 …………………………………………150
　　　2　対象土地及び関係土地の現況並びに所有状況等 …………150
　　　3　対象土地の沿革 ……………………………………151
　　第2　申請人及び関係人の主張並びにその根拠等 …………………151
　　　1　申請人の主張及びその根拠 ………………………151
　　　2　関係人Ａの主張及びその根拠 ……………………152
　　　3　関係人Ｂの主張及びその根拠 ……………………152
　　　4　関係人Ｃの主張及びその根拠 ……………………152
　　第3　本件筆界に対する判断 ………………………………153
　　　1　地図に準ずる図面の検討 …………………………153
　　　2　地積測量図の検討 …………………………………153
　　　3　本件実測図の検討 …………………………………154
　　　4　公共用地境界図等の検討 …………………………155
　　　5　境界標及び囲障の検討 ……………………………156
　　　6　本件筆界について …………………………………158
　　第4　結　論 …………………………………………………159

事例18　一元化前の分筆筆界について，関係土地等の地積測量図，公共用地境界図及び筆界付近の境界標を有力な資料として特定した事例
　　　　………………………………………………………………161
　　第1　事案の概要 …………………………………………161
　　　1　事案の骨子 …………………………………………161
　　　2　対象土地等の現況 …………………………………162
　　　3　対象土地等の所有状況及び占有状況 ……………163
　　　4　対象土地の沿革 ……………………………………163
　　第2　申請人及び関係人の主張並びにその根拠 ……………164
　　　1　申請人の主張及びその根拠 ………………………164
　　　2　関係人Ａの主張及びその根拠 ……………………164
　　　3　関係人Ｂの主張及びその根拠 ……………………165
　　　4　関係人Ｃの主張及びその根拠 ……………………165
　　第3　本件筆界に対する判断 ………………………………165

1　地図に準ずる図面等の検討 …………………………………165
　　　2　境界標及び囲障等の検討 ……………………………………166
　　　3　公共用地境界図等の検討 ……………………………………168
　　　4　地積測量図の検討 ……………………………………………169
　　　5　対象土地甲1の東側筆界について …………………………171
　　　6　対象土地の公簿面積と現況面積との検討 …………………171
　　　7　本件筆界について ……………………………………………172
　　第4　結　語 …………………………………………………………172

事例19　耕地整理法による換地処分によって創設された土地について，当該換地確定図を有力な資料として，街区に現存する御影石を引照点として特定した事例 ………………………………………175

　　第1　事案の概要 ……………………………………………………175
　　　1　事案の骨子 ……………………………………………………175
　　　2　対象土地及び関係土地の現況並びに所有状況等 …………176
　　　3　対象土地の沿革 ………………………………………………177
　　第2　申請人及び関係人の主張並びにその根拠 …………………178
　　　1　申請人の主張及びその根拠 …………………………………178
　　　2　関係人Aの主張及びその根拠 ………………………………179
　　　3　関係人Bの主張等 ……………………………………………179
　　　4　関係人Cらの主張及びその根拠 ……………………………179
　　　5　関係人Dの主張等 ……………………………………………180
　　第3　本件筆界に対する判断 ………………………………………180
　　　1　地図に準ずる図面（公図）の検討 …………………………180
　　　2　本件確定図の検討 ……………………………………………181
　　　3　公共用地土地境界図の検討 …………………………………181
　　　4　境界標等の検討 ………………………………………………183
　　　5　囲障等の検討 …………………………………………………186
　　　6　本件筆界について ……………………………………………187
　　第4　結　論 …………………………………………………………187

事例20 道路として一体的に利用されている対象土地甲，乙の原始筆界について，公共用地境界図の確定点を基点とし，公簿面積と現況面積の比較により特定した事例 ……………………………………190
 第1 事案の概要 ………………………………………………………190
  1 事案の骨子 ……………………………………………………190
  2 対象土地及び関係土地の現況並びに所有状況等 …………191
  3 対象土地の沿革 ………………………………………………191
 第2 申請人及び関係人の主張及びその根拠 ……………………192
  1 申請人の主張及びその根拠 …………………………………192
  2 関係人Aの主張等 ……………………………………………193
  3 関係人Bの主張及びその根拠 ………………………………193
  4 関係人Cの主張及びその根拠 ………………………………194
 第3 本件筆界に対する判断 …………………………………………194
  1 地図に準ずる図面の検討 ……………………………………194
  2 土地境界図等の検討 …………………………………………195
  3 地積測量図の検討 ……………………………………………198
  4 本件筆界について ……………………………………………198
 第4 結 論 ……………………………………………………………200

事例21 一元化前の分筆筆界について，複数の境界確認書を踏まえながら，囲障の状況，隣地の分筆経緯，所有権界の状況等により特定した事例 ……………………………………………………………………202
 第1 事案の概要 ………………………………………………………202
  1 事案の骨子 ……………………………………………………202
  2 対象土地及び関係土地の状況 ………………………………202
  3 対象土地及び関係土地の沿革 ………………………………206
 第2 申請人及び関係人の主張並びにその根拠 …………………209
  1 申請人の主張及びその根拠 …………………………………209
  2 関係人A（対象土地乙1及び対象土地乙2）の主張及びその根拠 ……………………………………………………………209
  3 関係人Bら（関係土地2）の主張 …………………………209
  4 東京都（関係土地1）の主張及びその根拠 ………………210

5　〇〇幼稚園（142番37ほか）の主張……………………………210
　　6　対象土地甲2の元所有者の主張及びその根拠 ………………210
　第3　本件筆界に対する判断 ………………………………………………212
　　1　地図に準ずる図面（公図）の検討 ……………………………212
　　2　囲障の状況に係る検討 …………………………………………213
　　3　境界確認書の検討 ………………………………………………214
　　4　地積測量図の検討 ………………………………………………215
　　5　本件筆界について ………………………………………………215
　第4　結　論 …………………………………………………………………220
　　1　本件筆界1 ………………………………………………………220
　　2　本件筆界2 ………………………………………………………220
　　3　本件筆界3 ………………………………………………………220
　　4　本件筆界4 ………………………………………………………220

事例22　一元化前の分筆筆界について，公図上の土地の配列と現地の占有状況による配列にそごがあるため，公図を基礎的資料として特定した事例 ……………………………………………………………222
　第1　事案の概要 ……………………………………………………………222
　　1　事案の骨子 ………………………………………………………222
　　2　対象土地及び関係土地の現況並びに所有状況 ………………223
　　3　対象土地の沿革 …………………………………………………223
　第2　申請人及び関係人の主張並びにその根拠 …………………………224
　　1　申請人の主張及びその根拠 ……………………………………224
　　2　関係人Aらの主張 ………………………………………………225
　　3　関係人Bらの主張及びその根拠 ………………………………225
　　4　関係人Cの主張及びその根拠 …………………………………225
　第3　本件筆界に対する判断 ………………………………………………225
　　1　地図に準ずる図面（公図）の検討 ……………………………226
　　2　境界標及び囲障等の検討 ………………………………………228
　　3　地積測量図の検討 ………………………………………………230
　　4　申請人提出の土地実測図について ……………………………230
　　5　本件筆界について ………………………………………………232

第4　結　語……………………………………………………233

事例23　対象土地乙の里道（赤道）について，公図に関する裁判例を踏まえて，公図上に描画された幅員を検証して特定した事例………236

　第1　事案の概要…………………………………………………236
　　1　事案の骨子………………………………………………236
　　2　対象土地及び関係土地の現況並びに所有状況及び占有状況………………………………………………………236
　　3　対象土地の沿革…………………………………………238
　第2　申請人及び関係人の主張及びその根拠…………………238
　　1　申請人の主張及びその根拠……………………………238
　　2　関係人Aの主張及びその根拠…………………………239
　　3　関係人Bの主張及びその根拠…………………………239
　　4　関係人Cの主張及びその根拠…………………………240
　第3　本件筆界に対する判断……………………………………240
　　1　地図に準ずる図面（本件公図）の検討………………240
　　2　公共用地土地境界図の検討……………………………241
　　3　地積測量図の検討………………………………………242
　　4　境界標及び囲障等の検討………………………………243
　　5　対象土地乙の道路幅員の検討…………………………244
　　6　本件筆界について………………………………………245
　第4　結　論………………………………………………………246

事例24　原始筆界について，対象土地の実測図を有力な資料として特定した事例…………………………………………………………249

　第1　事案の概要…………………………………………………249
　　1　事案の骨子………………………………………………249
　　2　対象土地及び関係土地の現況並びに所有状況等……249
　　3　対象土地等の沿革………………………………………250
　第2　申請人及び関係人の主張並びにその根拠………………252
　　1　申請人の主張及びその根拠……………………………252
　　2　関係人Aらの主張及びその根拠………………………252

3　関係人Ｂの主張及びその根拠 ……………………………253
　　4　関係人Ｃの主張及びその根拠 ……………………………253
　第3　本件筆界に対する判断 …………………………………………253
　　1　地図に準ずる図面（公図）の検討…………………………254
　　2　対象土地甲及び14番6の土地の東側筆界の検討 …………254
　　3　甲実測図及び関2実測図並びに乙実測図の検討 …………255
　　4　本件筆界の復元方法の検討 ………………………………258
　第4　本件筆界について ………………………………………………260

※　本書中に収録されている事例は，実際の筆界特定の事例を元にしていますが，プライバシー保護のため内容を変更し，図面についても一部省略・変更をしております。

総論

筆界特定における主要な資料とその評価等について

第1 不動産登記法14条1項地図

　不動産登記法（以下，単に「法」という。）は，一筆の土地ごとに登記記録を作成し，所在，地番，地目及び地積を表示することにより，その登記された土地を特定しているが，これだけでは，その土地の位置や区画を現地で特定することはできない。そこで，法は，14条1項で登記所には地図を備え付ける旨を，また，同条2項で，同地図は各筆の土地の区画及び地番を明確にするものと規定している。

　この法14条1項所定の地図（以下「14条1項地図」という。）は，一定の精度を有するため，仮に災害等で当該土地の位置や区画が不明確になっても，これにより現地における筆界を容易に復元することが可能となるものである。したがって，同地図が備え付けられている地域については，現地において筆界の位置を特定することが比較的容易である。

　しかしながら，昭和40年代から昭和50年代に14条1項地図に指定されたものの一部には，地区全体にゆがみが生じているものや，各土地の辺長等の誤差が大きいなど，十分な精度を持たないものが備え付けられている実情にある。これらの場合は，一定の範囲にわたって当該地図の検証を行った上で現地における復元を行う必要がある。

　なお，平成22年4月1日現在，登記所に備え付けられている図面約681万枚のうち，14条1項地図は約397万枚で，割合として58％にすぎず，それ以外は後述する地図に準ずる図面である。14条1項地図の大部分は，国土調査の地籍図であり，その他は土地改良，区画整理等の所在図，法務局作成の地図である。

第2　地図に準ずる図面

1　意　義

　地図に準ずる図面は，14条1項地図が登記所に備え付けられるまでの間，同条4項の規定により，登記所に備え付けることとされている図面である。

　14条1項地図が，「各土地の区画を明確にし，地番を表示するもの」と規定されている（同条2項）のに対し，地図に準ずる図面は，「土地の位置，形状及び地番を表示するもの」と規定されている（同条5項）。すなわち，14条1項地図が「区画を明確にする」ものであるのに対し，地図に準ずる図面には現地復元性を有するという意味での「区画を明確にする」機能までは求められていない。

　地図に準ずる図面は，法14条1項地図が備え付けられていない地域においては，土地の位置，区画及び地番を示す唯一の公的資料であるが，土地の位置や区画を正確に特定することはできず，現地の状況と符合しない場合も多い。

2　種　類

　現在登記所に備え付けられている地図に準ずる図面には，次のような種類がある。

(1)　公図（旧土地台帳附属地図）

　ア　公図の意義

　　　公図の語源は必ずしも明らかではないが，一般的には，土地台帳法施行細則2条に規定されていた旧土地台帳の附属地図を呼称する際に使用されるものであり，法律上の用語ではない。現在，登記所に備え付けられている地図の約半数は，この旧土地台帳附属地図である。

　　　なお，公図という呼称は，昭和50年代までに実施された土地改良事業（耕地整理を含む。）や土地区画整理事業による換地確定図など様々な事業の成果として作成され登記所に備え付けられた図面に対しても用いられることもある。

　　　また，東京法務局管内登記所には震災復興図，戦災復興図など地域独自の図面が備え付けられているが，これらについても公図と呼称される場合があるので，注意を要する。

公図は，申請に係る筆界が，いわゆる原始筆界である場合などにおいては，筆界を特定するための有力な資料となり得る。しかしながら，公図は，作成時期や作成経緯，作成された地域によって性質が異なるため，その評価に当たっては，公図に対する一般的な評価に加え，当該公図の有する性質を正しく把握した上で評価する必要がある。
イ　公図の一般的証明力
　(ア)　公図は，現地において創設された一筆を事後的に表示したものであるから，公図自体が一筆の土地の位置関係や形状，筆界及び地積を形成する効力を有するものではなく，単に，その作成経緯に応じて事実上の証明力を有するにすぎない。
　(イ)　公図の一般的な証明力としては，距離，角度，方位，地積といった定量的な面については，それほど信用できないが，隣接地との位置関係や，筆界が直線か屈曲線かなどという定性的な面については，かなり信用できるというのが裁判例の多くに見られるところであり，筆界特定の資料としても同様に取り扱うべきである。したがって，当該地域について，おおむね，現地の形状と公図の表示が一致する場合において，一部分についてのみ形状の一致しない地域がある場合は，当該地域は，当事者の合意によって，私法上の境界，すなわち，所有権界が変更されたことを疑う必要がある。
ウ　筆界特定と公図の証明力
　　一般に，筆界を特定するために活用すべき公図の証明力としては，次の3つが考えられる。
　　なお，公図を資料として，直ちに筆界を特定できる事例は決して多くないと考えられる。むしろ，公図は，他の資料によって特定された筆界に誤りがないことを確認するために活用したり，あるいは，他のあらゆる資料によっても筆界を特定することができない場合において，ある程度，特定すべき筆界を絞り込むために活用すべき場合が多いと考えられる。
　(ア)　土地相互の相対的な位置関係
　　　土地相互の相対的な位置関係，例えば，数筆の土地の筆界線が直線であること，3筆の土地が1点で接することなどの点については，比較的公図の表示を信頼することができると考えられる。

(イ)　辺長の比

　　辺長の比とは，公図に表示されている土地の筆界線をスケールアップし，これを現地に展開して筆界を特定するために利用しようとするものである。公図には，当該図面の作成経緯や作成地域等に応じて，相当程度の縄伸びや縄縮みが存在する場合が多いが，数筆の土地の縄伸び等がそれぞれ同程度であれば，当該土地の筆界線の辺長を按分することによって，現地における筆界点の位置をある程度特定することができる場合も少なくない。

　(ウ)　面積の比

　　面積の比とは，隣接地の各土地の登記記録上の地積の比を算出し，これに(イ)で行った検討に基づいて，現地における妥当な筆界線の位置を特定する手法である。すなわち，(イ)において，隣接地間に引かれるべき筆界線の辺長が認定できれば，当該筆界線が現地のどの位置に存在するのかという点について，面積比をもって特定しようとするものである。これは，当該公図から，直ちに一筆の土地の地積自体を求めることは困難であるとしても，当該地域において縄伸び率等がほぼ一律であるとすれば，隣接土地間における面積比については，公図の表示を参考にすることができるものと考えられるため，これを筆界特定の資料として活用しようとするものである。

(2)　土地改良・区画整理事業による換地図

　昭和50年代ころまでに実施された土地改良事業（耕地整理を含む。）あるいは土地区画整理事業による換地図については，座標求積によらないものが多く，現地復元性に乏しいだけでなく，現地の境界標と図面の点間距離が一致しないものや境界標が存在しないところも見られる。

　なお，これら換地図において特に注意を要する点は，当該区画整理等の地区界に隣接する公図との縮尺の相違等が原因で，図面上で整合しなかったり，現地と形状が相違するケースが散見されることである。

(3)　国土調査法による地籍図

　国土調査法による地籍図は，登記所に備え付けられている法14条１項地図の大半を占めるものであるが，昭和40年代前半から昭和50年代にかけて作成された地籍図については，境界確認が正確に行われていないものや現地の形状に一致しないなど，現地復元性に欠けるものが見られ，法14条１

項地図に指定されず，地図に準ずる図面として備え付けられているものも多い。

(4) 震災復興図

旧特別都市計画法（大正12年法律第53号）に基づいて実施された関東大震災復興のための土地区画整理事業で整備された図面である。公共用地の幅員，面積，辺長について尺間法による数値を記載した確定図が作成されたが，現地に基準点，境界杭がない場合が多く，筆界特定には2・3街区先からの調査測量が必要とされる地域もある。

本図面の測量精度は一律でなく，筆界特定の現況測量等を行って，初めて明らかになることが多い。

(5) 戦災復興図

新特別都市計画法（昭和21年法律第19号）に基づいて実施された戦災復興のための土地区画整理事業で整備された図面である。公共用地の幅員，面積，辺長について尺間法・メートル法による数値を記載した確定図が作成された。同図には，境界点の座標，方向角等の記載もあり，相当程度の現地復元性を有していると考えられるが，現地に基準点，境界杭がない場合が多く，筆界特定には2・3街区先からの調査測量が必要とされる地域もある。

本図面の測量精度は一律でなく，筆界特定の現況測量等を行って，初めて明らかになることが多い。

(6) 奈良図

奈良図は，昭和40年代，損耗が著しい公図（紙図）を再製した図面である。再製は原図をトレースする方法により行われ，東京法務局管内を中心に多くの登記所に備え付けられている。

本図面の語源は，再製作業の中心人物の氏にちなんで奈良図と呼ばれるようになったという。

本図面は公図をトレースしたものであるため，その位置付けは公図と解される。しかしながら，本図面は，トレースのミスや，本来は別図であったものを区画や辺長を伸縮させて接合させるなどの再製方法が散見されるため，その活用に当たっては，本図面を単独で用いることなく，常に原図と照合しながら活用する必要があることに留意すべきである。

(7)　その他の地図に準ずる図面

　　大規模な住宅団地等が造成された場合，登記所では公図の当該部分を閉鎖して新たにその部分について図面を備え付けることがあった。このうち，昭和40年代後半の列島開発ブーム当時の宅地開発等の図面は，十分な調査が行われないまま備え付けられたものもあり，現地の境界標がないか，あるいはあっても点間距離が一致しないものがあり，注意を要する。

第3　地積測量図

1　意　義

　地積測量図は，土地の表題登記，地積に関する変更又は更正の登記，分筆の登記を申請する場合や，地図又は地図に準ずる図面の訂正の申出をする場合に登記所に提供されるものであり，登記後は登記所に備え付けられる。地積測量図は，特に法14条1項地図の備付けのない土地については，これに代わるものとして，あるいはそれ以上に現地特定機能を有するものであるから，筆界の特定に当たっては必ず活用されるべき第一級の資料となる。

2　機　能

　昭和35年に土地台帳法が廃止され，これに代わって，表示に関する登記制度が創設された。法17条地図（現行の法14条1項地図）の整備が遅々として進まない中にあって，地積測量図は，面積測定機能のみならず，現地特定機能をも期待されてきた。

　平成17年における新不動産登記法の施行に伴い，電磁的記録に記録する地図にあっては，土地の区画及び地番にとどまらず，各筆界点の座標値をも記録するものとされた。

　一方，地積測量図には，求積方法が記録されること，筆界点間の距離（辺長）が記録されること，基本三角点等に基づく測量の成果による筆界点の座標値，又は近傍に基本三角点等が存しない場合その他基本三角点等に基づく測量ができない特別の事情がある場合にあっては，近傍の恒久的地物に基づく測量の成果による筆界点の座標値のいずれかが記録されることからすると，現地特定機能においては，地図にも勝る機能を有するものとして位置付けられるに至ったともいえる。

3　地積測量図の活用における留意点

　法14条1項地図が備え付けられている土地については，これにより，現地の筆界を復元することができることから，地積測量図の筆界特定機能が特に発揮されるのは，同地図が備え付けられていない土地についてである。しかし，地積測量図は，作成時期によって取扱いが異なる結果，その精度についても一律ではない。したがって，活用の際は，これらの点についても留意する必要がある。

(1)　昭和30年代後半から昭和53年ころに作成された地積測量図

　この年代に作成された地積測量図は，現地の測量をしないまま，公図上に分割線を引き，スケール読みの三斜求積により作成されたものも少なくなく，求積部分は測量されていても境界立会いがされていないこともある。また，残地部分については，測量されずに描かれているものが多くある。したがって，現地と一致しないものもあれば，同一人が作成したにもかかわらず，隣接地測量図の辺長と一致しないものや，関連する地積測量図相互の辺長が全部相違するものもある。これらの原因としては，表示に関する登記の歴史が浅く，地積測量図についてその重要性の認識が関係者において十分浸透していなかったこと，また，地価も現在ほど高くなく，筆界に関して国民の権利意識も低かったこともあいまって，安易な処理が許容される環境であったことなどが考えられる。

(2)　昭和53年から平成5年ころまでに作成された地積測量図

　昭和52年10月に不動産登記法施行細則（以下「細則」という。）が改正され，地積測量により設置又は確認した境界標がある場合は，これを地積測量図に明示することが義務付けられた。しかし，境界標のない場合には，近傍の恒久的地物との位置関係を表示すべきとされていなかったため，現地特定機能としては不十分であったといわざるを得ない。この時期から測量に光波測距儀が用いられるようになり，以前の地積測量図に比べると精度は向上しているが，中にはまだ残地部分が測量されていないと認められるものも見受けられるので，残地部分については特に注意を要する。

(3)　平成5年以降に作成された地積測量図

　上記の状況を踏まえ，平成5年に細則が改正され，地積測量図には，境界標があればこれを記載しない場合でも，適宜の筆界点と近傍の恒久的地物との位置関係を必ず記載しなければならないと規定された。これによ

り，地積測量図の現地特定機能は強化されることになった。

　　また，地価の高騰から所有者の権利意識も向上し，境界立会い・確認もより厳密に行われるようになったため，この時期以降の地積測量図は本来有すべき機能を有しているものと評価できる。

(4) 現行法下の地積測量図

　　現行の不動産登記法の施行に伴い，不動産登記規則において，筆界点の座標値をも地積測量図に記録すべき事項とし，かつ，その測量に当たっては，基本三角点等に基づいて行うべきことが規定された。これにより，地積測量図の作成に当たっては，公共座標に基づく作成を基本とすることが示されたことになり，現地特定機能が一層高まることとなった。

第4　土地に関する各種図面

1　市区町村税務課等備付けの図面

　市区町村の税務課等で保管している図面は，登記所保管の公図を複写したものもあるが，登記所に保管されていない古い年代のものがあり，また，登記所保管の公図に分筆線が未記入である場合など，これら資料が参考となるときがある。

2　古地図

　古地図といわれるものは，地租改正事業又は地押調査事業のころに公図を謄写したものと考えられており，その当時集団的に土地を所有していた地主が保管していることが多い。公図を謄写したものであるので，その精度については公図と同等の評価が妥当と考えられる。

3　地形図

　登記所，市区町村税務課，郷土資料館等に保管されている土地台帳当時の分合筆申告書，あるいは異動通知書（今でいうところの税務通知）に編てつされている地形図は，対象土地について分筆の経過はあるものの，どのような分割がされたか不明の場合に参考となる。反面，隣接地地番の記載のないものが多い結果，南北，あるいは東西を誤っているものもあり，また，机上分筆が疑われるものもあるので，注意を要する。

4　売買契約時等に作成された実測図

　　筆界特定申請の関係者から，土地の売買契約時等に作成された実測図が資料として提出される場合がある。この実測図の評価については，同図が筆界を確認した上で作成されたものであるか否かで評価が異なるので，この点を必ず確認する必要がある。

5　地籍地図及び土地宝典

　　地籍地図は，民間の出版社が，登記所，市区町村等に備え付けられている公図と土地台帳の記載を合体させ，編集した地図帳（現在の住宅地図に類する。）であり，土地一筆ごとの地番，地目，等級，地籍，所有者等が表示されている。

　　また，土地宝典も地籍地図とほぼ同じものであるが，地番，地目等のほか，間口や地価の記載がある。

　　これらは，時代ごとに版を重ねて出版されたが，古いものは，いずれも明治時代にさかのぼることから，資料が乏しい地域における原始筆界の特定に当たって，参考になる場合がある。

6　建築確認通知書に添付される図面

　　建物を建築する場合においては，工事に着手する前に，その計画が建築基準法令に適合するものであることについて，建築主事の確認を受けなければならないが，この際の建築確認申請に添付される建物の配置図等の図面が，筆界を特定するための参考となる場合がある。ただし，この図面は，建物建築のための図面であり，隣接地所有者等による筆界の確認がされていない場合も多いので，注意を要する。

第5　その他筆界特定資料

1　境界標

(1) 意　義

　　一般に，境界標とは，一筆の土地と他の土地との境界を表示するために設置された標識をいい，土地の所有者は，隣接地の所有者と共同の費用をもって境界標を設けることができる（民法223条）。

境界標は，現地において直接的に境界を示している標識であり，筆界の特定に当たって，地図，地図に準ずる図面及び地積測量図と並んで重要な資料である。ただし，（法定）筆界の認識がなく，単に所有権界を表示する趣旨で設置されたにすぎない場合や，隣接地所有者の一方のみで設置した場合において，それが真に両当事者が認識している境界を正確に示していない場合もあり，その設置時期，設置者，設置目的，設置根拠等について確認の必要がある。

　また，地震等の災害や道路工事，建物の建築あるいは関係者の行為等によって，設置後に移動している場合もある。このため，一般に，現地における境界標の示す指示点をもって，当該点が真の筆界点であるとの推定力はないといわれていることに留意すべきである。

(2)　境界標の見方等

　境界石は，その境界石の中心部分が常に境界点に位置するように埋設されているとは限らない。すなわち，隣接地の所有者が共同で境界標を埋設した場合には，境界標の中央を境界点とする場合が多いが，一方が単独で自己の費用をもって埋設した場合には，境界標は，埋設者の所有地内に埋設されていることが多い。しかし，長年の経過により，隣接地所有者等が，その境界石が中心であるとして争いになることがあり，また，人名や会社名が刻印され，境界石のどの部分が筆界点を指示しているのか，判断に迷うことも少なくない。

　このような場合には，近隣の筆界点の位置や設置経緯，地域的な慣行等の有無についても調査し，具体的な判断に当たっては，他の資料と併せて行う必要がある。

　なお，境界標の刻印によって，当該境界標のどの部分が指示点であるかについての裁判例として，「土地境界標識用として天頂に十文字を表示したコンクリート製10センチメートル角の杭が埋設されている地点を境界点として指示したときは，特段の事情がない限り当該杭の天頂の十文字の中心点を指示点と解すべきことは社会通念上当然のこと……（福岡高裁昭和46年7月22日判決・判例時報653号93頁）」と判示したものがある。

2　塀

　住宅地の隣接所有者間等においては，境界標と共に，あるいはこれに代わ

るものとして，万年塀，ブロック塀等の塀が境界として利用される例がある。ただし，境界標と同様に，又はそれ以上に，境界を直接表示するために設置されたものというより，むしろ，基本的には，当事者間の占有状況の現れにすぎない場合が多いことに留意すべきである。

3　擁　壁

　傾斜地に建物等を建築する場合には，当該敷地を平らに造成するとともに，当該土地の崖崩れ等を防止するため，擁壁が設けられることが多い。

　擁壁は，高地側の所有者が自己所有地の崩落を防止するために設置するのが通例であるから，基本的には，擁壁の下端部分（基礎面）をもって境界（占有界）とする例が多いといえる。

　また，擁壁下に溝がある場合には，その利用状況を勘案する必要があると考えられる。すなわち，溝を双方が利用している場合は溝の中心線，高地側の所有者のみが利用している場合は溝の全部を高地側に含めるのが通例である。

4　占有状況及び慣習

　民法188条は，「占有者が占有物について行使する権利は，適法に有するものと推定する。」と規定し，占有者の権利行使の適法性を法律上推定している。

　この点からも明らかなように，通常，占有界のあるところに所有権界も存在すると推定されることが多い。また，所有権界があるところに筆界も存在するとの事実上の推定が働く。現地における隣接地所有者間の安定した占有状況は，当事者がこれを真の筆界に基づくものであると是認していることの現れである場合が多いので，現地における占有状況は，筆界の特定に当たって，必ず参考とされるべき資料である。

　占有状況は，各地方における慣習とも密接な関係を有していることから，これを確認することが重要である。

　明治期に創設された，いわゆる「原始筆界」を特定するためには，まず，筆界が創設された当時にまでさかのぼって，その占有状況の確認に努める必要がある。その上で，その後の占有状況の変遷を追跡し，現在の占有状況に照らして，その占有するラインをもって，筆界と認定できるかどうかを判断

することになる。

5　空中写真

　空中写真は，一般には，「航空写真」ともいわれるが，飛行中の航空機などから航空カメラによって地表面を撮影した写真をいう。

　空中写真は，都市部については昭和10年ころから撮影が開始され，戦後は米軍が日本全土にわたって撮影し，その後も，定期的に国土地理院，林野庁及び地方公共団体が地域を分担して撮影している。国土地理院は主に都市部を，林野庁と都道府県は主に林野・山岳地域（林野関係）を担当しており，国土地理院の撮影地域については財団法人日本地図センターから，林野庁関係については社団法人日本林業技術協会から入手することができる。

　筆界特定においては，現地の占有状況の調査が重要であることは前述したとおりであるから，空中写真は，現地の占有状況の変遷を調査する手段として有用である。

6　登記記録及び土地台帳

　筆界特定の資料として，対象土地や関係土地等の登記記録，さらに，閉鎖登記簿や土地台帳を確認すべきことはいうまでもない。その上で，対象土地等の分筆や合筆の経緯について時系列で整理することによって，対象土地等の筆界の成り立ちについて的確に把握する必要がある。

　以下では，登記記録の中でも，筆界特定に当たり，重要な情報である地番，地目，地積及び所有者について述べる。

(1)　地　番

　地番は，明治５年の壬申地券の発行によって初めて設定され，次いで，地租改正事業における地押調査によって，民有地について付された土地の番号である。各筆の土地について，分筆等の登記がされた場合は，枝番号を順次付すことによって新たな地番が設定されることになることから，地番を調査することによって，土地の沿革を把握することができる。

　また，地番の付番方法については，基本的に，地押調査のために歩いた順番に付番される例が多いため，これをたどることによって，当該地域における地形的特色をある程度推測できる場合もある。例えば，公図上は隣接しているにもかかわらず，地番が連続していない場合には，当該箇所に

山や谷など，何らかの地形的障害が存在していたことが推測される。
(2) 地 目

　土地台帳の制度目的からして，また，不動産登記法の規定からしても，地目は，一筆の土地の範囲を区画する重要な要素であり，単に土地の一定の利用目的として以上の意味を持っている。したがって，対象土地及びその周辺地の地目の変遷を確認していくと，当該土地の利用状況による範囲が明らかになり，筆界の特定に結びつく場合がある。

(3) 地 積

　登記記録上の地積を有力な資料として筆界特定をする例としては，対象土地等が分筆により形成された土地であって，地積測量図の備付けがなく，当該土地の範囲をどこまでとするか判断するような場合が多いと考えられる。

　一般に，土地台帳上の地積は，地租を軽減させる目的で，いわゆる，縄伸び，縄縮みという，意図的に実測面積と異なる地積を申告し，これに基づいて登記記録及び公図に記録されている例が少なくないといわれる。したがって，このような測量に基づいて作成された分筆申告図に基づく登記記録上の地積は，必ずしも正確でないことが多いため，公簿面積のみによって筆界を特定することができない場合が多いことに留意する必要がある。

(4) 所有者

　土地台帳までさかのぼって所有者の変遷を確認することによって，筆界の特定の資料となることがある。同一人が多数筆の土地を所有している場合，その所有者にとって，自己所有地同士の筆界を明確にする必要性は希薄である反面，隣接地所有者と接する部分の土地の筆界は，実際上，これを明確にしておく必要性は高いことから，現地に何らかの痕跡が残されている可能性がある。

　そこで，まず，所有者の異なる地番間の筆界を明確にし，特定すべき筆界を絞り込んでいく手法が効率的と考えられる。

7　当事者等の主張

　筆界特定においては，申請人及び関係人の主張は当然得る必要があるが，前所有者，対象土地上の建物の所有者，造成工事人，取引仲介人等の供述に

ついても，必要があれば調査すべきである。

　対象土地及び関係土地の所有者等の当該筆界に関する主張自体が筆界特定の重要な資料となることはいうまでもないが，現地を撮影した古い写真や先代からの伝承などの情報を収集することが，筆界の特定に役立つ場合もある。筆界が争われている事例の中には，塀や石垣の工事の際に，依頼者や工事人が故意又は過失によって境界標を任意に移動させる例もあるといわれており，そのような事実を当事者の主張やその保有する資料を調査することによって確認することができる。

　当事者の多くは，所有権界のみに関心を示し，筆界には関心を示さないのが通例であるから，その主張については，筆界に関するものか所有権界に関するものか常に注意をしておく必要がある。

事例 1

国土調査法による地籍調査において筆界未定地とされた土地間の筆界特定をした事例

> 本件事案は，国土調査法に基づく地籍調査において筆界未定として処理された対象土地間の筆界の特定を求められたものであり，筆界を特定するに当たっては，地籍調査に基づく成果と申請人から提出された測量図面を有力な資料として筆界の特定をした事案である。

第1 事案の概要

1 事案の骨子

本件に係る筆界は，対象土地甲の所有者（以下「申請人」という。）と対象土地乙の所有者（以下「関係人」という。）が，地籍調査において，双方の土地の道路面間口の辺長に合意することができなかったため，筆界未定として処理されたものである。申請人は，かねてから筆界未定を解消しようと考えており，筆界特定の申請に及んだものである。

2 筆界を特定するに当たって考慮した要素

① 本件対象土地間の筆界は，○○年に開発公社が分譲地として分筆を行ったことにより形成された筆界であること。

② 管轄登記所に備え付けられている本件対象土地付近の地図は，地籍調査の成果として作成されたもので，法14条1項地図に指定されているが，本件筆界については，筆界未定となっていること。

③ 対象土地乙は，旧対象土地乙（①の分筆により創設された土地を指す。）から●番●●を分筆した際の分筆残地であること。

④ 対象土地甲と対象土地乙との間には，ブロック塀（以下「対象ブロック塀」という。）及びコンクリート塀（以下「対象コンクリート塀」という。）が存し，これらが対象土地甲と対象土地乙の占有界となっているが，当事者間において，本件筆界の位置についての主張に食い違いがみられること。

3 対象土地等現地の状況

① 現地は，住宅地であり，おおむね平坦地である。対象土地等の位置関係は，別紙図面のとおり，対象土地甲の西側に対象土地乙が隣接しており，対象土地甲及び対象土地乙の北側には関係土地1（道路）が隣接しており，関係土地2は，対象土地甲及び対象土地乙の南側に隣接している。

② 対象土地甲の西側（対象土地乙の東側）には，対象ブロック塀及び対象コンクリート塀が存し，これらが対象土地甲と対象土地乙の占有界となっている。

③ 対象ブロック塀の南端（5点）には，鉄鋲が打設されており，対象土地甲及び対象土地乙の南側（関係土地2の北側）には，東西に延びるブロック塀（以下「関係ブロック塀」という。）が設けられている。

第2 申請人及び関係人の主張

1 申請人の主張

旧対象土地乙を分筆する際に，別紙図面中の2点と5点とを結ぶ直線を本件筆界として確認したことがある。また，開発公社から対象土地甲を購入した際に入手した測量図（以下「A測量図」という。）によると，同土地が道路と接する間口は，10mと記載されている。

このため，本件筆界は，別紙図面中の対象土地乙側にある対象コンクリート塀の東北角の2点から6点を直線で結ぶ線である。また，対象土地甲が道路と接する間口は，10mであると主張する。

2 関係人の主張

対象土地乙を購入した際に入手した測量図（以下「B測量図」という。）に，同土地の道路に接する間口が6.03mと記載されている。

このため，本件筆界は，別紙図面中の旧対象土地乙の分筆の際に設置された分割点（1点）から道路に接する間口を東方向に6.03m確保した点と5点とを直線で結ぶ線であると主張する。

第3　関係資料及び現地調査に基づく筆界の特定

1　境界標及び囲障等

　　地籍調査では，関係ブロック塀の中心線を，対象土地甲及び対象土地乙と，関係土地2との間の筆界として確認している。このため，5点に存する鉄鋲については，旧対象土地乙の分筆のために対象土地甲と旧対象土地乙との境に打設されたものと認められるものの，関係ブロック塀の中心直線上にないことから，5点から，対象ブロック塀の中心線を南側に延長し，関係ブロック塀の中心線と接する6点を本件筆界の南端の筆界点と認めるのが相当であると考えられた。

2　地図及び地図に準ずる図面（公図）

①　本件対象土地付近の地図は，地籍調査の成果として，管轄登記所に備え付けられた法14条1項地図であるが，本件筆界については筆界未定の処理がされている。

②　同日付けで閉鎖された地図に準ずる図面（以下「閉鎖公図」という。）は，〇〇年に開発公社の分譲地開発による分合筆の登記により，当該地域の旧土地台帳附属地図について筆界の書き入れがされたものである。

　　閉鎖公図上の土地の配列及び形状は，現地の状況とおおむね一致しており，本件筆界は，北側から南側に伸びた直線の形状で，関係土地1の南側筆界線とT字型に接し，関係土地2の北側筆界線ともT字型に接した形で記載されている。

3　地積測量図等

①　A測量図によれば，対象土地甲が道路に接する間口は10mと記載され，旧対象土地乙が道路に接する間口も10mと記載されている。

②　●番●●の土地については，地積測量図が管轄登記所に保管されており，これによると同土地が道路に接する間口は，4mと記載されている。

　　なお，登記所保管の地積測量図については，間口の距離が地籍調査の結果と一致することから，道路に接する間口の距離は正しいと認められるものの，それ以外の筆界については現地距離を反映しておらず，採用することは相当でないものと考えられた。

③　対象土地乙については，Ｂ測量図によると同土地が道路に接する間口は，6.03ｍと記載されている。

なお，Ｂ測量図の対象土地乙の間口は，対象ブロック塀の中心線を北方向に延長した線と道路境界との交点（4点）から1点までの間の距離とほぼ一致するが，旧対象土地乙の分筆の際に作成されたと認められる境界確認書では，本件筆界北側の筆界点の位置としては対象コンクリート塀の東北角の2点で確認しており，2点から1点までの現況距離と符合しない。

このため，Ｂ測量図及び申請人提出の境界確認書は，いずれも採用することは相当でないものと考えられた。

④　以上のことから，対象土地乙の道路に接する間口は，別紙図面中1点を起点として対象土地乙が道路と接する筆界線上を東方向に，Ａ測量図の旧対象土地乙の間口（10ｍ）から管轄登記所保管の地積測量図の間口の距離であって地籍調査の成果でもある●番●●の土地の間口（4ｍ）を差し引いた6ｍの距離をとった地点（3点）を本件筆界の北端の筆界点と認めるのが相当と考えられた。

第4　結　論

以上の事実を踏まえて考察すると，本件筆界は，閉鎖公図に記載された各対象土地の形状，地籍調査の成果及びＡ測量図の各土地の辺長とも一致し，本件対象土地間の占有状況ともほぼ一致する3点と6点とを直線で結んだ線であるとするのが相当とされた。

別紙図面

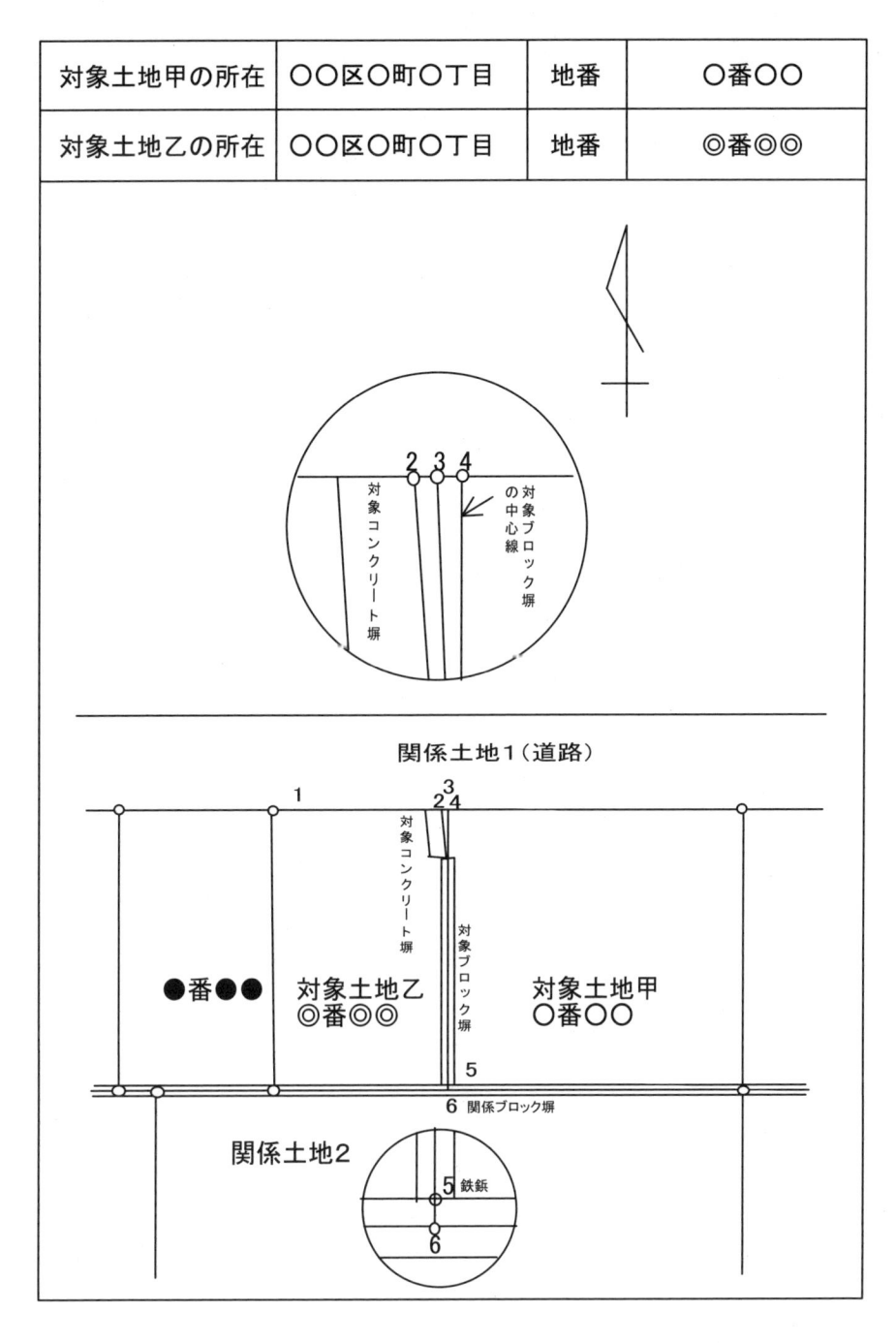

対象土地甲の所在	○○区○町○丁目	地番	○番○○
対象土地乙の所在	○○区○町○丁目	地番	◎番◎◎

関係土地1（道路）

対象コンクリート塀
対象ブロックの中心線

対象土地乙
◎番◎◎

●番●●

対象ブロック塀

対象土地甲
○番○○

関係ブロック塀

関係土地2

5 鉄鋲
6

事例 2

土地区画整理法による換地処分で創設された筆界が経年により不明になった事例

> 本件事案は、区画整理による換地処分によって筆界の創設がなされた土地について、長年の経過により筆界が不明となったとして、その特定を求められたものであり、筆界の特定をするに当たり換地図を重要な資料として筆界の特定をした事案である。

第1　事案の概要

1　事案の骨子

　本件は、対象土地甲の所有者（以下「申請人」という。）が対象土地甲の北東側に接する対象土地乙との間の筆界の位置について、対象土地乙の所有者（以下「関係人」という。）に確認を求めたところ、以前から同人と意見の対立があるため、その確認をすることができなかったものである。

2　筆界を特定する上で、次の要素を考慮した。

①　対象土地甲及び対象土地乙の筆界（以下「本件筆界」という。）は、〇〇年に区画整理法の換地処分によって創設がなされた筆界であること。

②　対象土地甲及び対象土地乙の明確な占有界を示す工作物等は無く、当事者間の筆界の位置についての認識が相違すること。

3　対象土地及び関係土地の状況

①　現地は、南から北へ上り傾斜となった商業地である。対象土地等の位置関係は、対象土地甲の北東側に対象土地乙が隣接する。関係土地1は、対象土地甲の一部と対象土地乙の南東側に隣接している。関係土地2は、対象土地甲及び対象土地乙の北西側に隣接する土地で公衆用道路となっている。

②　対象土地甲は、申請人が〇〇年に〇〇〇〇から取得したものである。同

土地上の建物には，申請人及びその家族が居住している。
③ 対象土地乙は，関係人が関係土地1と共に〇〇年に〇〇〇〇から取得したものであり，関係土地1上の〇〇〇〇所有共同住宅の入口通路として利用されている。

第2　申請人及び関係人の主張

1　申請人の主張

本件筆界は，換地図において，対象土地乙の短辺長が0.92mと表記されていることから，別紙図面中K1点とK2点とを直線で結んだ線であると主張する。

2　関係人の主張

関係人と申請人の親族との間で，〇〇年ころ，本件筆界について申請人所有建物の庇を垂直に下ろした線を筆界とする合意がなされ，S11点上にコンクリート杭の設置をしたことである。また，以前対象土地乙の南東側奥に井戸があり，近隣住民の水くみ場として利用されており，その際に通路幅が約90cmでは狭いので現在の通路幅120cmに広げられた経緯があること。その後，隣接所有者であった関係人が購入し，現在に至っていること。以上のことから，本件筆界は別紙図面中S11点とC17点とを直線で結んだ線であると主張する。

第3　本件筆界の判断

1　境界石及び囲障等

① 対象土地甲，対象土地乙及び関係土地には，換地処分により埋設された境界標はない。
② 本件筆界付近には，別紙図面中S11点に換地処分後埋設されたコンクリート杭があること，別紙図面中S11点とS12点を直線で結んだ位置東側に，平成15，6年ころ関係人が設置した門扉があること，また，関係土地1上の建物の水道メーターが，本件筆界付近に4基設置されていること以外，対象土地甲及び対象土地乙の明確な占有界を示す工作物等はない。

2　土地区画整理事業による換地図

①　本件筆界は，前記第1の2のとおり，土地区画整理法の換地処分により創設されたものであるから，その特定に当たっては，その際登記所に提出された換地図が重要な資料となると考えられた。

②　現地における土地の配列及び形状は，対象土地甲，対象土地乙，関係土地1及び関係土地2のそれぞれの土地について，換地図と一致する。

③　換地確定図の尺貫法による間座標をメートル座標に換算して作成した図面と当該街区についての測量の成果図は，ほぼ一致する。

④　また，対象土地甲及び対象土地乙の登記記録によれば，対象土地甲の公簿面積は18.77㎡であり，対象土地乙の公簿面積は4.89㎡である。換地確定図の尺貫法による間座標をメートル座標に換算した数値による対象土地甲の計算面積は18.89㎡であり，対象土地乙の計算面積は4.93㎡となり，対象土地甲及び対象土地乙ともに，計算面積と公簿面積が，ほぼ一致する。

　　なお，換地確定図の辺長については，小数点以下2桁を有効数字として尺貫法をメートル法に換算されている。

⑤　以上の事実から，換地図は現地復元性を有する図面と認められるところ，申請人が主張する筆界は，対象土地乙の短辺長と換地確定図の辺長が一致する。

　　他方，関係人Aの主張する筆界は，対象土地乙の短辺長が換地確定図に記載されている辺長と相違する。

⑥　したがって，別添図面のとおり，換地確定図の座標値を現地に復元したK1点とK2点を結ぶ直線を，本件筆界と認定するのが相当と考えられた。

3　その他の事情等

①　本件対象土地甲及び対象土地乙並びに関係土地については，換地処分による登記後に分筆登記等の処分はなく，管轄登記所に地積測量図は備え付けられていない。

②　関係人の本件筆界に関する主張及びその根拠については，前記のとおり，対象土地乙の短辺長が換地確定図に記載された辺長と相違することからすると，所有権界の問題はともかく，本件筆界を特定する要素とはなら

ないと考えられた。

第4 結 論

　以上のことから，本件筆界は，筆界創設時の換地図に基づき，K1点とK2点を直線で結んだ線であるとするのが相当とされた。

T4

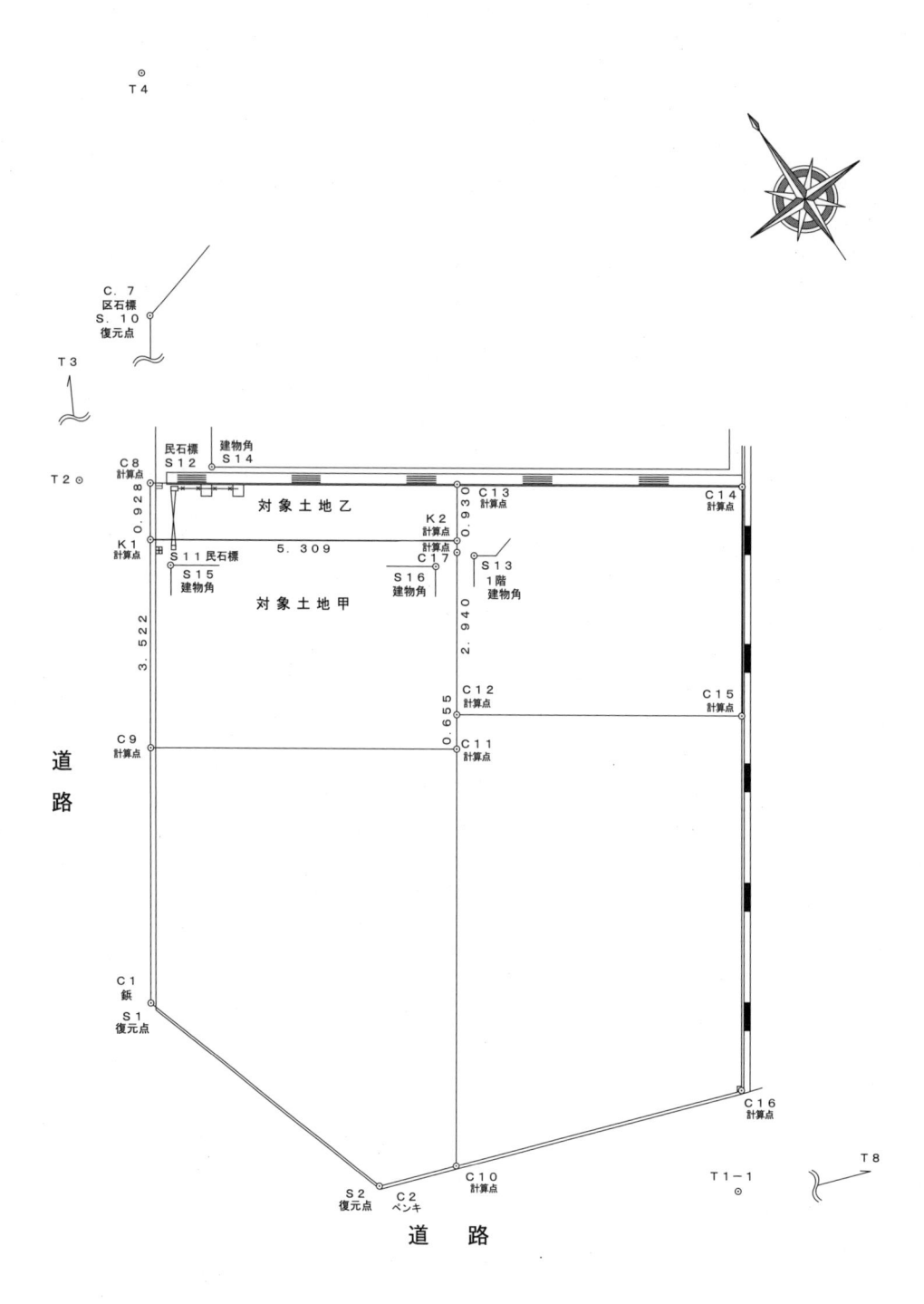

C.7
区石標
S.10
復元点

T3

T2○

C8
計算点
民石標   建物角
S12   S14

0.928

対象土地乙

　　　　　　　K2
　　　　　　　計算点
　　　　　　　　　　　　　　　　　C13   C14
                                計算点   計算点
K1
計算点   S11民石標   5.309   C17
         S15   S16   S13
         建物角   建物角 1階
                対象土地甲   建物角

0.930

2.940

3.522

                              C12   C15
                              計算点   計算点
C9
計算点   0.655   C11
                            計算点

道
路

C1
鋲
S1
復元点

                                                    C16
                                                    計算点
                                        T1-1   T8
                          C10
          S2   C2   計算点
          復元点 ペンキ

道　路

事例 3

分筆筆界について，地積測量図を有力な資料として特定した事例

> 本事例における対象土地の筆界は，対象土地甲が，昭和48年○月○日に○○区○○三丁目146番2の土地から分筆されたことによって形成されたものであり，対象土地の筆界を特定するに当たっては，管轄登記所保管の地積測量図を有力な資料として筆界の特定をした事案である。

第1　事案の概要

1　事案の骨子

(1)　申請人（対象土地甲の所有者）は，自宅の建て替えをするため，土地の区画を確定しようと隣接地（対象土地乙）の所有者（関係人A）に対象土地の筆界について承諾を求めたところ，同人が申請人の提示した筆界線を拒否したため，今般，本制度を利用して紛争を解決しようと筆界特定の申請に及んだものである。

(2)　本申請は，対象土地甲と対象土地乙との筆界（以下「本件筆界」という。）について，対象土地甲の東側通路部分の所有権に係る双方の主張が相違したため，現地における位置が不明となったものである。

2　対象土地等の現況

(1)　現地は，平坦な住宅地である。
(2)　対象土地等の位置関係は，別紙図面のとおりである。
(3)　関係土地1の所有者は，関係人Bである。また，関係土地2の所有者は，関係人Cである。関係土地2は，登記簿によると地目は宅地であるが，対象土地に接する土地の一部については道路として利用されている。
(4)　本件筆界付近には，囲障等の占有状況を示す工作物は設置されていない。
(5)　対象土地甲と関係土地1との筆界付近には，囲障等の占有状況を示す工

作物は設置されていない。

第2　申請人及び関係人の主張並びにその根拠

1　申請人の主張及び根拠

　申請人は，本件筆界は，別紙図面におけるＳ15点，Ｋ551点及びＫ521点とをそれぞれ結ぶ直線である。現在，関係人Ａが占有している対象土地甲の東側通路部分（Ｋ521点，Ｋ551点，Ｓ21点，Ｓ520点及びＫ521点とを結ぶ範囲の土地。以下「東側通路部分」という。）は，関係人Ａの建物への進入通路が狭隘であることから，対象土地甲及び対象土地乙の所有者の合意によって，その東側通路部分を互いに使用（共用）することとなっているにすぎず，もともと申請人の所有地であると主張する。

　その根拠は，管轄登記所保管の地積測量図が存することにある。

2　関係人Ａの主張及び根拠

　関係人Ａは，本件筆界は，別紙図面における，おおむねＳ15点，Ｓ21点及びＳ520点をそれぞれ結ぶ直線であると主張する。

　その根拠は，本件筆界の西端筆界点Ｓ15点には，コンクリート杭が埋設されており，南端屈折点Ｓ21点には鉄製の杭が埋設されている。この鉄製の杭の埋設経緯は不明であり，筆界を明示したものではないが，この付近に本件筆界の筆界点があるものと考えていること。また，本件筆界のうち東側の筆界は，対象土地甲の敷地内に建設されている住宅の土台から東側に20cm離れた位置に筆界が存在すると対象土地甲の前所有者から聞いていることにある。

第3　本件筆界の検討

　本件筆界は，対象土地甲が，昭和48年○月○日に○○区○○三丁目146番2の土地から分筆されたことによって形成されたものと認められるので，以下の資料について検討する。

1　境界標及び囲障等の検討

(1)　本件筆界の西端S15点に埋設されている境界標（コンクリート杭）は，埋設時期及び埋設者は不明であるが，申請人，関係人A及び関係人Bの陳述から，その境界標は本件筆界の西端筆界点を表すものとして埋設されたものと考えられる。

(2)　本件筆界の屈折点付近のS21点に埋設されている鉄製の杭は，埋設時期及び埋設者は不明である。申請人及び関係人Aの陳述によれば，本件筆界の南側屈折点に埋設したとの事実は認められないことから，この鉄製の杭は，直ちに本件筆界の筆界点を表したものとは認められない。

(3)　関係土地1の西側に万年塀が建設されている。関係人Bの陳述によれば，この万年塀は，隣接地（146番8）の所有者が建設したものであり，万年塀の東側外縁に沿って筆界が形成されているとのことである。

　このことは，本件特定測量の成果（以下「測量成果」という。）から，本件街区の北西端の角点S514点と関係土地1の北西端の角点S513点との辺長は13.170mのところ，地積測量図の数値は，13.16mとその差異は1cmとなり，不動産登記規則第10条第4項第1号の精度区分（以下「公差」という。）の範囲内であることから，S513点を本件筆界を判断する引照点とすることは差し支えないと考えられる。

(4)　対象土地甲の北西端S12点に埋設されている境界標（コンクリート杭）は，申請人及び関係人Bの陳述によれば，関係人Bが埋設したものと認められるが，その埋設に当たっては，申請人と関係人Bとの協議による合意点に埋設したもので，復元測量等に準ずる作業によって当該筆界点に埋設したものではないと述べていることから，当該境界標の指示点を対象土地甲の北西端筆界点と直ちに認めることは相当ではない。

　また，S513点と当該境界標の指示点S12点との点間距離を測量したところ，地積測量図の数値は10.58mと記載されているが，測量成果においては10.483mとその差異は9.7cmとなり，公差の範囲を超えていることから，当該境界標の指示点を対象土地甲の北西端筆界点と直ちに認めることは相当ではない。

(5)　対象土地乙の南側にブロック塀が建設されている。このブロック塀は，対象土地乙と146番2の土地との占有界を示したものであるが，関係人Aの陳述によれば，対象土地乙が形成された昭和54年○月○日には，同地点

に竹製の柵が建設されていたとのことから，このブロック塀は分筆後に建て替えられたものであり，対象土地乙が形成された当時の占有状況を表した構造物とは認められない。このことから，ブロック塀の角S16点とS20点とを結ぶ直線を，対象土地乙と146番2の土地との筆界と直ちに認めることは相当ではない。

2 地図に準ずる図面（公図）の検討
(1) 現地における土地の配列及び形状は，対象土地甲，対象土地乙，関係土地1及び関係土地2のそれぞれの土地について，公図とほぼ一致している。
(2) 公図における本件筆界は，北から南へ伸びた直線とその直線の南端からほぼ直角に西方向に伸びた逆L字型の形状をしており，その北端は関係土地2と，西端は関係土地1と接続している。

3 地積測量図及び実測図等の検討
(1) 本件については，対象土地及びその周辺土地の元所有者である関係人Cから，当該土地の区画を決定する際に測量した実測図（以下「実測図」という。）が提出されている。関係人Cの陳述によれば，本件筆界が形成された昭和48年○月○日の分筆登記を含め，当該地域の分筆登記申請においては，この実測図を基礎資料として地積測量図を作成し，分筆登記申請に添付したとのことである。このことは，管轄登記所保管の地積測量図に記載されている作成者，作成年月日及びその内容から認められる。
(2) この実測図と測量成果を比較してみると，S514点から本件街区の北東端の角点S511点までの総辺長の合計値は，実測図は38.62mのところ，測量成果は38.651mとその差異は3.1cmとなる。また，S511点とS510点との総辺長の合計は，実測図は32.73mのところ，測量成果は32.737mとその差異は0.7cmとなり，それぞれの数値は，公差の範囲内である。また，その他周辺土地の辺長についても比較したところ，同様に公差の範囲内となった。
(3) 以上の事実からすると，この実測図は，対象土地及びその周辺土地の筆界を判断する基礎資料として採用することができる。また，対象土地等の地積測量図は，上記実測図を基礎資料として作成されていることから，同

様に取り扱うことができる。
(4) したがって，本件筆界については，次のとおりと考えられる。
① 本件街区の角点は，Ｓ510点，Ｓ508点，Ｓ511点，Ｓ513点及びＳ514点とし，それぞれの点を本件筆界を特定するための引照点と認めるのが相当である。
② 対象土地甲の北西端の筆界点は，Ｓ12点に境界標が埋設されているが，上記第3の1の(4)によって，その境界標の指示点を対象土地甲の北西端の筆界点とするのは相当ではない。
　　ところで，Ｓ513点とＳ516点の辺長は，実測図10.58ｍのところ，測量成果に基づく調整計算の結果は，10.581ｍとなり，この数値は実測図の辺長とほぼ一致することから，対象土地甲の北西端の筆界点は，Ｓ12に埋設してある境界標の指示点ではなくＳ516点とするのが相当である。
③ 対象土地乙の北東端の筆界点は，実測図によるとＳ511点から西へ6.00ｍの位置にあるＳ512点となるところ，測量成果に基づく調整計算の結果は，6.001ｍとなり，この数値は実測図の辺長とほぼ一致することから，対象土地乙の北東端の筆界点は，Ｓ512点とするのが相当である。
④ ところで，Ｓ512点及びＳ516点を基準として，対象土地甲及び対象土地乙を実測図を基に復元すると，対象土地甲の南西端の筆界点は，Ｓ15点に埋設されている境界標の指示点ではなく，Ｋ552点となり，対象土地乙の南西端の筆界点は，Ｓ505点となり，南東端の筆界点は，Ｓ509点となる。
　　また，実測図によるとＳ508点とＳ509点との点間距離は，6.77ｍとなるところ，測量成果に基づく調整計算の結果は，6.760ｍとその差異は1㎝となり，この数値は公差の範囲内にある。その他，別紙図面のとおり，それぞれの筆界点の点間距離について，上記と同様に実測図と測量成果を比較したところ，その数値は公差の範囲内でほぼ一致する。
⑤ 以上のことから，対象土地の地積測量図に基づきＳ516点及びＳ512点を基点として本件筆界を復元すると，対象土地甲は，Ｋ552点，Ｓ516点，Ｓ518点，Ｓ520点，Ｋ521点，Ｋ551点，Ｋ550点及びＫ552点とをそれぞれ直線で結ぶ範囲の土地であり，対象土地乙は，Ｋ552点，Ｓ505

点，S509点，S512点，K521点，K551点，K550点及びK552点とをそれぞれ直線で結ぶ範囲の土地であると認められる。

4　公簿面積と現況面積の検討

対象土地甲及び対象土地乙については，公簿面積と実測面積は，公差の範囲内でほぼ一致する。

第4　結　論

以上の事実を踏まえて考察すると，本件筆界は，公図及び地積測量図に記載された対象土地の形状にも合致するK552点，K550点，K551点及びK521点とをそれぞれ直線で結んだ線であると特定する。

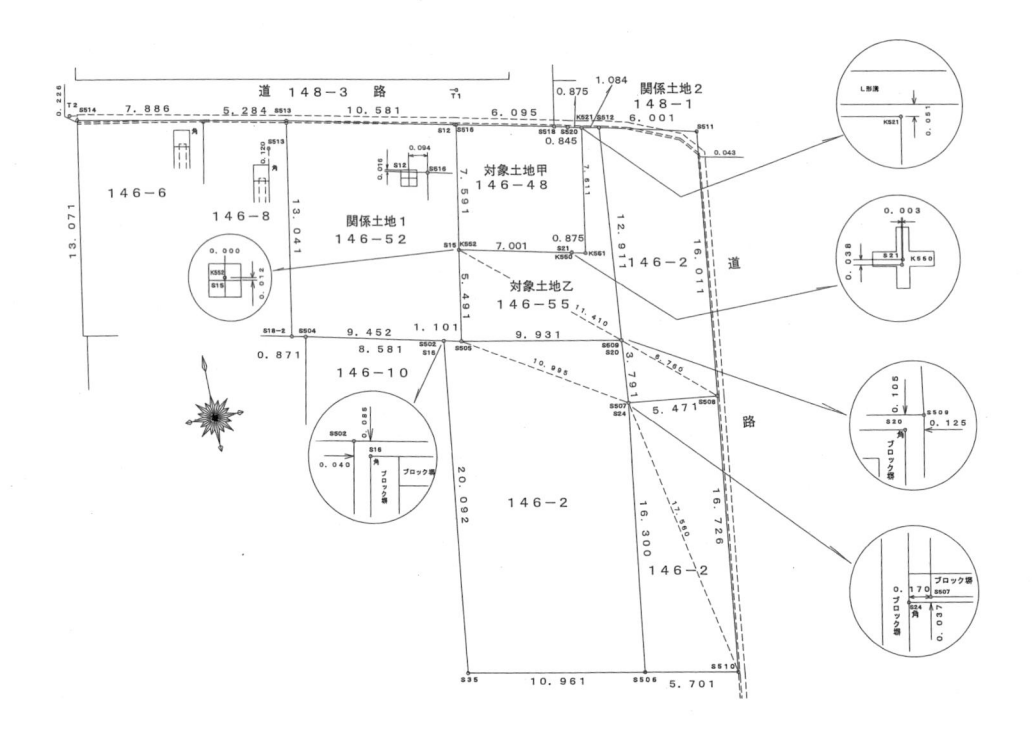

事例 4

分筆筆界について，地積測量図を資料として採用せず，実測図及び公共用地境界図を有力な資料として特定した事例

　本事例における対象土地の筆界は，昭和34年11月○日に814番1の土地から同番2が分筆されたことによって形成されたものである。

　対象土地の筆界を特定するに当たって，対象土地甲の地積測量図が管轄登記所に保管されている。同地積測量図は，対象土地甲のほか，同土地に隣接する814番5及び同番7の土地の地積及び辺長が記載されているが，復元測量に必要な境界標の記載及び筆界点と近傍の恒久的な地物との位置関係が記載されていないこと，また，対象土地甲及び814番5・同番7の土地に係る南北のそれぞれの辺長が特定測量の成果と不動産登記規則第10条第4項第1号の精度区分（以下「公差」という。）の範囲を超えて相違することから，本件筆界特定申請の資料として採用することは適当でないとして，申請人提出の実測図及び公共用地境界図を有力な資料として筆界の特定をした事案である。

第1　事案の概要

1　事案の骨子
(1) 申請人は，対象土地甲を第三者に売り渡すことを予定しており，そのため土地の区画を確定しようと隣接地（二筆）の所有者に対象土地の筆界について承諾を求めたところ，申請人が提示した筆界を拒否されたため，今般，本制度を利用して紛争を解決しようと筆界特定の申請に及んだものである。
(2) 本申請は，対象土地甲と対象土地乙1との筆界（以下「本件筆界1」という。）及び対象土地甲と対象土地乙2との筆界（以下「本件筆界2」という。）の位置について，筆界付近に設置されたブロック塀の外縁にあるのか，又はその中心にあるのかが争点となったものである。

2　対象土地及び関係土地の現況
  (1)　現地は，平坦な住宅地である。
  (2)　本件における対象土地及び関係土地の現地における位置関係は，別紙図面のとおりである。
  (3)　対象土地甲の所有者は，申請人であり，対象土地乙1の所有者は，関係人Aであり，対象土地乙2の所有者は，関係人Bである。また，関係土地1の所有者は，関係人Cであり，関係土地2の所有者は，関係人Dである。
  (4)　本件筆界付近には，ブロック塀が建設されており，このブロック塀が対象土地甲と，対象土地乙1及び対象土地乙2との占有界となっている。
  (5)　対象土地甲と関係土地1との筆界付近には，ブロック塀が建設されている。このブロック塀が対象土地甲と関係土地1との占有界となっている。

第2　申請人及び関係人の主張及びその根拠

1　申請人の主張及び根拠
  (1)　本件筆界1について
　　　申請人は，本件筆界1の筆界は，別紙図面のとおり，K20点（コンクリート杭の指示点），S19点（コンクリート杭の指示点）を結ぶ直線であると主張する。
　　　その根拠は，本件筆界1の付近にはブロック塀が設置されており，そのブロック塀の西側外縁に沿って，K20点及びS19点に境界標（コンクリート杭）が埋設されていることにある。
  (2)　本件筆界2について
　　　申請人は，本件筆界2の筆界は，別紙図面のとおり，S19点（コンクリート杭の指示点），S12点（コンクリート杭の指示点）を結ぶ直線であると主張する。
　　　その根拠は，本件筆界2の付近にはブロック塀が設置されており，そのブロック塀の西側外縁に沿って，S19点及びS12点に境界標（コンクリート杭）が埋設されていることにある。

2 関係人Aの主張及び根拠

関係人Aは，本件筆界1の筆界は，別紙図面のとおり，K20点とS19点とを結ぶ直線に沿って建設されているブロック塀の中心線が筆界であると主張する。

その根拠は，ブロック塀の建設状況が直線ではなく，曲がりがあるなど不自然に建設されていることにある。

3 関係人Bの主張及び根拠

関係人Bは，本件筆界2の筆界は，別紙図面のとおり，S19点とS12点とを結ぶ直線に沿って建設されているブロック塀の中心線が筆界であると主張する。

その根拠は，ブロック塀の建設状況が直線ではなく，曲がりがあるなど不自然に建設されていることにある。

第3　本件筆界の検討

本件筆界は，昭和34年11月○日に分筆したときに形成されたものであると認められるので，以下の資料について検討する。

1 地積測量図及び実測図等の検討

(1) 本件筆界の形成は，土地台帳と登記簿の一元化前であるため，形成時の地積測量図は備え付けられていないが，対象土地甲は，昭和52年6月○日の分筆によって創設された土地であるため，地積測量図が備え付けられている。

(2) 同地積測量図には，対象土地甲のほか，同土地に隣接する814番5及び同番7の土地の地積及び辺長が記載されているが，同地積測量図は，復元測量に必要な境界標の記載及び筆界点と近傍の恒久的な地物との位置関係が記載されていないこと，また，対象土地甲及び814番5・同番7の土地に係る南北のそれぞれの辺長が特定測量の成果と不動産登記規則第10条第4項第1号の精度区分（以下「公差」という。）の範囲を超えて相違することから，本件筆界特定申請の資料として採用することは適当でない。

(3) 対象土地甲及びその分筆元地（814番1）については，申請人から実測図

が提出されている。この実測図は，昭和52年6月○日の分筆登記に先立ち作成されたものであり，対象土地及びその周辺土地について測量を実施している。

(4) この実測図（実測図の点名は，別紙図面の点名に置き換え用いる。）によれば，本件筆界に係るK38点とS12点の辺長は，19.14mと記載されており，測量成果との差異は，公差の範囲内である。また，この実測図の記載事項には，K38点，S12点，S15点，S2点，S1点及びS43点に境界標（コンクリート杭）の埋設状況が記載されているところ，その状況は，現地とほぼ一致しており，その点間距離においても測量成果の数値と公差の範囲で一致している。

(5) 以上の事実から，この実測図は，境界標の埋設状況を含めた対象土地の筆界を判断する基礎資料として採用することができる。

2 境界標及び囲障等の検討

(1) 本件筆界付近には，K38点，S35点，K20点，S24点，S19点及びS12点にそれぞれ境界標（コンクリート杭）が埋設されている。これら境界標の埋設者及び埋設時期は不明であるが，本職の現地調査，申請人及び関係人の主張並びに実測図等から判断すると，次のとおりと考えられる。

① 本件筆界は，昭和34年11月○日に814番1の土地から同番2を分筆した際に形成されたものであることから，K38点及びS12点に埋設されている境界標は，当該分筆によって形成された筆界の両端の筆界点に埋設したと考えるのが合理的である。

② K20点，及びS19点に埋設されている境界標は，本件筆界形成後の昭和35年2月○日に814番2の土地を分筆し，現在の区画（814番2，同番3及び同番4）を形成した際，S35点及びS24点の境界標とともに，新たに形成された筆界の両端の筆界点に埋設したと考えるのが合理的である。

(2) K38点に埋設されている境界標の指示点（以下「K38点」という。）を対象土地甲と関係土地1との筆界の北側筆界点とすることについては，申請人及び関係人Cの意見は一致しており争いはない。このことは，上記第3の1の(4)記載の本件特定測量の成果（以下「測量成果」という。）においても認められる。

(3) S12点に埋設されている境界標は，本件筆界2の筆界の南端の筆界点に埋設したものと考えられるが，当該境界標の指示点（以下「S12点」という。）を筆界点とすることについては，申請人と関係人Bの意見は相違している。

　　ところで，S12点及びS16点における測量成果の座標値から点間距離を求めたところ，その距離は9.102mとなり，実測図の数値は9.1mとほぼ一致していることから，S12点は，本件筆界を特定するための引照点とするのが相当と考えられる。

(4) K38点，K20点，S19点及びS12点に埋設されているそれぞれの境界標は，移設又は移動した形跡はない。

(5) 本件筆界付近に設置されているブロック塀は，その所有者及び建設の経緯について申請人及び関係人の意見が相違しており，建設の時期及びその所有者は不明である。

(6) 関係土地1と対象土地乙1との筆界及び対象土地乙1と対象土地乙2との筆界の両端には，前記(1)の②記載の境界標が埋設されており，その境界標を結ぶ線に沿って万年塀が建設されている。その所有者及び建設の経緯は不明であるが，当該両筆界については，それぞれの土地所有者の意見は一致しており争いはない。

(7) 前記(1)・(5)・(6)記載の境界標の埋設，ブロック塀及び万年塀の建設の経緯は不明であるが，本職による現地調査によると，境界標の埋設状況から，K38点，K20点，S19点及びS12点の境界標が埋設された後に，ブロック塀，そして万年塀が建設されたものと認められる。したがって，ブロック塀及び万年塀については，直ちに筆界を示すものとはいえないものの，筆界付近に建設された工作物と考えるのが相当である。

3　地図に準ずる図面（公図）の検討

(1) 現地における土地の配列及び形状は，対象土地甲，対象土地乙1，対象土地乙2，関係土地1及び関係土地2のそれぞれの土地について，公図と一致している。

(2) 公図によれば，K38点と本件筆界2の南端筆界点とを結ぶ線は直線として記載されている。また，本件筆界1の北端筆界点及び本件筆界2の北端筆界点は，その直線上に存在している。

(3) 以上の事実からすると，申請人が主張する筆界（本件筆界付近に建設されているブロック塀の西側外縁に沿った線）によって形成される線は，K38点とS12点とを結んだ直線とほぼ一致しており，公図の形状とも一致することが認められる。

他方，関係人A及び関係人Bの主張する筆界（ブロック塀の中心線をなぞった線）によって形成される線は，S12点とK20点とを結ぶ直線を東側に5cmほど移動することになり，K38点とS12点とを結ぶ線中のK20点において屈折点が生じることから，公図の形状と相違することになる。

したがって，本件筆界は，公図の形状とほぼ一致しているK38点とS12点とを結ぶ直線上に存在すると認められることから，本件筆界1の北端筆界点は，K38点とS12点とを結ぶ直線と，関係土地1と対象土地乙1との筆界（S35点とK20点とを結ぶ直線）の交点K20点とし，また，本件筆界2の北端筆界点は，K38点とS12点とを結ぶ直線と，対象土地乙1と対象土地乙2との筆界（S24点とS19点とを結ぶ直線）の交点K19点とするのが相当と考えられる。

4 公共用地境界図の検討

(1) 公共用地確定図（H16号証）によれば，関係土地2の西側部分である南大塚通りに接するS32点とその東側C100点とを結ぶ直線は，その対側地（S33点とS29点との間）を含め，関係人Dと当該土地の所有者立会いの上，道路境界（官民境界）を確定している。

また，関係人Dの陳述によれば，C100点とその東側S28点とを結ぶ直線とその対側地（S29点とS27点との間）については，S27点に官民境界を示す境界標（御影石）が埋設されていることなどから，この直線を道路境界の予定線としている。

(2) 対象土地甲と関係土地2との道路境界は，K11点，S9点及びS16点とをそれぞれ結ぶ直線を道路境界とすることについて，当該土地所有者立会いの上で道路境界確定協議を実施しているが，同協議においては，K11点について申請人と関係人Bとの意見に食い違いが生じたことから，現在，当該道路境界は確定未了となっている。

(3) 前記(2)の道路境界については，関係人Dの陳述によるとS28点とS9点を結ぶ直線を当該道路境界の予定線としていることからK11点は，当該道

路境界の予定線上に存することになる。

(4) 以上の事実からすると，別紙図面のとおり，対象土地甲と関係土地2との道路境界の東端境界点は，同付近に埋設されている境界標（コンクリート杭）の指示点S15点ではなく，S2点とS15点とを結ぶ直線の延長線に設置されている境界標（鉄鋲）の指示点S16点となることから，同境界の西端境界点（対象土地乙2と関係土地2との道路境界の東端境界点と同一点）についても，同付近に埋設されている境界標（コンクリート杭）の指示点S12点ではなく，K19点とS12点とを結ぶ直線の延長線に設置されている境界標（金属標）の指示点K11点となる。

(5) ところで，申請人及び関係人Dの陳述によれば，S9点及びS16点を対象土地甲と関係土地2との道路境界の境界点とすることについて，申請人と関係人Dの意見は一致しており争いはない。また，関係人Bの陳述によれば，対象土地甲と対象土地乙2との筆界については意見の争いがあるものの，対象土地乙2と関係土地2との筆界については，意見の争いはみられない。

したがって，本件筆界2の南端筆界点は，K19点とS12点とを結ぶ直線の延長線と，S28点とS9点とを結ぶ直線の交点K11点とするのが相当と考えられる。

第4 結論

以上の事実を踏まえて考察すると，本件筆界は，次のとおりとするのが相当である。

1　**本件筆界1（手続番号平成18年第01号）について**

本件筆界1については，従来からの占有状況に合致し，公図に記載された対象土地の形状にも合致するK20点とK19点とを直線で結んだ線であると特定する。

2　**本件筆界2（手続番号平成18年第02号）について**

本件筆界2については，従来からの占有状況に合致し，公図に記載された対象土地の形状にも合致するK19点とK11点とを直線で結んだ線であると特

定する。

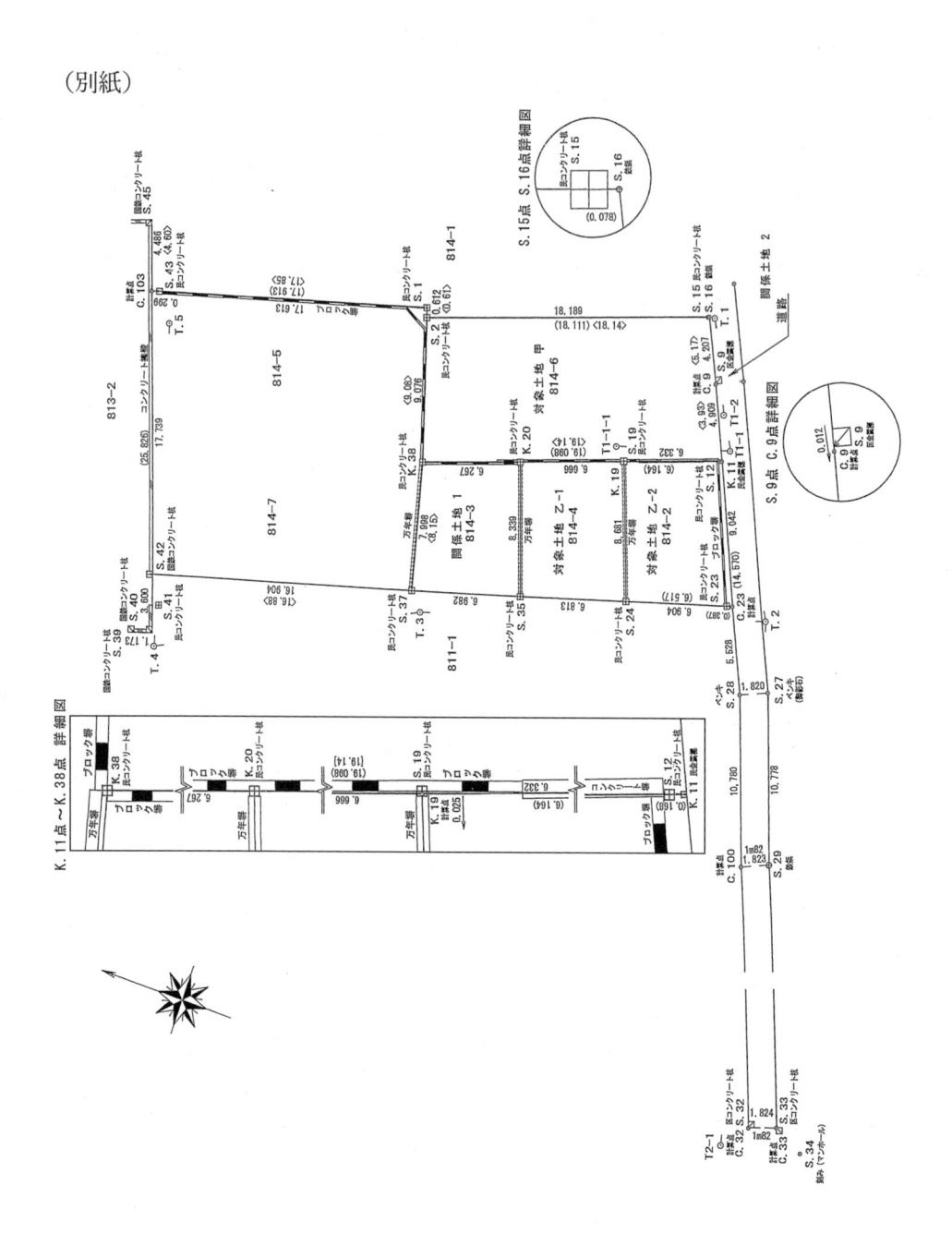

(別紙)

事例 5

昭和40年代前半の国土調査法による地籍調査が実施された土地間の筆界特定をした事例

> 本件事例における対象土地の筆界は、土地台帳登録制度と登記制度の一元化（昭和40年）以前の資料（登記簿その他附属書類の一切）が焼失していることから、具体的な筆界形成年月日が不明である。また、管轄登記所には土地台帳附属地図が備え付けられなかった地域であるが、昭和44年から同45年に実施された国土調査法に基づく地籍調査（以下「地籍調査」という。）の成果としての地籍図が、昭和63年に不動産登記法第14条第1項地図（以下「14条地図」という。）として、管轄登記所に備え付けられている。
> 　対象土地の筆界を特定するに当たって、対象土地甲についての地積測量図が管轄登記所に保管されているが、地籍調査以前のものであり、当該成果とは著しく相違するとともに、この地積測量図の基礎となる資料が不明なため、本件筆界特定申請の資料として採用することは適当でないとして、14条地図及び公共用地境界図を有力な資料として筆界を特定した事案である。

第1　事案の概要

1　事案の骨子

(1)　申請人は、対象土地甲を第三者に売り渡すことを予定し、土地の区画を確定しようと隣接地所有者に対象土地の筆界の確認を求めたところ、隣接する関係土地との筆界点が相違するとして筆界の確認を拒否されたため、本制度を利用して紛争を解決しようとしたものである。

(2)　本件申請は、対象土地甲と対象土地乙との筆界（以下「本件筆界」という。）の位置について争いがないものの、対象土地の北側に位置する関係土地1との筆界点が、当該筆界点付近の崖地の上段に位置するのか、又はその下段に位置するのかが争点となったものである。

2 対象土地及び関係土地の現況

(1) 対象土地甲は，東から西にかけて傾斜がある土地であり，北側（関係土地1側）及び西側（公道側）は崖地となっている。

(2) 本件における対象土地等の位置関係は，以下図面のとおりである。

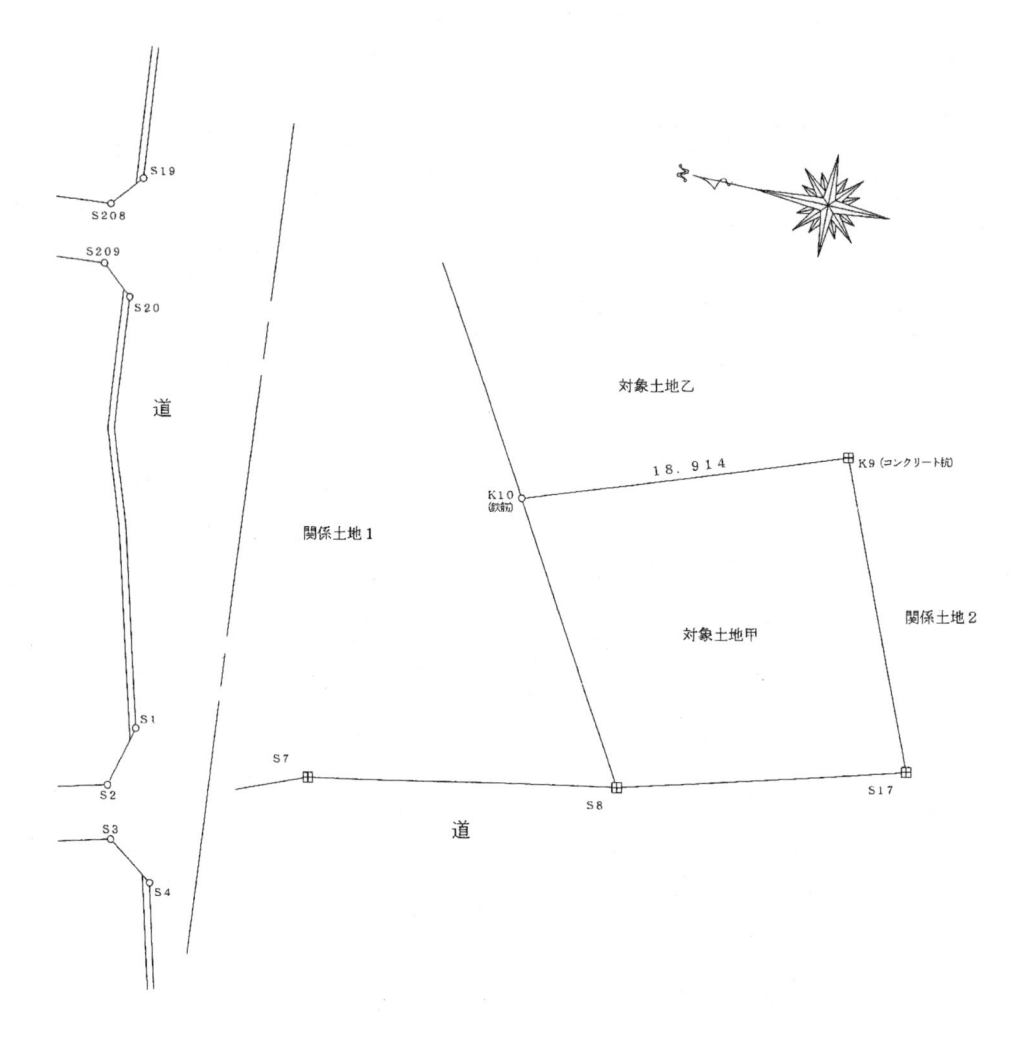

(3) 対象土地甲の所有者は，申請人であり，対象土地乙の所有者は，関係人Aである。また，関係土地1の所有者は，関係人Bであり，関係土地2の所有者は，関係人Cである。

(4) 本件筆界付近には，防風林が植林してあり，対象土地甲及び対象土地乙との占有界になっている。

第2　申請人及び関係人の主張及びその根拠

1　申請人

　申請人は，本件筆界は，別紙図面のとおり，K9点（コンクリート杭の指示点）とK10点（鉄筋の棒）とを結ぶ直線であると主張する。

　その根拠は，昭和63年に地籍調査の成果が登記されていることにある。申請人が，◎◎土地家屋調査士に対象土地甲の測量を依頼して作成した実測図は，この成果に基づくものであり，当該各筆界点は，この実測図と一致しており，K9点については，申請人，関係人A及び関係人Cが筆界点を確認していることも根拠としている。

2　関係人A

　関係人Aは，本件筆界は，K9点からK10点を結んだ直線を，更に北方向（関係土地1側）に4～5mほど進んだ位置の点であると主張する。

　その根拠は，K9点は申請人，関係人A及び関係人Cが確認しているが，K10点付近は，現在，崖地となっているが以前は法地であり，関係土地1の旧所有者○○旧一と関係人Aの父親△△親一との間で，当該法地の中間を筆界として確認したことにある。現在，K10点付近が崖地となっているのは，関係人Bが関係土地1を購入後，土木機械を利用して法地を削り石垣を設置したことによる。

　なお，地籍調査の成果については，△△親一が死亡しており，同人の証言を得ることができないため，この成果に関係人Aは疑問があるとしている。

3　関係人B

　関係人Bは，本件筆界の北端は，K10点であると主張する。

　その根拠は，関係人Bは，平成10年に関係土地1を◇◇県より公売で取得しており，購入当時，◇◇県の職員から当該筆界点は，法地の上面にあるとの説明を受けていることにある。そして，平成11年に関係土地1の測量を株式会社☆☆測量に依頼して，K10点に鉄筋を差し込んだものであるとする。

　なお，関係人Bは，K10点について関係人Aと境界確認を行ったが，不調に終わったと述べている。

4　関係人C

関係人Cは，本件筆界に南端は，K9点であると主張する。

その根拠は，K9点は申請人，関係人A及び関係人Cが確認していることにある。

第3　本件筆界の検討

本件筆界は，一元化以前に存在していたものであるが，管轄登記所には，土地台帳附属地図が備え付けられていなかった。しかし，地籍調査の地籍簿に△△親一の署名及び押印が確認できることから，当該地籍調査において，筆界が再確認されたものと判断するのが相当であるので，以下の資料について検討する。

1　境界標等

対象土地甲の西側筆界（公道側）には，地籍調査による境界杭（S17点）と，公共用地境界図に基づく□□市の境界杭（S8点）を確認することができる。そして，本件筆界の南端付近（K9点）には，コンクリート杭を確認することができ，K9点については，申請人，関係人A及び関係人Cが境界点として確認したものである。

また，S17，S8及びK9の各点は，後記2(1)によると，14条地図における対象土地甲の各筆界点とほぼ一致していることが確認できる。

以上のことから，これらの境界標は，本件筆界を特定するための引照点とするのが相当と考えられる。

2　14条地図

(1)　本件対象土地付近の14条地図は，地籍調査の成果として管轄登記所に備え付けられたものであるが，当時の測量は図解法であることから，対象土地等の筆界点について数値による座標値は管理されていない。このため，対象土地甲の各筆界点の位置について，14条地図を図上読み取りしたものと，現況のS17，S8，K9及びK10の各点を測量した結果（以下「現況の測量結果」という。）につき画地調整したものとを比較対照したところ，ほぼ一致する。

(2) 現況の測量結果に基づく対象土地甲の面積は，公簿と比較すると，わずかではあるが減少しており，公差の範囲を超えるものではあるが，当時の面積測定が図上法によるもので縮尺1000分の1の地籍図について図上読み取りする手法であること，現在それと同一の方法で14条地図を図上読み取りした面積と公簿とを比較しても2％程度の減少が確認できることを考慮すれば，前記(1)の各筆界点の位置は相当と判断できる。

3　地積測量図等

(1) 昭和44年に，関係土地2から対象土地甲が分筆されたことにより作成された地積測量図は，管轄登記所に保管されているが，地籍調査の成果以前のものであり，地籍調査の成果及び現況の測量結果と著しく相違することから，資料として採用することは相当でない。

(2) 申請人が提出した対象土地甲の実測図による各筆界点については，14条地図及び現況の測量結果とも公差の範囲で一致する。

第4　結　論

以上の事実を踏まえて考察すると，本件筆界は，次のとおりとするのが相当である。

本件筆界は，管轄登記所保管の14条地図及び申請人提出の実測図と合致する，K9点とK10点とを直線で結んだ線であるとするのが相当である。

事例 6

分筆筆界について，地積測量図に座標値の記載がないことから，測量者が保管する座標値を有力な資料として特定した事例

> 本事例における対象土地の筆界は，平成13年4月11日に1640番13の土地から同番112，同番113，及び同番114が分筆されたことによって形成されたものである。
>
> 対象土地の筆界を特定するに当たって，当該分筆登記に添付された地積測量図が管轄登記所に保管されている。この地積測量図には，対象土地甲及び対象土地乙のほか1640番13，同番114の土地の地積，辺長，境界標の種類が記載されているが，各筆界点の座標値の記載がなく，また，一部の辺長を除いて，辺長が特定測量の成果と微妙に相違する。そこで，この地積測量図の作製者に座標値の提供を求め，座標値及び地積測量図を有力な資料として筆界の特定をした事案である。

第1 事案の概要

1 事案の骨子

本件は，対象土地甲とその南側に接する対象土地乙との筆界について，対象土地甲の所有者が対象土地乙の所有者に確認を求めたところ，立会いの協力が得られなかった事案である。

なお，本件における対象土地及び関係土地は，次のとおりである。

　　　対象土地甲　　1640番112
　　　対象土地乙　　1640番113
　　　関係土地1　　1640番12
　　　関係土地2　　1640番13

2 対象土地及び関係土地の現況

(1) 対象土地甲の所有者は，本件の申請人であり，対象土地乙の所有者は，関係人Aである。

(2) 関係土地1の所有者は，関係人Ｂ１と関係人Ｂ２の２名（以下「関係人Ｂら」という。）であり，関係土地2の所有者は，申請人と関係人Ａの２名である。

(3) 現地は，○○線○○駅から北東へ徒歩で７分ほど行った場所にある住宅地である。

(4) 対象土地等の位置関係は，別紙図面のとおりである。

第2　申請人及び関係人の主張並びにその根拠

1　申請人の主張及びその根拠

申請人は，本件筆界は，本件地積測量図のとおりであるから，本件筆界西端付近の鋲と東端付近のコンクリート杭を直線で結んだ線であると主張する。

その根拠は，本件筆界は，平成13年4月11日に分筆により形成された筆界であることにある。

2　関係人Ａの主張及びその根拠

関係人Ａは，本件筆界は，本件地積測量図のとおりであるが，本件筆界西端付近の鋲及び東端付近のコンクリート杭の正しい位置を直線で結んだ線であると主張する。

その根拠は，本件筆界西端付近の鋲は，鉛直方向が曲がって設置されていること，また，東端付近のコンクリート杭は，申請人の土地の工事により境界付近が掘削され，その際に，掘削した土の上に当該コンクリート杭が置かれていたのを関係人Ａが確認していることにある。

3　関係人Ｂらの主張及びその根拠

関係人Ｂらは，関係土地1と対象土地甲及び対象土地乙との筆界は，当該筆界北端付近に設置されている区金属プレートと，関係土地1と関係土地2との筆界南端付近に設置されている鋲を直線で結んだ線上にあると主張する。

その根拠は，平成13年2月1日に関係人Ｂらと分筆前の1640番13の前所有者とが筆界確認を行い，その確認書が作成されていることにある。

第3 本件筆界の検討

1 境界石及び囲障等

(1) 本件筆界付近に塀（下部コンクリート，上部フェンス）が設置されており，対象土地甲側が対象土地乙側よりも15cmほど高くなっている。この塀が，対象土地甲及び対象土地乙の占有界となっている。

(2) 本件筆界西端付近には，関係土地1に築造されているブロック塀上部に鋲が貼り付けられている。東端付近には，コンクリート杭が設置されている。

なお，本件筆界西端付近の鋲は，関係人Aが主張するとおり鉛直方向が対象土地乙側に曲がって貼り付けられている。

(3) 上記(2)の鋲及びコンクリート杭は，本件筆界を示す有力な証拠となるものであるが，鋲は鉛直方向が対象土地乙側に曲がった状態で貼り付けられており，また，コンクリート杭は工事により掘削された旨の関係人Aの主張があることからいずれも直ちに本件筆界の位置を示すものとして認定することはできないと考える。

2 地図に準ずる図面

(1) この地域の地図に準ずる図面は，土地台帳附属地図（以下「公図」という。）である。

(2) 公図の配列及び形状は，現地における対象土地甲，対象土地乙，関係土地1及び関係土地2のそれぞれの土地とほぼ一致している。

3 地積測量図等

(1) 本件筆界は，分筆により形成された筆界であり，分筆登記申請の際に提出された本件地積測量図は，平成13年3月30日に土地家屋調査士〇〇〇〇が作成したもので，現地復元性はないものの，同調査士から提出された座標リストにより現地に復元できることから，本件の重要な資料として採用することができる。

(2) 座標リストの座標値から，地積測量図の辺長及び点間距離が一致することから，この座標値を基に現地に復元した本件筆界西端の点をK1点，同じく東端の点をK2点と認定できる。

第4 結論

以上のことから，本件筆界は，K1点とK2点とを直線で結んだ線であると特定するのが相当である。

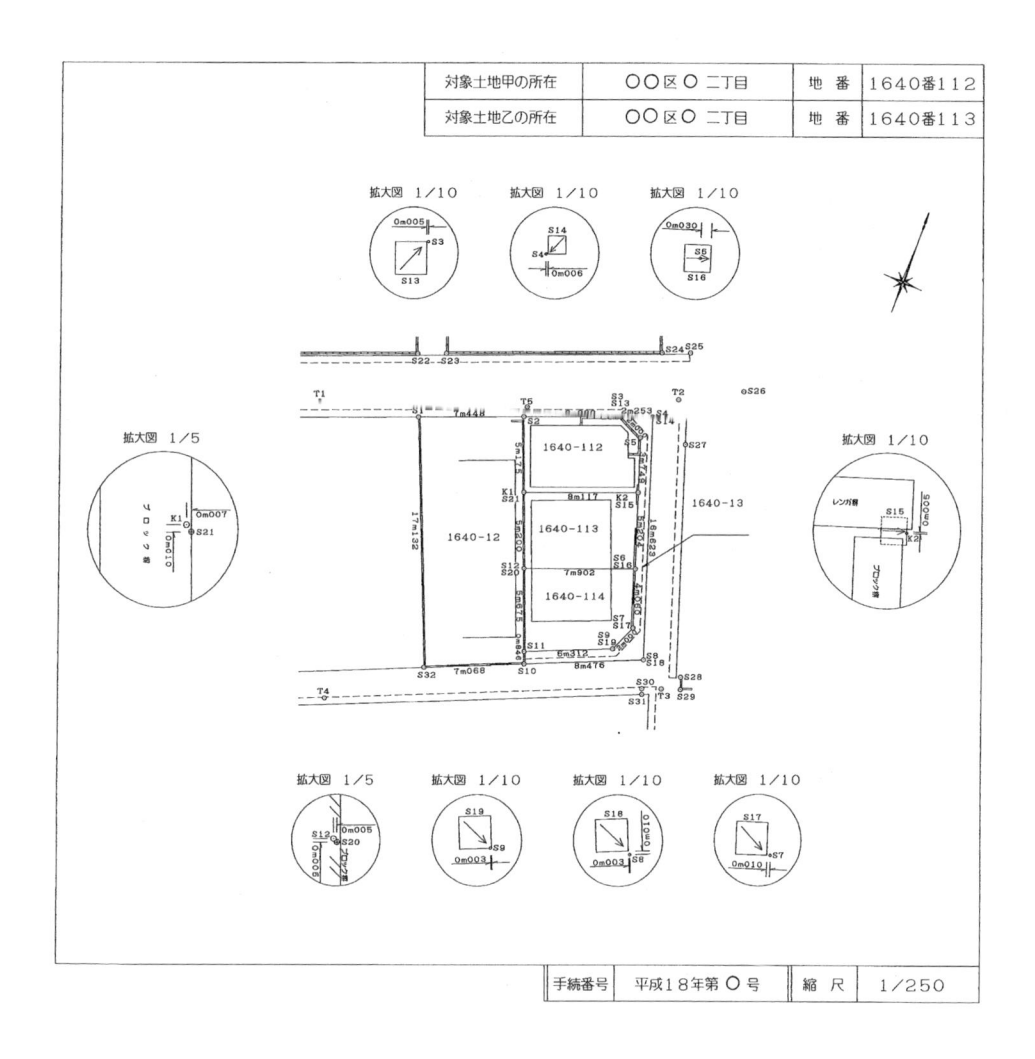

事例 7

一元化前の分筆筆界について，近隣土地の地積測量図及び公共用地境界図を有力な資料として特定した事例

　本件事例における対象土地の筆界は，昭和3年〇月〇日に17番5から同番10ないし同番24が分筆されたことによって形成されたものである。

　特定のための主な資料として，地積測量図及び公共用地境界図がある。

　対象土地乙の地積測量図は，復元測量に必要な境界標の記載及び筆界点と近傍の恒久的地物との位置関係が記載されていないが，同土地に隣接する17番47の地積測量図における対象土地乙との隣接部分の筆界線の辺長距離と対象土地乙の地積測量図における当該部分の筆界線の辺長距離とが一致していることから，特定資料として採用した。

　また，対象土地等が存する街区に関する「公共用地境界図」については，官民境界確定協議の法的性質を根拠として，これを特定資料として採用した。

　本事例は，上記地積測量図及び公共用地境界図を有力な資料として筆界を特定した事例である。

第1　事案の概要

1　事案の骨子

　本件は，対象土地甲1とその南東側に接する対象土地乙との筆界（以下「本件筆界1」という。）及び対象土地甲2とその北東側に接する対象土地乙との筆界（以下「本件筆界2」という。）の位置が，各土地の所有者間で確認に至らなかった事案である。

　なお，本件における対象土地及び関係土地は，次のとおりである。

　　　　対象土地甲1　　17番12
　　　　対象土地甲2　　17番10
　　　　対象土地乙　　　17番45
　　　　関係土地1　　　17番8

　　　　関係土地2　　17番12先道路

2　対象土地及び関係土地の状況
(1)　現地は，地下鉄○○○○線○○○駅から北西方向に徒歩1分ほどの平坦なビジネス街にある。
(2)　対象土地甲1及び対象土地甲2の所有者は，本件の申請人であり，対象土地乙の所有者は，関係人A1及び関係人A2の2名（以下「関係人Aら」という。）である。
(3)　関係土地1の所有者は関係人Bであり，関係土地2は関係人Cが管理する道路敷きである。

第2　申請人及び関係人の主張等

1　申請人の主張
　　申請人は，本件筆界1及び本件筆界2について，別紙図面中のP1，P2，P3及びP4の各点を順次直線で結んだ線であると主張する。
　　その根拠は，別紙図面中のS1点（コンクリート杭），S2点（金属標）及びS3点（金属標）において道路境界確定がされていることから，それらを起点として，17番47の土地及び対象土地乙の地積測量図に基づいて復元をした点が本件筆界となることにある。また，P2点については，平成14年7月○○日付け土地筆界承諾書（以下「14年土地筆界承諾書」という。）において，各所有者間において合意した点であるとする。

2　関係人の主張
(1)　関係人Aらの主張
　　　関係人Aらは，本件筆界1については，現況のコンクリート土留めのラインに沿って筆界があり，本件筆界2は，現況建物に附属しているパイプの位置までであると主張する。
　　　その根拠は，関係人Aらの先々代から対象土地乙を所有しており，自己の敷地を分筆し，その上に建物を建てているため，筆界を越境して建てておらず，建物の占有範囲が筆界であることにある。
　　　なお，関係人Aらは，分筆した際の地積測量図は，古い図面であること

から信用できないと付言する。
(2) 関係人Bの主張

　　関係人Bは，本件筆界2の南東端について，関係人B提出の「平成19年○月○日提出意見書」（以下「B意見書」という。）の資料1のA2点であると主張する。

　　その根拠は，関係土地1，対象土地甲2及び両土地の南西側に接する17番37の土地との三筆境の関係土地1の敷地内に，平成10年11月ころに御影石を設置した。この御影石の三筆境角である同資料1中のA1点から北東方向に，同土地上の建物（家屋番号17番8の建物）と平行する線上にB意見書の資料3の「1階平面図」によって読み取れる8.780m進んだ点が，本件筆界2の南東端A2点であることにある。

(3) 関係人Cの主張

　　関係人Cは，関係土地2とその南西側民有地との筆界については，別紙図面中のS1点とS6点とを結んだ直線上に存していると主張する。

　　その根拠は，平成11年11月○日付けの境界確定通知書（以下「11年境界確定通知書」という。）をもって別紙図面中のS1点，S3点及びS14点が，平成14年8月○日付け境界確定通知書（以下「14年境界確定通知書」という。）をもってS6点が，平成16年5月○日付け公共用地境界図（以下「16年公共用地境界図」という。）をもってS4点が，それぞれ関係土地2とその南西側民有地との筆界として確認されていることにある。

第3　本件筆界に対する判断

1　境界標等について

　　本件対象土地付近には，別紙図面中のS1，S2，S3，S4，S7，S8，S9，S10，S12，S14，S15，S16，S17及びS18の各点にそれぞれ境界標が設置されている。

　　これらの境界標は，後記2の「公共用地境界図の検討」及び後記4の「地積測量図の検討」結果と併せて考慮すると，本件筆界の位置を特定するための重要な資料として採用するのが相当である。

2　公共用地境界図の検討
(1)　本件対象土地の北東側道路付近及び南西側道路付近については，公共用地境界確認が実施され，官民境界が確定している。

　　その内容は，次のとおりである。なお，以下，公共用地境界確定図の点名は，別紙図面の同位置の点名に置き換えて表記する。

　ア　対象土地乙の北東側道路付近については，11年境界確定通知書によってＳ１点及びＳ３点が，16年公共用地境界図によってＳ３点及びＳ４点が，それぞれ確定している。

　イ　対象土地甲２及び関係土地１の南西側道路付近については，昭和62年２月○○日付け公共用地境界確認協議によってＳ22点及びＳ16点が，平成12年１月○日付け公共用地境界確認協議（以下「12年境界確定通知書」という。）によってＳ14点及びＳ15点が，平成14年８月○日付け公共用地境界確認協議（以下「14年境界確認通知書」という。）によってＳ16点及びＳ18点が，それぞれ確定している。

(2)　これら，いわゆる官民境界確定協議の法的性質については，所有権の及ぶ範囲に関する私法上の和解契約であると解するのが通説・判例の立場である。したがって，官民境界確定協議の結果は，公法上の境界を認定するに当たってのあくまでも一つの資料であるにすぎない。

　　しかしながら，官民境界確定協議は，通常，適正な手続を定めており，その手続の内容について相当の合理性があると考えられるから，この協議が成立している場合は，それ自体を筆界を認定するに当たっての重要な資料として採用するのが相当である。

3　民有地所有者間の土地筆界合意についての検討
　　前記第２の１のとおり，申請人は，本件筆界１の南端筆界点は，Ｐ２点であると主張し，その根拠として，14年土地筆界承諾書を挙げているところ，Ｐ２点付近においては，現況と公図との相違があったものの，当事者間においてＰ２点が確認され，その位置は，本件特定測量の成果（以下「測量成果」という。）と一致している。

　　よって，14年土地筆界承諾書に基づく境界点（Ｐ２点）は，本件筆界の位置を特定する資料として採用するのが相当である。

4 地積測量図の検討

(1) 本件筆界1及び本件筆界2の形成は，土地台帳制度と登記制度の一元化前であることから，当該筆界形成時の地積測量図は，管轄登記所に備え付けられていない。また，対象土地甲2及び関係土地1に関する地積測量図についても備え付けがない。

他方，17番45，17番1，17番9及び17番47の土地については，その地積測量図が管轄登記所に備え付けられていることから，以下検討する。

ア　17番1及び17番9の地積測量図が示す筆界点の位置は，道路境界確定協議によって確定されているＳ１，Ｓ３，Ｓ14及びＳ15の各境界点と，また，平成11年12月〇日付け境界確認書によって各所有者間において確認されているＳ２，Ｓ７及びＳ８の各点の境界点と一致しており，かつ，測量成果とも一致している。

イ　17番47の地積測量図が示す筆界点の位置は，道路境界確定協議によって確定されているＳ３及びＳ４の各境界点と，また，平成16年4月〇〇日付け筆界確認書によって各所有者間において確認されているＳ３，Ｓ４，Ｓ９及びＳ10の各境界点と一致しており，かつ，測量成果とも一致している。

ウ　17番45の土地の地積測量図（以下「乙地測量図」という。）は，境界標の表示がなく，各辺長が旧尺貫法により表示されていること，及び作製当時の測量精度を考慮すると，これをもって直ちに現地に復元できる地積測量図とはいえないが，向かい合っている各辺長が同一距離であることから，対象土地乙の向かい合っている辺は平行であると推認できる。また，Ｓ４点とＳ10点とを結ぶ直線の辺長が，17番47の地積測量図の当該部分の辺長とほぼ一致しており，かつ，測量成果とも一致していることから，現地において復元が可能な地積測量図として採用するのが相当である。

(2) 以上のことから，本件筆界の位置を特定するには，上記各地積測量図を重要な資料として採用し，Ｓ４点及びＳ10点を基点として，乙地測量図を復元するのが相当である。

5　地図に準ずる図面（公図）について

(1) 本件に係る公図（以下「本件公図」という。）は，明治時代に作成された地

押調査に係る更正図である。
(2) 本件公図の土地の配列及び形状は，対象土地及び関係土地の現地における配列等とほぼ一致している。
(3) 本件筆界1は，直線の形状をしており，本件筆界2は，本件筆界1の南端筆界点から南方向に延びる直線（以下「本件筆界2の第1部分」という。）と，その南端筆界点から東方向に延びる直線（以下「本件筆界2の第2部分」という。）とで構成されるL字型をしている。

6 以上の事実及び資料から，本件筆界については，次のとおり判断する。

(1) 本件筆界1の北端筆界点について

本件筆界1の北端筆界点は，S1点からS6点を結ぶ直線上に存し，S4点からS6点方向に乙地測量図の辺長である5.382m（2.96間）の距離にあるK1点とするのが相当である。

(2) 本件筆界2の第1部分の南端筆界点（本件筆界2の第2部分の西端筆界点）について

本件筆界2の第1部分の南端筆界点は，S4点とK1点とを結ぶ直線と平行にはしる線をS10点から西方向に延長した直線と，S4点とS10点とを結ぶ直線と平行にはしる線をK1点から南方向に延長した直線との交点（K3点）とするのが相当である。

なお，本件筆界2の第1部分の南端筆界点と，本件筆界2の第2部分の西端筆界点は同一である。

(3) 本件筆界2の第1部分の北端筆界点（本件筆界1の南端筆界点）について

本件筆界2の第1部分の北端筆界点は，K1点とK3点とを結ぶ直線上に存し，K1点から南方向に，14年土地筆界承諾書の辺長である12.90mの距離にあるK2点とするのが相当である。

なお，本件筆界2の第1部分の北端筆界点と，本件筆界1の南端筆界点は同一である。

(4) 本件筆界2の第2部分の東端筆界点について

本件筆界2の第2部分の東端筆界点は，K3点とS10点とを結ぶ直線上に存し，この直線と家屋番号17番8の建物の北西面と平行にはしる線をS22点から北方向に延長した直線との交点（K4点）とするのが相当である。

第4 結 論

以上の事実を踏まえて考察すると，次のとおりとするのが相当である。

1　**本件筆界1（手続番号平成18年第01号）について**

　　本件筆界1については，公図に記載された対象土地の形状に合致し，対象土地乙の地積測量図を復元した，K1点とK2点とを直線で結んだ線であると特定する。

2　**本件筆界2（手続記録平成18年第02号）について**

　　本件筆界2については，公図に記載された対象土地の形状に合致し，対象土地乙の地積測量図を復元した，K2，K3及びK4の各点を順次直線で結んだ線であると特定する。

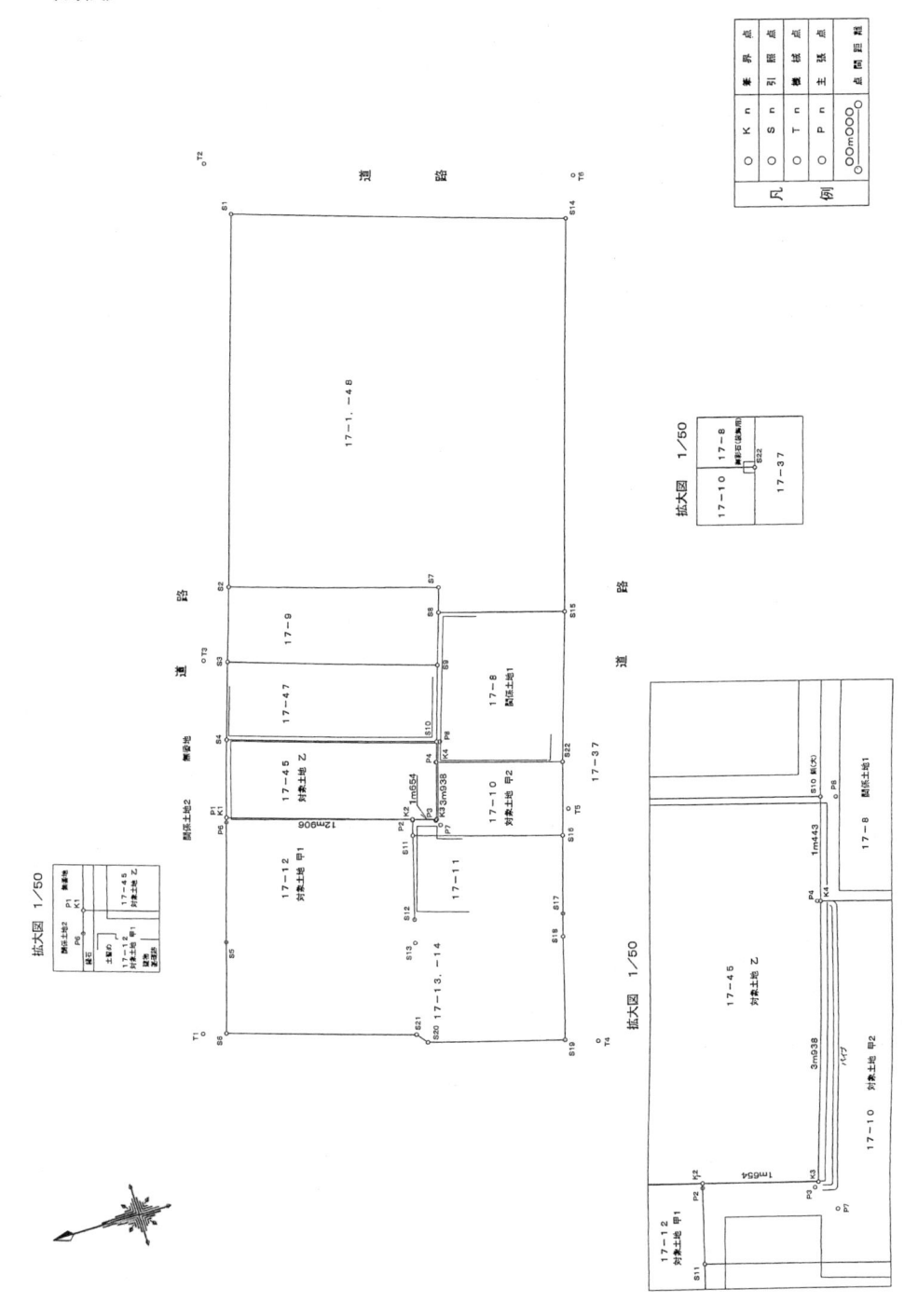

(別紙)

事例 8

一元化前の分筆筆界について，実測図，筆界承諾書，公共用地境界図及び占有状況を有力な資料として特定した事例

> 本件事例における対象土地の筆界は，昭和25年7月○○日に1209番1の土地から1209番20（対象土地甲）及び同番15（対象土地乙）が分筆されたことによって形成されたものである。
> 　特定のための主な資料として，対象土地の分割実測図，土地筆界承諾書及び公共用地境界図がある。
> 　対象土地等の対側地（本件街区の東側道路筆界）の区画については，官民境界が確定している公共用地境界図があり，当該道路部分の辺長距離が公差の範囲内で一致しており，官民境界確定協議の法的性質を根拠として，これを特定資料として採用した。
> 　また，対象土地の分割実測図は，復元測量に必要な境界標の記載及び筆界点と近傍の恒久的地物との位置関係が記載されていないが，対象土地等を含む近隣の土地の面積が公簿面積と同じであること，同図面に表記された建物の位置及び形状が，現地の状況（占有状況）を精確に反映していることから，特定資料として採用した。
> 　なお，土地筆界承諾書に関しては，当事者間の筆界点に対する認識が一致し，特定測量の検証結果も一致することから，特定資料として採用した。
> 　本事例は，上記分割実測図，土地筆界承諾書，公共用地境界図及び占有状況等を有力な資料として筆界を特定した事例である。

第1　事案の概要

1　事案の骨子

　本件は，対象土地甲とその東側に接する対象土地乙との筆界（以下「本件筆界」という。）の位置について，対象土地甲の所有者が対象土地乙の所有者に確認を求めたところ，双方に意見の相違があり筆界が不明となった事案である。

なお，本件における対象土地及び関係土地は，次のとおりである。

  対象土地甲　　1209番20

  対象土地乙　　1209番15

  関係土地1　　1209番22

  関係土地2　　1209番17

2　対象土地及び関係土地の現況

(1)　現地は，○○駅から南へ徒歩2分ほどの所にある商業地である。

(2)　対象土地甲の所有者は，本件の申請人ら（2名の共有）であり，対象土地乙の所有者は，関係人Aら（2名の共有）である。

(3)　関係土地1の所有者は，関係人Bであり，関係土地2は，関係人Cの相続人のC1が居住し管理している。

(4)　対象土地甲及び対象土地乙は，昭和10年9月○○日に土地区画整理事業による換地処分（以下「土地区画整理」という。）によって，1209番1の土地として登記され，昭和25年7月○日に1209番1の土地から1209番20（対象土地甲）及び同番15（対象土地乙）が分筆（以下「昭和25年分筆」という。）され，現在に至っている。

本件筆界は，昭和25年分筆により形成された筆界である。

なお，本件筆界は，クランク状の形をしており，二つの屈曲点があることから，本件筆界を以下，次のとおり分けて表記する。

 ア　対象土地甲，対象土地乙及び関係土地2の三筆境から北に延び，西へ向かう屈曲点までを，本件筆界第1部分

 イ　上記アの屈曲点から西に延び，北へ向かう屈曲点までを，本件筆界第2部分

 ウ　上記イの後者屈曲点から北に延び，対象土地甲，対象土地乙及び関係土地1の三筆境までを，本件筆界第3部分

第2　申請人及び関係人の主張並びにその根拠

1　申請人の主張及びその根拠

申請人らは，本件筆界は，別紙図面中のK1点（釘鋲，S1点）を基点として，対象土地乙上の建物（以下「乙建物」という。）の西壁面に沿って北方向へ

進み，同建物のクランク部分（南壁面）との接点，そこから南壁面をなぞって西方向に進んだ所に打設されている鋲，さらに，そこから北方向へ進んだ所に塗布されているペンキを順次直線で結んだ線であると主張する。

その根拠は，申請人ら提出の「〇〇區〇〇〇一丁目一二〇九番地の一分割實測図」（以下「分割図」という。），平成3年2月〇日付け土地筆界承諾書（以下「承諾書1」という。），平成3年2月〇日付け土地筆界承諾書（以下「承諾書2」という。）及び平成3年3月〇日付け土地筆界承諾書（以下「承諾書3」という。）に基づくものであるということにある。

2　関係人Aの主張及びその根拠

関係人Aらは，本件筆界の位置については，具体的な主張をしていない。

なお，対象土地乙については，昭和49年に父〇〇〇〇が死亡してからは母が管理していること，及び承諾書1に署名している△△△△は関係人Aの兄であり，申請人らの主張している承諾書1及び筆界点についての判断はできない旨付言する。

3　関係人Bの主張及びその根拠

関係人Bは，関係土地1と対象土地甲との筆界は，関係土地1上に建築されている建物の南側犬走りの南端（S17点とS18点とを結んだ直線）の南側にあるとし，関係土地1，対象土地甲及び対象土地乙との三筆境は，この直線を東方向へ進み，関係土地1と対象土地乙との南北に延びる筆界線と接する交点であると主張する。

その根拠は，以前，対象土地甲と関係土地1の双方にまたがるように長屋が建築されていたところ，その長屋は壁が共有の状態であったことから，その共有の壁の中心線（上記S17点とS18点とを結ぶ直線の南側）が両土地の筆界であると認識していることにある。

また，関係土地1と対象土地乙との筆界は，S15点（鋲）とS16点（下水枡の南東の縁のペンキ）を結んだ直線をそのまま南方向へ進んだ線であり，その北端はS16点，南端は対象土地甲の北側筆界線との交点である旨主張する。

その根拠は，共同で使用していた水道栓の裏側の所にS15点（鋲）があり，S16点の下水枡については，関係土地1の者が使用していることにある。

4 関係人Cの主張及びその根拠

C1は，関係土地2，対象土地甲及び対象土地乙との三筆境の筆界点は，K1点であると主張する。

その根拠は，関係人Cが承諾書3に署名していること，及びK1点については，隣接土地所有者の承諾がされていると認識しており，同点を基準として関係土地2上に建物を建て替えたことにある。

第3 本件筆界に対する判断

本件筆界は，前記第1の2⑷のとおり，昭和25年分筆によって形成された筆界であるので，以下の資料について検討する。

1 境界標及び囲障等の検討

対象土地，関係土地及びその周辺の土地には，本件筆界を明確に示す境界標及び囲障等は設置されていないが，対象土地甲，対象土地乙及び関係土地2との三筆境には，釘鋲（S1点）が打設されている。

この釘鋲（S1点）に関しては，承諾書1及び承諾書3が存在するところ，申請人ら及びC1においては，これらの承諾書に基づいて，この釘鋲が対象土地甲，対象土地乙及び関係土地2の三筆境であるとの認識が一致しており，さらに，後記4の分割図の検討結果（後記4の⑵）を併せて検討すると，当該釘鋲（S1点）は，本件筆界第1部分の南端の筆界点（K1点）であると判断するのが相当である。

2 地図に準ずる図面及び土地区画整理に基づく図面の検討

⑴ 本件に係る地図に準ずる図面（以下「本件公図」という。）の原図は，土地区画整理によって作成された図面（以下「区画整理図」という。）である。

⑵ 現地における対象土地の配列及び形状は，本件公図のそれとほぼ一致している。

3 地積測量図及び道路敷境界図等の検討

⑴ 本件筆界の形成に係る分筆の登記は，土地台帳と登記簿との一元化前であるため，当該分筆に係る地積測量図は，管轄登記所に備え付けられてい

ない。
(2) 関係人Bから，昭和56年5月○○日付け○○土地家屋調査士作製に係る現況実測図（以下「実測図」という。）が提出されている。
　しかし，この実測図には，境界標の種類が記載されていないこと，及び関係土地1の西側部分を通路敷地として提供しているにもかかわらず，その部分の測量がされていないことから，本件筆界を特定するための資料として採用することは相当でない。
(3) 本件対象土地等が存する街区（以下「本件街区」という。）の北東側道路の対側地の境界については，公共用地境界確定協議が実施され官民境界が確定している。
　その内容は，次のとおりである（なお，以下，公共用地境界確定協議に基づく道路敷境界図の点名を，本件特定測量の成果図（以下「成果図」という。）の点名に置き換えて用いる。）。
　ア　本件街区の北東側道路については，道路敷境界図（S51年○○○○－○号）のとおり，S31点とS30点とを結ぶ線（以下「確定線」という。）が確定している。この確定線の点間距離を本件特定測量の成果に基づく調整計算の結果（以下「測量成果」という。）と比較すると，その誤差は，不動産登記規則第10条第4項第1号の精度区分（以下「公差」という。）の範囲内にある。
　イ　また，上記道路敷境界図中のS30点から道路対側の縁石までの幅員は11.13mで，一方，測量成果の幅員は11.113mであり，その差異は1.7cmであることから，公差の範囲内である。
　以上のことから，上記道路敷境界図は，本件筆界を特定する資料として採用することができる。

4　対象土地及びその周辺土地の占有状況等と分割図の検討
(1) 申請人らから提出された分割図には，対象土地等を含む近隣の土地の面積が記載されているが，それらの面積は登記記録の公簿面積と同じであることから，分割図は，昭和25年分筆の前提として作成されたものと推認される。
　当該分割図について，同図面に表記された建物の位置及び形状の要素も含めて，測量成果とを検証した結果は，次のとおりである。

ア　対象土地乙の筆界は，登記記録によると昭和25年分筆時から現在に至るまで分合筆の経緯がないことから変更はない。また，乙建物については，登記記録からすると昭和27年以前に建築されている。

　　イ　対象土地乙の北側に接する1209番14及び同番38の土地（以下「北側土地」という。）に建築されている建物（以下「北側建物」という。）については，登記記録からすると昭和26年以前に建築され，その後，昭和36年に増築がされている。

　　ウ　対象土地乙と北側土地との筆界については，本件の現況調査等においては，明白にその境界を示す資料は存在しないが，分割図によれば，乙建物と北側建物が近接して描画されていることが判明する。

　　　　ところで，境界確認手続の一般例によれば，このような場合には，特段の事情がない限り，建物の庇合の中心を境界（筆界）とみなすのが通例であるので，対象土地乙と北側土地との筆界は，両建物の庇合の中心であると推認できる。

　　エ　そこで，上記1において検討した釘鋲（S1点）と本件街区の東側にある縁石（南北に直線状のもの。以下「東側縁石」という。）を基準として，成果図と分割図を重ね合わせて検証すると，現況の乙建物及び北側建物の形状が分割図に記載されている両建物の形状とほぼ一致し，また，対象土地乙と北側土地との筆界ともほぼ一致する。このことから，分割図は，昭和25年分筆の前提として作成され，現地の状況を精確に反映しているものと判断できる。

　　　　以上のことから，分割図は，本件筆界を特定するための資料として採用することができる。

(2)　ところで，分割図には，各筆界の辺長が表記されている。

　　別紙図面中のS1点とS14点との間の距離は，分割図では6.872mとなっているところ，測量成果によれば6.882mである。

　　したがって，S1点の釘鋲は，埋設の誤差等を考慮すると，昭和25年分筆の位置に該当する筆界点であると判断するのが相当であり，本件筆界第1部分の南端筆界点（K1点）とするのが相当である。

(3)　そこで，K1点を基点として，東側縁石の分割図上の復元点であるS2，S3及びS4の各点を結ぶ線，並びに乙建物及び北側建物の庇合の中心線であるS3点とS6点とを結ぶ線を本件街区の成果図と一致させた上

で検証した結果，現地に対応すると判断できる上記各点及びＳ８，Ｓ10，Ｓ９，Ｓ５，Ｓ11，Ｓ13並びにＳ28，Ｓ７の各点を本件筆界の位置を特定するための引照点とするのが相当である。

5　本件筆界第３部分について

　対象土地乙の西側の筆界は，分割図の記載からＳ28点とＳ６点とを結んだ線を南方向へ延長した直線上に存することが判明する。

　したがって，Ｓ６点から南方向へ，当該直線の延長線上を分割図に記載された2.618ｍ進んだ点が本件筆界第３部分の北端（Ｋ４点）となり，当該Ｋ４点から南方向へ0.254ｍ進んだ点が本件筆界第３部分の南端（Ｋ３点。本件筆界第２部分の西端と同一点）となる。

　なお，関係人Ｂは，関係土地１と対象土地乙との筆界は，Ｓ15点（共同使用の水道栓）とＳ16点（下水枡の南東部分の点）を結んだ直線である旨主張するところ，従前，対象土地等には長屋が建てられ，当該付近は，昭和25年分筆当時から長屋住人の通路として共同利用され，また，水道栓も関係人Ｂの発言にあるように共同使用がされていた経緯を踏まえると，下水枡についても共同利用の施設と推認することができる。そうであるならば，当該施設は，ある特定の土地のみに設置することなく，各土地の筆界線をまたぐ位置に設置するのが通例であるから，Ｓ28点とＳ６点とを結んだ直線を南方向へ延長した線上に関係土地１と対象土地乙との間の筆界が存するものと判断するのが相当である。

6　本件筆界第２部分について

　本件筆界第２部分の西端は，上記5のＫ３点（本件筆界第３部分の南端と同一点である。）であり，Ｋ３点から東方向に2.181ｍの距離（分割図に記載の距離）であって，かつ，上記4(2)のＫ１点から北方向に3.436ｍの距離（分割図に記載の距離）に位置する点が本件筆界第２部分の東端（Ｋ２点）となる。

7　本件筆界第１部分について

　本件筆界第１部分の北端は，上記6のＫ２点であり，本件筆界第１部分の南端は，上記4(2)のＫ１点である。

8　対象土地等の公簿面積及び現況面積
(1) 対象土地甲の範囲を，仮に，S9，S5，K1，K2，K3，K4，S13，S11及びS9の各点を順次直線で結んだ線であるとした場合の測量成果の面積は，45.87㎡であり，登記記録の公簿面積（45.19㎡）とほぼ一致する。
(2) 対象土地乙の範囲を，仮に，K1，S2，S3，S6，K4，K3，K2及びK1の各点を順次直線で結んだ線であるとした場合の測量成果の面積は，49.51㎡であり，登記記録の公簿面積（49.19㎡）とほぼ一致する。

第4　結　論

以上の事実を踏まえて考察すると，本件筆界は，分割図上の土地の形状，辺長及び建物の形状並びに土地の復元面積にも合致するK1，K2，K3及びK4の各点を順次直線で結んだ線とするのが相当である。

筆界特定図面（1/2）

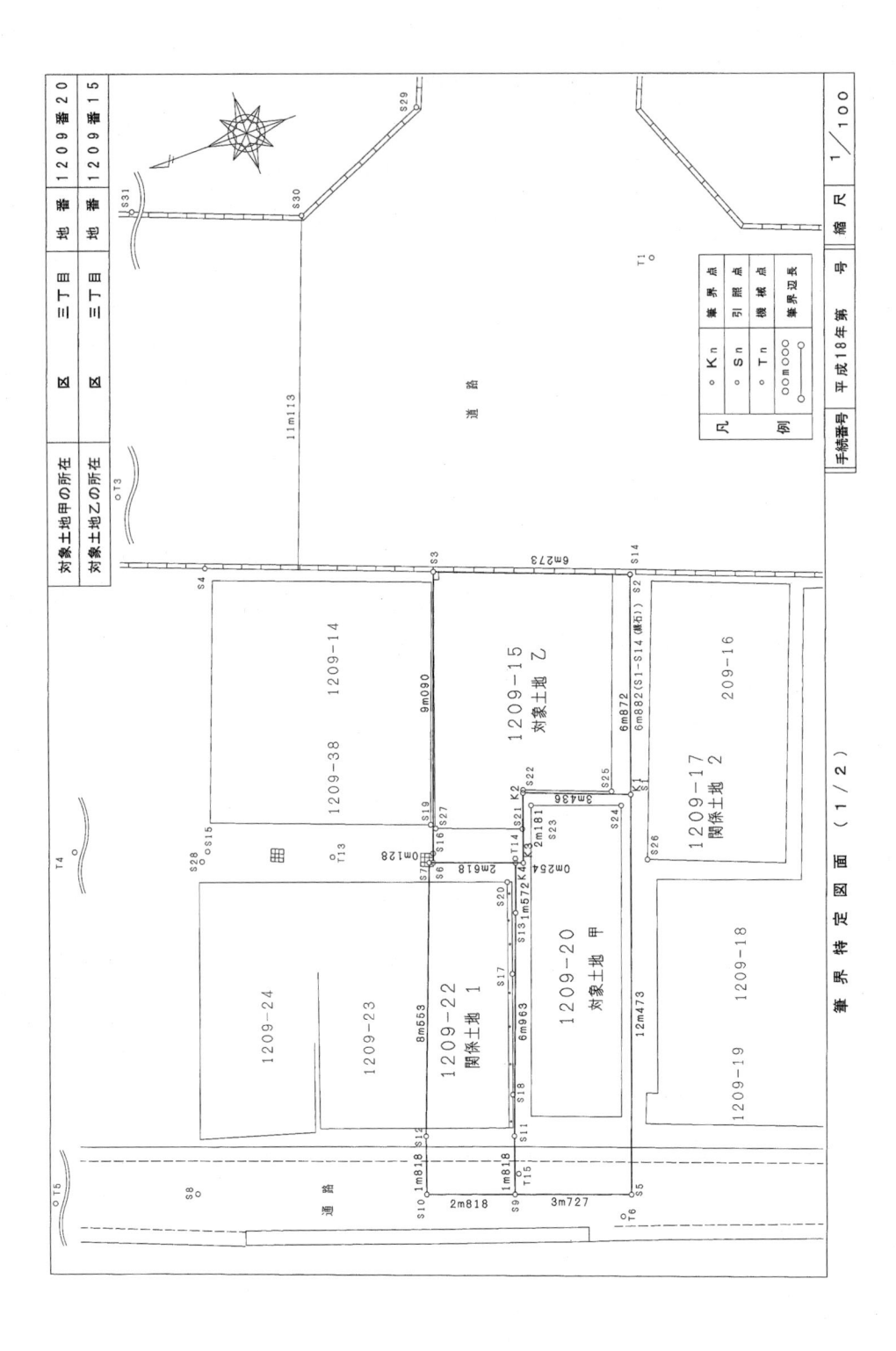

筆界特定図面（2/2）

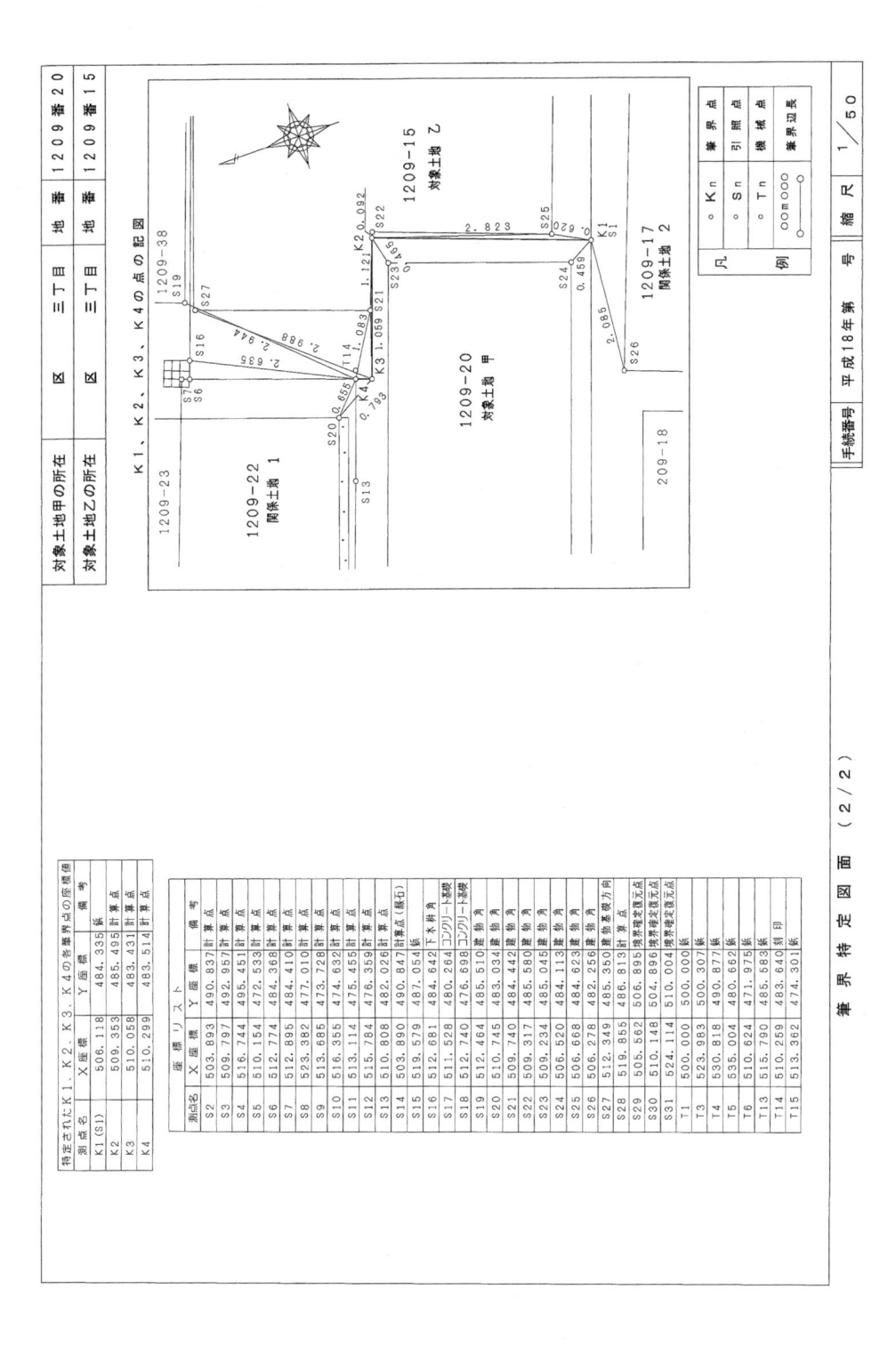

対象土地甲の所在
区 三丁目　地番 1209番20

対象土地乙の所在
区 三丁目　地番 1209番15

K1、K2、K3、K4の点の記図

特定されたK1、K2、K3、K4の各番界点の座標値

測点名	X座標	Y座標	備考
K1(S1)	506.118	484.335	筆界点
K2	509.353	485.495	計算点
K3	510.058	483.431	計算点
K4	510.299	483.514	計算点

座標リスト

測点名	X座標	Y座標	備考
S2	503.893	490.837	計算点
S3	509.797	492.957	計算点
S4	516.744	495.451	計算点
S5	510.154	472.533	計算点
S6	512.774	484.368	計算点
S7	512.895	484.410	計算点
S8	523.382	477.010	計算点
S9	513.685	473.728	計算点
S10	516.355	474.632	計算点
S11	513.114	475.455	計算点
S12	515.784	476.359	計算点
S13	510.808	482.026	計算点（縁石）
S14	503.890	490.847	計算点（縁石）
S15	519.579	487.054	塀
S16	512.681	484.642	下木材角
S17	511.528	480.264	コンクリート基礎
S18	512.740	476.698	コンクリート基礎
S19	512.464	485.510	建物角
S20	510.745	483.034	建物角
S21	509.740	484.442	建物角
S22	509.317	485.580	建物角
S23	509.234	485.045	建物角
S24	506.520	484.113	建物角
S25	506.668	484.623	建物角
S26	506.278	482.256	建物角
S27	512.349	485.350	建物基礎方向
S28	519.855	486.813	計算点
S29	505.562	506.895	境界確定復元点
S30	510.148	504.896	境界確定復元点
S31	524.114	510.004	境界確定復元点
T1	500.000	500.000	塀
T3	523.983	500.307	塀
T4	530.818	490.877	塀
T5	535.004	480.662	塀
T6	510.624	471.975	塀
T13	515.790	485.583	刻印
T14	510.259	483.640	刻印
T15	513.362	474.301	筆界点

手続番号　平成18年第　　号　縮尺 1/50

凡例
○ Kn　筆界点
○ Sn　引照点
○ Tn　機械点
○○m○○○ 筆界辺長

事例 9

一元化前の分筆筆界について，隣地の地積測量図を資料として採用せず，分筆申告図及び公共用地境界図を有力な資料として特定した事例

　本件事例における対象土地の筆界は，昭和41年○月○日に元番の土地（161番）から同番1（対象土地乙），同番2（対象土地甲），同番3及び同番4に分筆されたことによって形成されたものである。

　特定のための主な資料として，分筆申告図及び公共用地境界図がある。

　対象土地等が存する区画に関する「公共用地境界図」については，官民境界確定協議の法的性質を根拠として，これを特定資料として採用した。

　また，対象土地甲の分筆申告図は，復元測量に必要な境界標の記載及び筆界点と近傍の恒久的地物との位置関係が記載されていないが，対象土地等が存する区画における南側道路筆界及び東側道路筆界については，道路境界確定協議が実施され，官民境界が確定している公共用地境界図があり，当該道路部分の辺長距離が公差の範囲内で一致していることから，特定資料として採用した。

　なお，対象土地乙の地積測量図（地積更正登記）及び土地筆界確認書については，土地所有者間の筆界に関する合意に基づいて作成（当事者による筆界の変更）されたものであり，判例を引用して特定資料として採用しなかった。

　本事例は，上記分筆申告図及び公共用地境界図を有力資料とし，地積測量図及び土地筆界確認書を否定して筆界を特定した事例である。

第1　事案の概要

1　事案の骨子

　本件は，対象土地甲とその南側に接する対象土地乙との筆界（以下「本件筆界」という。）の位置が，各土地の所有者間で確認に至らなかった事案である。

　なお，本件における対象土地及び関係土地は，次のとおりである。

　　　　対象土地甲　　161番2

　　　　　対象土地乙　　161番1
　　　　　関係土地1　　162番1
　　　　　関係土地2　　161番2先
　　　　　隣接地　　　　161番3

2　対象土地及び関係土地の現況
(1)　現地は，○○駅から南方向に1,500ｍほどの所にある平坦な住宅地である。
(2)　対象土地甲の所有者は，本件の申請人であり，対象土地乙の所有者は，関係人Aである。
(3)　関係土地1の所有者は，関係人Bであり，関係土地2は，関係人Cが管理する道路敷である。
(4)　対象土地，関係土地及びその周辺の土地は，明治時代初期の地租改正により土地台帳附属地図に記載されており，対象土地甲の元番の土地（161番）は，この際に土地台帳に登録されている。
　　上記161番の土地は，昭和41年9月○日に同番1（対象土地乙），同番2（対象土地甲），同番3及び同番4に分筆（以下「昭和41年分筆」という。）されており，本件筆界は，この昭和41年分筆により形成された筆界である。
　　なお，その後，161番1は，平成6年9月○日に地積更正登記（以下「平成6年地積更正」という。）がされている。

第2　申請人及び関係人の主張並びにその根拠

1　申請人の主張及びその根拠
　申請人は，本件筆界は，別紙図面中のア点とイ点とを結んだ直線であると主張する。
　その根拠は，昭和41年に分筆をした際の土地分筆申告書の写しがあり，その分筆申告書に添付されている申告実測図の写し（以下「申告図の写し」という。）には辺長及び分筆後の土地の面積が記載されていること，また，申告図の写しと平成18年5月○日測量の現状実測図とを比較すると，その数値は，かなり近いものであり，過度の縄伸び・縄縮みがある土地ではないということにある。

2　関係人Ａの主張及びその根拠

　関係人Ａは，本件筆界は，本件筆界付近に設置されている万年塀（以下「万年塀」という。）の北側をなぞった線，すなわち，平成６年地積更正による地積測量図の復元点であると主張する。

　その根拠は，本件筆界について，平成６年７月○日に隣接者Ｄと土地筆界確認書（以下「確認書１」という。）をもって，また，関係人Ｂとは，平成６年７月○日付け土地筆界確認書（以下「確認書２」という。）をもって，本件万年塀の位置が筆界であると確認していることにある。

　また，関係人Ａが昭和42年８月に対象土地乙上の借家に転居した際，既に本件筆界付近に本件万年塀が存在しており，昭和49年と平成７年に自宅を新築した際にも万年塀が存在していると付言する。

3　関係人Ｂの主張及びその根拠

　関係人Ｂは，本件筆界の西端筆界点は，対象土地甲，対象土地乙及び関係土地１の三筆境に埋設されているコンクリート杭（Ｓ５点）であると認識していると主張する。なお，コンクリート杭（Ｓ５点）が埋設された時期等は不明であるとのことである。

　また，確認書２については，関係人Ａより，立会いの依頼があり，立会いを測量士に任せて土地筆界確認書に押印したため，その際の他の立会者については不明であり，立会いを依頼した測量士がだれであるかも覚えていないとのことである。

4　関係人Ｃの主張及びその根拠

　関係人Ｃは，本件筆界の東端筆界点は，現地に埋設されている市石標を結ぶ直線上にあると主張する。

　その根拠は，現地における市石標が平成５年及び平成６年作成の土地境界図に示された境界標と一致していることにある。

第3　本件筆界に対する判断

　本件筆界は，前記第1の2(4)のとおり，昭和41年分筆によって形成された筆界であるので，以下の資料について検討する。

1　境界標及び土地境界図等の検討
(1)　対象土地乙とその南側の道路との筆界（以下「南側道路筆界」という。）に係る境界標及び土地境界図
　　ア　南側道路筆界部分には，対象土地乙の南西角にコンクリート杭（S1点），南東角に市石標（鋲）（S3点）があり，S1点とS3点とを直線で結んだ線上に市石標（S2点）が埋設されている。
　　イ　平成2年の土地境界図（以下「確定図1」という。H14号証）において，S2点とS3点とを結ぶ線（以下「確定線1」という。）が確定している。
　　ウ　平成6年の土地境界図（以下「確定図2」という。H16号証）において，S1点とS2点とを結ぶ線（以下「確定線2」という。）が確定している。
　　エ　上記アの各境界標は，後記(5)の状況からすると，上記イの境界確定に基づき埋設されたものと判断するのが相当である。
(2)　対象土地乙，対象土地甲，隣接地及び161番5の土地とその東側の道路との筆界（以下「東側道路筆界」という。）部分に係る境界標及び土地境界図
　　ア　東側道路筆界部分には，本件万年塀の東端付近にコンクリート杭（S6点），その近くに，関係人Cが道路拡張のために測量を依頼した測量業者が平成6年地積更正時の地積測量図に基づき埋設したプラスチック杭（S22点），及び161番5の土地の北東角付近に市石標（S12点）がそれぞれ埋設されている。なお，S6点のコンクリート杭については，埋設時期，設置者及び隣接所有者との筆界の確認の有無は不明である。
　　イ　平成5年の土地境界図（以下「確定図3」という。H15号証）において，上記(1)のアのS3点とS12点とを結ぶ線（以下「確定線3」という。）が確定している。
　　ウ　上記アの市石標（S12点）は，後記(5)の状況からすると，上記イの境界確定に基づき埋設されたものと判断するのが相当である。
(3)　隣接地とその北側の道路との筆界（以下「北側道路筆界」という。）部分に係る境界標及び道路境界確定図

ア　北側道路筆界付近には，隣接地の北西角付近に市石標（Ｓ14点）が埋設されている。なお，同境界標の埋設時期は不明であり，また，道路境界確定の筆界として埋設されているものではない。

イ　昭和59年の道路境界確定図（以下「確定図４」という。）において，Ｓ10点（ブロック塀角）とＳ19点（Ｌ字型側溝）とを結ぶ線（以下「確定線４」という。）が確定している。

ウ　確定図３においては，確定線３のＳ12点とその北方向のＳ18点とを結ぶ線が道路境界として確定している。上記イのとおり，確定線４は，Ｓ10点とＳ19点とを結ぶ線であるが，Ｓ19点からＳ13点（計算点。確定線４を東方向へ延長した線とＳ12点とＳ18点とを結ぶ線との交点）までの間は，道路境界が確定しているものと判断することができる（以下，Ｓ19点からＳ13点までの間を「確定線５」という。）。

(4)　対象土地及び隣接地の西側の境界標

　　本件万年塀の西端付近にはコンクリート杭（Ｓ５点）が，また，その南側にコンクリート杭（Ｓ４点）が埋設されている。この両境界標の埋設時期，設置者及び隣接所有者との筆界の確認の有無は不明である。

(5)　上記Ｓ１点とＳ２点とを結ぶ確定線２の点間距離，Ｓ２点とＳ３点とを結ぶ確定線１の点間距離，Ｓ３点とＳ12点とを結ぶ確定線３の点間距離，Ｓ10点とＳ19点とを結ぶ確定線４の点間距離及びＳ19点とＳ13点とを結ぶ確定線５の点間距離について，確定図１，確定図２，確定図３及び確定図４におけるそれと本件特定測量の成果（以下「本件測量成果」という。）とを検証した結果，その差は，不動産登記規則第10条第４項第１号の精度区分（以下「公差」という。）の範囲内にある。

　　このことから，Ｓ１，Ｓ３，Ｓ12，Ｓ13及びＳ10の各点を本件筆界の位置を特定するための引照点とするのが相当である。

2　囲障の検討

(1)　本件筆界付近には本件万年塀が存在する。

　　本件万年塀が本件筆界を示すものか否かについては，本件の申請人は，確認書１の作成自体を否定し，本件万年塀は本件筆界を示すものではないとしている。一方，関係人Ａは，確認書１及び確認書２を根拠として，これを肯定している。

(2)　確認書1及び確認書2によると，本件万年塀の北側面をなぞる線をもって対象土地甲と対象土地乙との筆界であることを確認しているとうかがえるが，上記(1)の状況，後記4の申告実測図及び後記5の地積測量図の検討結果からすると，本件万年塀は，本件筆界の位置を特定するための資料として採用するのは相当でない。

3　地図に準ずる図面（公図）の検討
　(1)　本件に係る地図に準ずる図面（以下「本件公図」という。）の原図は，明治時代に作成された土地台帳附属地図である。
　(2)　現地における対象土地等の配列及び形状は，本件公図のそれとほぼ一致している。

4　申告実測図の検討
　(1)　○○市が保管している昭和41年9月○日付け土地分筆申告書に添付されている申告実測図（以下「申告実測図」という。）には，対象土地乙，対象土地甲及び隣接地の各土地の区画，面積計算及び辺長の記載がある。しかし，筆界線と筆界線との間の角度の記載がないことから，直ちにこの申告実測図をもって現地を復元することはできない。

　　しかしながら，申告実測図に記載されている対象土地甲及び隣接地の面積計算の数値を公簿面積と検証すると，その内容は登記記録と一致する。また，同図に描画されている形状は，本件公図の形状のそれとほぼ一致している。

　　このことから，申告実測図は，本件筆界の位置を特定するための重要な資料として採用するのが相当である。

　(2)　申告実測図及び本件公図からすると，本件筆界は，直線であると判断できる。
　(3)　申告実測図と地積測量図との検証結果については，後記5の(3)のとおりである。

5　地積測量図の検討
　(1)　本件筆界は，昭和41年分筆に係る形成筆界であるが，分筆時期が土地台帳と登記簿の一元化前（昭和42年2月○日，一元化完了）であることから，当

該分筆に係る地積測量図は，管轄登記所に保管されていない。
(2)　対象土地乙については，平成6年地積更正に係る地積測量図（以下「測量図1」という。）が管轄登記所に保管されている。この測量図1における対象土地乙と対象土地甲との筆界の位置を現地に復元すると，同筆界付近に設置されている万年塀の北側をなぞるところに位置する。
(3)　測量図1及び申告実測図における対象土地乙の辺長距離を検証した結果は，次のとおりであり，大きく相違する。
　　ア　対象土地乙の西側筆界線の辺長距離
　　　①　測量図1　　　15.60m
　　　②　申告実測図　　12.80m
　　イ　対象土地乙の東側筆界線の辺長距離
　　　①　測量図1　　　19.41m
　　　②　申告実測図　　15.45m
(4)　本件筆界は，昭和41年分筆に係る形成筆界であり，また，申告実測図と大きく相違する上記(3)の結果からすると，測量図1は，本件筆界の位置を特定するための資料とするのは相当でない。
　　なお，測量図1が作成された経緯及び測量図1における対象土地乙と対象土地甲の筆界の位置については，上記(2)のとおりであり，平成6年地積更正の基礎となったものは，確認書1及び確認書2のとおり土地所有者の筆界の確認（合意）であるとされるところ，このような土地所有者間の筆界に関する確認（合意）について，判例は，「筆界は，その性質上当事者の合意によって左右することはできない」（最高裁昭和31年12月28日第二小法廷判決・民集10巻12号1639頁参照）と判示していることから，当該確認（合意）があることをもって，本件筆界を特定する要素とすることはできない。
(5)　関係土地1については，昭和57年12月○日の地積更正登記に係る地積測量図（以下「測量図2」という。）が，また，対象土地乙の西側の162番3の土地については，昭和48年11月○日の分筆登記に係る地積測量図（以下「測量図3」という。）がそれぞれ管轄登記所に保管されている。
　　本件測量成果によると，測量図2及び測量図3における対象土地乙，対象土地甲及び隣接地の西側の筆界線上に表記された境界標（石杭の表記）は，上記1の(4)のＳ4及びＳ5の各点のコンクリート杭並びにＳ9点のブロック塀角であると推認される。

そこで，S1点（引照点）を基点として，S4点，S5点及びS9点の各点間距離について，測量図2及び測量図3におけるそれと本件測量成果とを検証したところ，公差の範囲内にある。
　　このことから，S4，S5及びS9の各点を本件筆界の位置を特定するための引照点とするのが相当である。
(6)　161番5に係る地積測量図（以下「測量図4」という。）が管轄登記所に保管されている。
　　測量図4における161番5の土地の形状については，その東側の筆界線に屈曲点（S12点）が存在する。この屈曲点を含む東側道路筆界については，後記6(2)のとおり，本件筆界特定に関しては直線として扱ったとしても影響はないと考えられる。

6　対象土地乙，対象土地甲，隣接地及び161番5の土地（以下「本件四筆」という。）の形状等について

　本件筆界の位置を特定するに当たり，本件四筆の範囲を特定する必要がある。
　本件測量成果及び本件筆界の検討結果からすると，その範囲は次のとおりである。
(1)　南側道路筆界は，上記1の(1)のとおり，確定線1と確定線2（S1点とS3点とを結ぶ線）である。
(2)　東側道路筆界は，上記1の(2)のとおり，確定線3とS12点からS13点までの線（S3点からS12点をとおりS13点までの線）である。
　　上記東側道路筆界は，測量図4及び確定図3からすると，S12点で東方向にわずかに屈曲する形状である。一方，申告実測図においては，東側道路筆界は，直線で描画されている。
　　S3点とS12点との点間距離とS12点とS13点との点間距離を合計した数値（48.721m）と，S3点とS13点との点間距離（48.709m）とを検証すると，その差異は，1.2cmであり，公差の範囲内であることから，本件筆界特定に当たっては，S3点からS12点をとおりS13点までの線は，直線として扱うこととしても，その結果に影響はないと考える。
(3)　東側道路筆界の辺長距離は，次のとおりである。
　　ア　本件測量成果における辺長距離，48.709m

イ 申告実測図における辺長距離，48.45m

(4) 北側道路筆界は，上記1の(3)のとおり，確定線4及び確定線5（S13点とS10点とを結ぶ線）である。

(5) 対象土地及び隣接地の西側筆界については，S10，S9，S5，S4及びS1の各点を順次結んだ線である。なお，同線は，S9点において東側にわずかに屈曲している。

S1点とS5点との点間距離，S5点とS9点との点間距離及びS9点とS10点との点間距離を合計した数値（44.661m）と，S1点とS10点との点間距離（44.648m）を検証すると，その差異は，1.3cmとなり，公差の範囲内であることから，本件筆界特定に当たっては，S1からS4，S5及びS9をとおりS10点までの線は，直線として扱うこととしても，その結果に影響はないと考える。

(6) 対象土地及び隣接地の西側筆界の辺長距離は，次のとおりである。
ア 本件測量成果における辺長距離，44.648m
イ 申告実測図における辺長距離，44.30m

7 以上の事実及び資料から，本件筆界については，次のとおり判断する。

(1) 本件筆界の東端筆界点について

東側道路筆界の辺長距離は，上記6の(3)のとおりであり，0.259mの差異が生じる。

この差異については，申告実測図における当該部分の辺長距離（48.45m）と本件測量成果における辺長距離（48.709m）との対比率（1.00535）を求め，申告実測図における対象土地乙，対象土地甲及び隣接地の東側筆界の各辺長にこの比率を乗じて，それぞれの辺長を求めるのが合理的であると考える。

本件筆界の東端筆界点は，S3点とS12点とを結んだ直線上で，かつ，S3点から申告実測図における対象土地乙の東側筆界線の辺長距離15.45mに上記対比率を乗じて得られた距離15.532mの位置（K1点）とするのが相当である。

(2) 本件筆界の西端筆界点について

対象土地及び隣接地の西側筆界の辺長距離は，上記6の(6)のとおりであり，0.348mの差異が生じる。

この差異については，申告実測図における当該部分の辺長距離（44.30m）と本件測量成果における辺長距離（44.648m）との対比率（1.00786）を求め，申告実測図における対象土地乙，対象土地甲及び隣接地の西側筆界の各辺長にこの比率を乗じて，それぞれの辺長を求めるのが合理的であると考える。

　本件筆界の西端筆界点は，Ｓ１点とＳ10点とを結んだ直線上で，かつ，Ｓ１点から申告実測図における対象土地乙の西側筆界線の辺長距離12.80mに上記対比率を乗じて得られた距離12.900mの位置（Ｋ２点）とするのが相当である。

第４　結　論

　以上の事実を踏まえて考察すると，本件筆界は，公図及び申告実測図に記載された各対象土地の形状に合致する，Ｋ１点とＫ２点を直線で結んだ線であるとするのが相当である。

76 | 筆界特定事例集

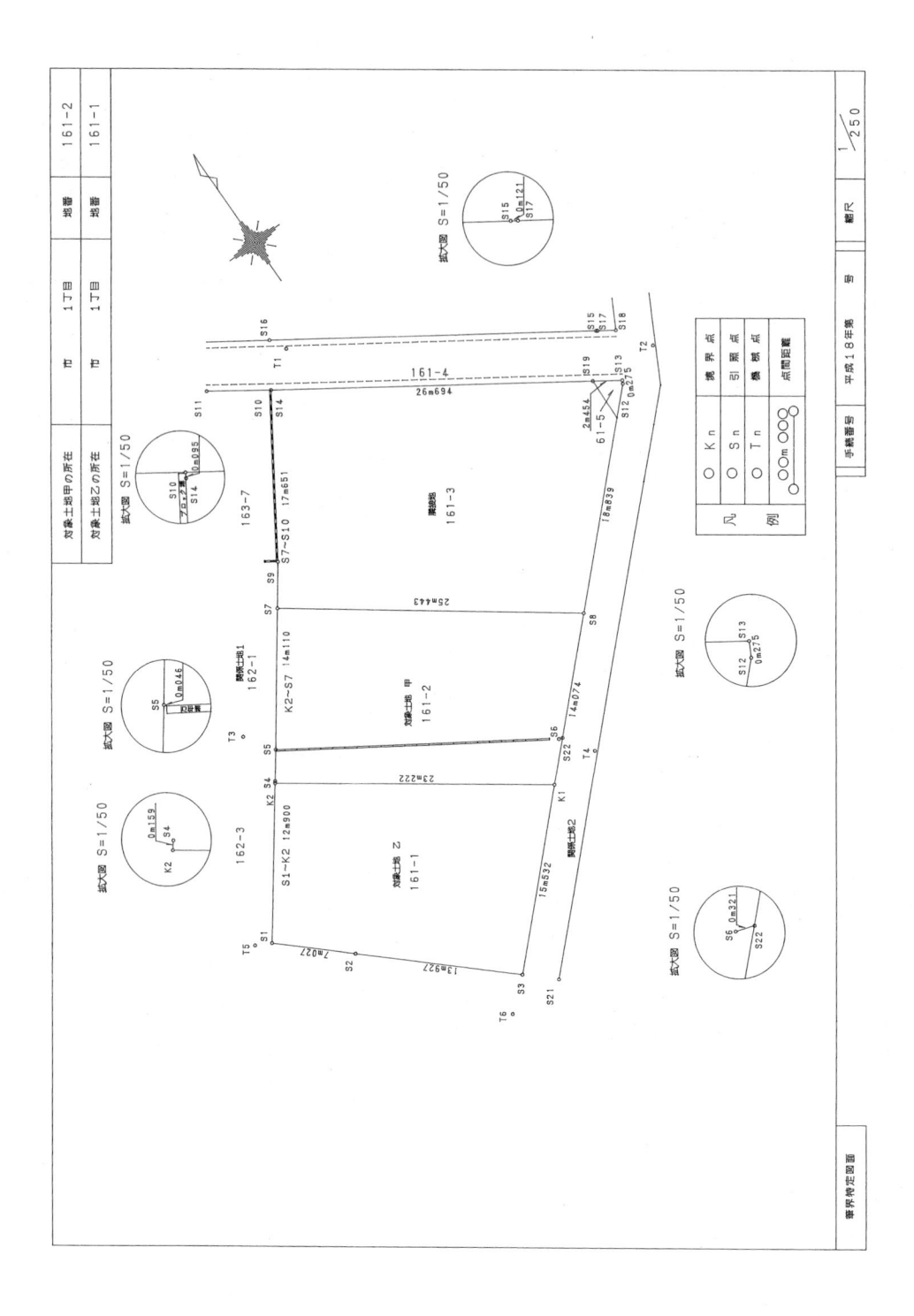

事例 10

耕地整理法による換地処分によって創設された土地について，換地処分のための丈量図，公共用地境界図等を有力な資料として特定した事例

> 本件事例における対象土地及びその周辺の土地の区画は，昭和29年の耕地整理事業による換地処分（以下「耕地整理」という。）の登記によって創設されたものであり，本件筆界は，耕地整理による登記によって形成されたものである。
>
> 特定のための資料として，耕地整理による確定図（以下「確定図」という。），公共用地境界図及び申請人提出の実測図（以下「実測図」という。）がある。
>
> 対象土地等が存する街区（以下「本件街区」という。）については，耕地整理による確定図の基礎となる丈量図（以下「切り図」という。）があり，三斜法による面積計算の数値と公簿面積とのそれが一致していることから，これを特定資料として採用した。
>
> また，官民境界が確定している公共用地境界図があり，当該道路部分の辺長距離が特定測量のそれと公差の範囲内で一致しており，官民境界確定協議の法的性質を根拠として，特定資料として採用した（切り図の当該辺長ともほぼ一致している。）。
>
> さらに，実測図は，復元測量に必要な境界標の記載及び筆界点と近傍の恒久的地物との位置関係が記載されていないが，対象土地甲等の土地の面積（尺貫法による座標値）が公簿面積と同じであること，実測図の各辺長が特定測量の検証結果ともほぼ一致することから，特定資料として採用した。
>
> 本事例は，切り図，公共用地境界図，実測図及び占有状況等を有力な資料として筆界を特定した事例である。

第1　事案の概要

1　事案の骨子

本件は，対象土地甲とその南東側及び南西側に接する対象土地乙との筆界

(以下「本件筆界」という。）の位置について，対象土地甲の共有者の認識が一致せず，不明であるとして本件筆界の位置の特定を求めた事案である。

　　　　対象土地甲　　1605番1
　　　　対象土地乙　　1605番1先
　　　　関係土地1　　1605番2
　　　　関係土地2　　1606番

2　対象土地及び関係土地の現況

(1)　現地は，○○電鉄○○線○○駅より北へ800mほどの所にあり，南から北へ上る緩やかな傾斜となっている住宅地である。

(2)　対象土地甲の所有者は，本件の申請人X（以下「申請人X」という。），申請人Y（以下「申請人Y」という。以下，両名を「申請人ら」という。）及び本件の関係人D（以下「関係人D」という。）の3名（以下「共有者3名」という。）である。対象土地乙は，○○区（以下「関係人A」という。）が管理する道路敷である。

(3)　関係土地1の所有者は，関係人Bであり，関係土地2の所有者は，関係人Cである。

(4)　対象土地甲と対象土地乙との筆界付近には，L字型側溝が設置されており，これが対象土地甲と対象土地乙との占有界となっている。

(5)　対象土地甲と関係土地1との筆界付近には，万年塀（以下「万年塀1」という。）が設置されており，これが対象土地甲と関係土地1との占有界となっている。

　また，対象土地甲と関係土地2との筆界付近には，万年塀（以下「万年塀2」という。）が設置されており，これが対象土地甲と関係土地2との占有界となっている。

(6)　本件筆界の形状は，管轄登記所が保管する地図に準ずる図面（以下「本件公図」という。）によれば，L字の形状であることから，以下，本件筆界を次のとおり分けて表記する。

　ア　関係土地1，対象土地甲及び対象土地乙の三筆境の筆界点から南西へ延び，対象土地甲の南角隅切り部分（以下「本件隅切り」という。）の東端筆界点に接するまでを「本件筆界第1部分」

　イ　上記アの東端筆界点から本件隅切りの西端筆界点に接するまでを「本

件筆界第2部分」
　　ウ　上記イの西端筆界点から北西へ延び，関係土地2，対象土地甲及び対象土地乙の三筆境の筆界点に接するまでを「本件筆界第3部分」

第2　申請人及び関係人の主張並びにその根拠

1　申請人らの主張及びその根拠
(1)　申請人Xは，本件筆界について，次のとおり主張する。
　　ア　本件筆界第1部分の北端筆界点は，万年塀1の北側面（関係土地1側）をなぞり南東方向へ延長した線とL字型側溝の外縁部との交点（以下「申請人X主張点①」という。）である。

　　　その根拠は，万年塀1は，〇〇〇〇（以下「設置者Z」という。）が工事費用を負担して関係人Bが工事を行ったもので，その北側面が対象土地甲と関係土地1との筆界であり，上記交点が対象土地甲，対象土地乙及び関係土地1の三筆境と認識していることにある。

　　イ　本件筆界第3部分の北端筆界点は，万年塀2の北側面（関係土地2側）をなぞり南西方向へ延長した線とL字型側溝の外縁部との交点（以下「申請人X主張点②」という。）である。

　　　その根拠は，万年塀2は，設置者Zが設置したもので，その北側面が対象土地甲と関係土地2との筆界であり，上記交点が対象土地甲，対象土地乙及び関係土地2の三筆境と認識していることにある。

(2)　申請人Yは，本件筆界について，次のとおり主張する。
　　ア　本件筆界第1部分の北端筆界点は，申請人X主張点①から約5cmL字型側溝外縁部に沿って南西側（対象土地甲側）に進んだ点である。

　　　その根拠は，万年塀1は，設置者Zが工事費用を負担して関係人Bが工事を行っており，万年塀1の支柱の一部分を関係土地1の敷地に設置したと認識していることにある。

　　イ　本件筆界第3部分の北端筆界点は，申請人X主張点②から約15cmL字型側溝外縁部に沿って北側（関係土地2側）に進んだ点である。

　　　その根拠は，万年塀2は，設置者Zが設置したものであり，万年塀1と万年塀2とが交差している部分（対象土地甲の北角点付近）の万年塀1の上部にある笠木が，北西側に約15cmほど延びていることから，万年塀

2の北側面（関係土地2側）をなぞる線よりも約15cm北側に平行にはしる線が筆界線であり，この線とL字型側溝の外縁部との交点が，本件筆界第3部分の北端筆界点であると認識していることにある。

2 関係人Aの主張及びその根拠

関係人Aは，本件筆界について，次のとおり主張する。

(1) ○○○○耕地整理組合○○○区確定図（写）（○○区保管。以下「区確定図」という。）によると，対象土地甲の南東側道路の幅員は5.45m（3間），対象土地甲の南西側道路の幅員は8m（4.4間）である。

(2) また，本件筆界の南角点付近は，切り図（○○区保管）からすると，隅切りの形状になっている。

(3) 本件隅切りの東端（本件筆界第2部分の東端筆界点）は，切り図に記載されている本件街区の東の隅切りの南端点（別紙図面のS10点）から本件隅切りの東端までの辺長の数値を求め，現地に復元した点であり，また，本件隅切りの西端（本件筆界第2部分の西端筆界点）は，同様に本件街区の西の隅切りの南端点（別紙図面のS45点）から本件隅切りの西端までの辺長の数値を求め，現地に復元した点である。

3 関係人Bの主張及びその根拠

関係人Bは，本件筆界第1部分の北端筆界点は，万年塀1の中心を南東方向に延長した線とL字型側溝の外縁部との交点であると主張する。

その根拠は，万年塀1については，設置者Zと共同で設置したことから，万年塀1の中心が関係土地1と対象土地甲との筆界であり，上記交点が関係土地1，対象土地甲及び対象土地乙の三筆境と認識していることにある。

4 関係人Cの主張及びその根拠

関係人Cは，本件筆界第3部分の北端筆界点は，万年塀2の北側面（関係土地2側）をなぞり南西方向に延長した線とL字型側溝の外縁部との交点であると主張する。

その根拠は，万年塀2は，設置者Zが設置したことから，その北側面（関係土地2側）が関係土地2と対象土地甲との筆界であり，上記交点が関係土地2，対象土地甲及び対象土地乙の三筆境と認識していることにある。

5　関係人Dの主張及びその根拠

関係人Dは，本件筆界は，設置者Zが万年塀1及び万年塀2を対象土地甲の敷地内に設置したことから，この万年塀の外側が筆界であると認識していると主張する。

第3　本件筆界の検討

本件街区及び土地の区画は，昭和29年の耕地整理の登記によって創設されたものである。対象土地甲は，その後，分合筆等の再形成がされた経緯がないことから，本件筆界は，耕地整理による登記によって形成されたものであるので，以下の資料について検討する。

1　境界標及び囲障等の検討
(1) 現地において，対象土地及び関係土地の筆界点を示す境界標の設置はない。
(2) 対象土地甲の北東側には，万年塀1が設置されている。
　　この万年塀1は，対象土地甲と関係土地1との占有界となっており，おおよそ両土地間の筆界を示すものと考えられる。ただし，本件の関係者によれば，両土地間の筆界の位置について，意見の相違がある。
(3) 対象土地甲の北西側には，万年塀2が設置されている。
　　この万年塀2は，対象土地甲と関係土地2との占有界となっており，直ちに筆界を示すものとはいえないものの，両土地間の筆界付近に設置されたものと考えられる。

2　地図に準ずる図面（公図）及び確定図等の検討
(1) 現地における対象土地甲，対象土地乙，関係土地1，関係土地2及びその周辺土地の配列及び形状は，本件公図のそれとほぼ一致する。
(2) 本件公図は，確定図（管轄登記所保管）を基に作成されたものと認められる。
(3) 切り図には，各土地の区画，面積計算及び辺長の記載があるが，その辺長の内角の記載がないことから，直ちにこの切り図をもって現地に復元することはできない。

しかしながら，切り図に記載されている各土地の面積計算の数値を公簿面積と検証すると，切り図に示された数値は，耕地整理実施後の各土地の公簿面積と一致することから，切り図については，耕地整理の基礎資料としての位置づけをすることができ，本件筆界特定に関しては，少なくとも，切り図に記載されている辺長及び各土地の筆界線が直線であるか否かの判断資料として採用することができる。

(4) 以上の本件公図，確定図及び切り図を検討した結果として，次の事項を認めることができる。

　ア　対象土地甲の南角点部分は，隅切りの形状である。

　イ　本件街区の南西側の線（以下「南西線」という。）は，直線である。

　ウ　本件筆界第3部分は，南西線上に位置する。

　エ　本件街区の南東側の線（以下「南東線」という。）は，一点で屈曲しているものの，その屈曲点（以下「南東線上の屈曲点」という。）から本件隅切りまでの筆界線は，直線である。

　オ　本件筆界第1部分は，南東線上に位置する。

3　公共用地境界図の検討

本件街区の西角点付近については，公共用地境界確定協議が実施され官民境界が確定している。その内容は，次のとおりである。なお，以下に表す点名は，別紙図面中の表記である。

(1) 公共用地境界図（60年第〇〇〇〇号）によれば，H60P3点とH60P4点とを結ぶ隅切りの線（以下「西側隅切り線」という。），及びH60P3点，H60P2点及びH60P6点の直線について，官民境界が確定している。

(2) 上記(1)の各確定点の点間距離を，本件特定測量の成果（以下「本件測量成果」という。）に基づいて検証したところ，それぞれの点間距離の誤差は，不動産登記規則第10条第4項第1号の精度区分（以下「公差」という。）の範囲内にある。

　このことから，当該境界図（確定線）については，本件筆界の位置を特定するための資料として採用するのが相当である。

(3) また，西側隅切り線の南端であるH60P3点，南西線上のH60P2点及びH60P6点は，本件筆界第3部分を特定するための引照点とするのが相当である。

4 本件筆界第3部分について

(1) 本件筆界第3部分の北端筆界点及び同部分の南端筆界点は，上記1の(3)，上記2の(4)ウ及び上記3の検討結果からすると，南西線上のH60P3点，H60P2点及びH60P6点を結んだ直線の延長線（以下「南西側延長線」という。）上に存すると認められる。

(2) このことから，本件筆界第3部分の南端筆界点は，南西側延長線上にあり，かつ，H60P3点から切り図に記載されている辺長距離22.10間（40.181m）の位置にある点（K3点）とするのが相当である。

(3) 対象土地甲と関係土地2との筆界については，設置者Zが万年塀2を設置したという関係者（申請人X，関係人C及び関係人D）の認識が一致しており，現地における囲障の設置状況及び対象土地等の占有の状況を基にこの筆界の位置を判断すると，本件筆界第3部分の北西端付近に設置されている万年塀2の北側面をなぞる線であるとするのが相当である。なお，申請人Yの万年塀1の上部にある笠木を根拠とする主張（前記第2の1(2)イのとおり）については，現地における対象土地等の占有状況からすると，採用することは相当でない。

(4) このことから，本件筆界第3部分の北端筆界点は，万年塀2の北側面をなぞり南西方向に延長した線と南西側延長線との交点（K4点）とするのが相当である。

(5) 以上のとおり，本件筆界第3部分は，K3点とK4点とを結んだ直線であるとするのが相当である。

5 実測図等の検討

(1) 申請人らから本件申請に際し，対象土地甲の実測図が提出されている。この実測図には，「東京都〇〇区〇〇〇〇町二丁目一二一六番地ノ一〇，面積一二一坪二合二勺，1952・3・21」と表記されており，さらに，座標値及び筆界線の辺長も記載されている。

この1216番地の10は，対象土地甲の耕地整理前の地番であり，また，面積及び年月日の記載からすると，当該実測図は，同土地の昭和27年〇月〇〇日の分筆（以下「昭和27年分筆」という。）に係る図面と推認される。

(2) 実測図と切り図及び実測図と測量成果との検証結果について

ア 実測図と切り図における対象土地甲部分について，同一縮尺に引き直

し，実測図のＡ点（対象土地甲の西角点。上記４の(4)のＫ４点と同一点）と切り図の当該点，実測図上のＡ点とＢ点を結ぶ線（上記２の(4)南西線の延長線）と切り図における当該線とを重ね合わせて検証すると，両図面における対象土地甲の形状は，ほぼ一致する（ただし，現在の対象土地甲と関係土地１との筆界線部分及び本件隅切り部分は除く。）。

イ　そこで，実測図と本件測量成果の成果図とを，上記４の(4)のＫ４点を基点とし，また，南西側延長線を基線として，上記アと同様に検証すると，実測図のＤ点（対象土地甲の北角点）とＣ点（対象土地甲の東角点）とを結ぶ直線の位置は，対象土地甲と関係土地１との間に設置されている万年塀１上に重なる。

ウ　以上のことからすると，実測図は，昭和27年分筆当時の現況の実測図と推認されることから，対象土地甲，関係土地１及び対象土地乙の三筆境の筆界点を特定するための資料として採用するのが相当である。

6　本件筆界第１部分及び本件筆界第２部分について

本件筆界の位置を特定するための資料（囲障の設置状況，本件公図，確定図，切り図及び実測図），対象土地等の占有状況及び本件測量成果を総合的に検証した結果，本件筆界は，次のとおりと考えられる。

(1)　本件筆界第１部分について

ア　Ｋ４点（実測図上のＡ点）とＫ３点とを結び南東方向に延長した線上に，実測図上のＡ点からＢ点までの辺長距離（実測図の座標値によると18.432m）の位置に計算点（Ｓ14点。南東線との交点）を求めることができる。

イ　実測図の座標値に基づいて，実測図上のＡＣ間の点間距離（28.906m）及びＢＣ間の辺長距離（22.039m）を求め，Ｋ４点から半径28.906mの円と，Ｓ14点から半径22.039mの円を描いたときの交点（Ｋ１点）を求めることができる。このＫ１点の位置は，万年塀１のほぼ中心を通る線を南東方向に延長した線と南東線との交点である。

ウ　Ｓ14点とＫ１点とを直線で結んだ線上に本件筆界第１部分の南西端筆界点（本件筆界第２部分の東端筆界点）が存する。

本件筆界第１部分の南端筆界点（本件筆界第２部分の東端筆界点）は，Ｓ14点とＫ１点とを結ぶ直線とＫ４点から切り図における距離10.20間

　　　　（18.545m）を半径とする円との交点（K2点）とするのが相当である。
　　エ　以上のとおり、本件筆界第1部分は、K1点とK2点とを結んだ直線であるとするのが相当である。
　(2)　本件筆界第2部分について
　　本件筆界第2部分は、K2点とK3点とを結んだ直線となる。

第4　結　論

　以上の事実を踏まえると、本件筆界は、本件公図及び確定図に記載された各対象土地の形状に合致し、また、切り図及び実測図と本件測量成果との各筆界点間の辺長がおおむね一致するK1、K2、K3及びK4の各点を順次直線で結んだ線であるとするのが相当である。

筆界特定事例集

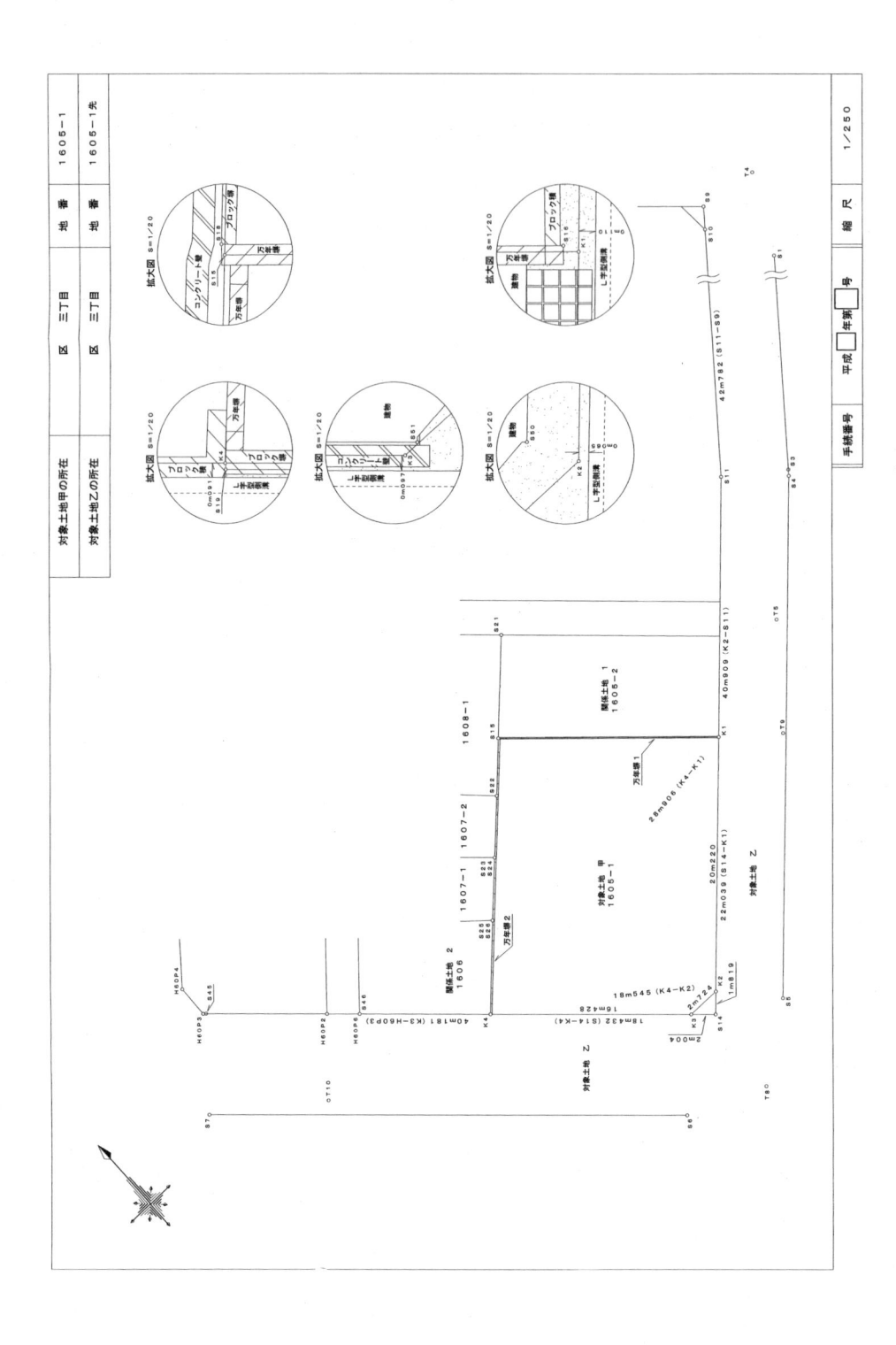

対象土地甲の所在		区 三丁目	地番 1605-1
対象土地乙の所在		区 三丁目	地番 1605-1先

基準点の座標値

測点名	X座標	Y座標	備考
T4	463.732	539.307	鋲
T5	419.762	503.330	鋲
T8	393.069	477.532	鋲
T9	412.753	497.577	鋲
T10	416.504	450.372	マンホール蓋印

(任意座標)

特定された筆界K1、K2、K3、K4の各筆界点の座標値

測点名	X座標	Y座標	備考
K1	416.066	493.513	計算点
K2	401.362	479.633	計算点
K3	401.397	476.909	計算点
K4	412.525	464.824	計算点

引照点の座標値

測点名	X座標	Y座標	備考
H60P2	421.614	454.953	計算点
H60P3	428.615	447.350	計算点
H60P4	431.792	447.432	計算点
H60P6	419.766	456.960	計算点
S1	457.688	536.146	コンクリート杭
S3	427.829	512.128	コンクリート杭
S4	427.440	511.815	計算点
S5	397.285	483.288	計算点
S6	395.760	471.219	計算点
S7	422.412	442.274	計算点
S9	464.422	534.561	計算点
S10	463.006	533.420	計算点
S11	431.111	507.715	計算点
S14	400.039	478.384	計算点
S15	428.209	480.170	計算点
S16	416.163	493.465	万年塀角
S18	428.274	480.201	ブロック塀角
S19	412.493	464.799	ブロック塀角
S21	434.079	485.955	計算点
S22	424.917	476.978	御影石
S23	421.432	473.530	コンクリート杭
S24	421.429	473.532	計算点
S25	417.838	470.004	コンクリート杭
S26	417.859	470.007	計算点
S45	428.469	447.529	御影石
S46	419.769	456.957	刻印
S50	401.680	479.465	建物角
S51	401.405	477.024	建物角

手続番号		平成 年第 号	縮尺

事例10

事例 11

対象土地乙の里道（赤道）について，公共用地境界確定図による確定点を基点として，旧公図における形状を現地に復元して特定した事例

> 本件事例における対象土地乙は，里道であり，本件筆界は，地租改正当時に創設された原始筆界である。
>
> 特定のための主な資料として，閉鎖された地図に準ずる図面（旧公図），公共用地境界図，関係土地の地積測量図及び申請人提出の求積図がある。
>
> 本件においては，対象土地乙の北東端及び南西端の位置を判断する資料として，里道の北東側の延長部分及び南西側の終点部分に係る公共用地境界確定図及び関係土地1及び関係土地2の地積測量図を特定のための資料として採用した。
>
> また，対象土地乙の幅員の検討にあたり，過去の公共用地境界に係る確定協議の結果を資料とした。
>
> 本件筆界の線形を示す資料は旧公図のみであることから，旧公図における本件筆界の線形を判例を引用して重要な資料として採用した。
>
> 本事例は，公共用地境界確定図による確定点を基点として，旧公図における対象土地乙の形状を重要な資料として，対象土地乙（里道）を現地に復元することにより筆界を特定した事例である。

第1 事案の概要

1 事案の骨子

本件は，対象土地甲とその北側に接する対象土地乙との筆界（以下「本件筆界」という。）について，対象土地乙（里道）の付替えに伴う土地の交換手続の処理が未了の間に，対象土地甲，対象土地乙及びその北側に隣接する土地（参考土地1及び参考土地2）が一体として，宅地，境内地及び道路敷に利用されたため，現地における位置が不明となった事案である。

なお，本件における対象土地，関係土地及び参考土地は，次のとおりである。

対象土地甲	1116番1
対象土地乙	1116番1先道路敷
関係土地1	1116番66
関係土地2	1116番58
関係土地3	1116番3
参考土地1	1250番1
参考土地2	1250番9

2 対象土地及び関係土地の現況

(1) 現地は，○○線○○駅から南西に300mほど進んだ所に位置する住宅地である。

(2) 対象土地甲の所有者は，本件の申請人であり，対象土地乙は，関係人Aが所有し，関係人Cが管理する里道である。

(3) 関係土地1の所有者は，申請人及び関係人Bであり，関係土地2の所有者は，申請人である。また，関係土地3の所有者は，関係人Cである。

(4) 対象土地甲の元地番（1116番）及び対象土地乙（里道）は，明治時代初期の地租改正により土地台帳附属地図に登録されている。

本件筆界部分については，現在まで変動がなく，地租改正当時からの里道と民有地との原始筆界である。

なお，対象土地乙の北東部分は，対象土地乙へと続く形状で里道が存在していたが，順次廃道とされ，民有地となっている。

第2 申請人及び関係人の主張並びにその根拠

1 申請人の主張及びその根拠

申請人は，本件筆界は，平成○○年○月○日作成の求積図（以下「求積図」という。）に表示された位置であると主張する。

その根拠は，求積図は，対象土地甲，対象土地乙，参考土地1及び参考土地2を実測し，登記所保管の測量図及び本件筆界付近の道路確定図等を基に，既に確定済みである対象土地乙の北東側の廃道敷のラインを延長して，対象土地乙の道路線を復元したものであることにある。

2　関係人Aの主張及びその根拠

　関係人Aは，本件筆界は，○年第○○号土地境界図（以下「境界図1」という。）により確定されているところの，対象土地乙の北東側に存する払下げとなった廃道部分（関係土地1を含む部分）の南側の筆界線を南西方向に延長した線上にあり，公図線を復元した線であると主張する。

　その根拠は，上記廃道部分は公図線を基に復元したものであるから，これと同様に対象土地乙の筆界線も公図線を基に復元することが相当と考えることにある。

　なお，当該道路（対象土地乙）の幅員は，尺貫法による2間であると付言する。

3　関係人Cの主張及びその根拠

　関係人Cは，対象土地甲と対象土地乙及び関係土地3との筆界については，未確定であるとする。

　なお，関係土地3については，その東側筆界線（1112番3との筆界）の南北両端筆界点（C14点及びC15点）が，平成○年度第○○号公共用地境界図（以下「境界図2」という。）により確定しており，南側筆界については，平成○年第○○号土地境界図（以下「境界図3」という。）により，S10，S11及びS12の各点が道路境界として確定している。北側筆界線については，図面番号○○号土地境界図（以下「境界図4」という。）により，S7点が確定しており，C14点とS7点とを結ぶ線及びその線を西方向に延長した線が関係土地3の北側筆界線である。

　なお，関係土地3（道路）の幅員は6mであるとする。

第3　本件筆界に対する判断

　本件筆界は，原始筆界であるので，以下の資料について検討する。

1　境界標の検討

　本件筆界付近にはS22，K1，S5，S6，S7，S10，S11及びS12の各点に，それぞれ境界標が設置されている。

(1)　関係土地1の西側の公衆用道路付近に設置されているS22点及びK1点

（いずれも金属標）は，境界図1に基づき，道路境界として確定された位置に設置されたものと認められる。

(2) 関係土地3の南側筆界線付近に設置されているS10，S11及びS12の各点（区鋲及び金属標）は，境界図3に基づき，道路境界として確定された位置に設置されたものと認められる。

(3) 関係土地3の北側筆界線付近に設置されているS7点（金属標）は，境界図4に基づき，道路境界として確定された位置に設置されたものと認められる。

(4) 関係土地3の北側筆界線付近に設置されているS5点及びS6点（いずれも金属標）は，後記3の(5)のとおり，平成○年に1116番60の土地が分筆された際に設置されたものと認められ，境界図4に基づき確定された道路境界確定線（関係土地3の北側筆界線）上に存している。

2 公共用地境界図の検討

(1) 本件筆界付近には，次のとおり，公共用地境界確定協議に基づく道路境界確定点が存する。

　ア　対象土地乙の東側の道路付近は，境界図1により，S22，K1，C2，S20及びS21の各点が確定している。

　イ　関係土地3の東端付近は，境界図2により，C14点及びC15点が確定しており，南側筆界付近は，境界図3により，S10，S11及びS12の各点が確定している。また，同地の北側筆界線付近及び南側筆界線付近は，境界図4により，S7，C14，C13及びC15の各点が確定している。

(2) 上記境界図1，境界図2，境界図3及び境界図4の内容について，本件の測量成果（以下「測量成果」という。）に基づいて検証した結果は，次のとおりである。

　ア　S22点とK1点との点間距離
　　　①境界図1　　27.26m
　　　②測量成果　　27.265m（位置誤差　0.005m）

　イ　S10点とS11点との点間距離
　　　①境界図3　　2.12m
　　　②測量成果　　2.128m（位置誤差　0.008m）

ウ　S11点とS12点との点間距離
　　①境界図3　　1.01m
　　②測量成果　　1.013m（位置誤差　0.003m）
エ　上記アないしウの位置誤差は，いずれも不動産登記規則第10条第4項第1号の精度区分（以下「公差」という。）の範囲内であることから，境界図1及び境界図3は，本件筆界を特定するための資料として採用することができる。
オ　境界図2におけるC14点及びC15点と，境界図4の当該各点は同一点であり，各座標値も一致する。
カ　境界図4におけるS7点とC13点との点間距離は6.000mであり，現況における道路敷の幅員の測量成果とほぼ一致している。
　　これらのことから，境界図2及び境界図4は，本件筆界を特定するための資料として採用することができる。

3　地積測量図の検討

(1)　管轄登記所に関係土地1に係る地積測量図（以下「本件測量図1」という。）が保管されている。
　　境界図1におけるS22点とK1点の点間距離と測量成果との検証結果（上記2の(2)ア）と，本件測量図1における当該筆界点間の距離とは，公差の範囲内で一致する。
(2)　関係土地2は，平成〇年〇月〇日に1116番39の土地から分筆され，その地積測量図（以下「本件測量図2」という。）が管轄登記所に保管されている。
　　本件測量図2は，本件測量図1と同時期に，同一座標系をもって作成されたものであり，共通する筆界点であるK1点及び各トラバー点の位置は，本件測量図1のそれと一致している。
(3)　以上のことからすると，本件測量図1及び本件測量図2は，本件筆界を特定するための資料として採用するのが相当である。
(4)　本件測量図1によれば，同図中の元道路敷と認められる部分の幅員は3.63mである。
　　また，本件測量図1及び本件測量図2によれば，本件筆界の東端筆界点は，K1点（関係土地1の西角の筆界点と同一点）の位置と認められ，また，

対象土地乙の北側筆界線の東端筆界点は，S22点の位置と認められる。
(5) 本件測量図2には1116番60の土地の南側筆界点として，S6点（金属標）及びS5点（金属標）が表記されている。境界図4と本件測量図2とを同一座標系において比較したところ，上記両点は，上記2の(2)エの道路境界確定点であるC14点とS7点とを結ぶ直線（関係土地3の北側筆界線）上に存しており，現地におけるこれらの境界標（C14点を除く。）は，関係土地3（道路）の北側に設置されているL字溝に沿って直線上に設置されている。

4 対象土地乙の幅員の検討
(1) 関係人Aは，対象土地乙の幅員は，2間（3.637m）であると主張する（前記第2の2）。
(2) 対象土地乙の東側のK1点及びC2点は，上記2の(1)アのとおり，境界図1における確定点であるところ，両点の間は，元道路敷であった土地の幅員と認められる。両点間の距離は境界図1において3.63mであり，本件測量図1における同位置の距離は3.63mとなっている（上記3の(4)）。
(3) ところで，旧赤道等の長狭物について，幅員に関する現況以外の認定資料として，過去に公共用地境界に係る確定協議が成立している場合には，そこに示された道路の幅が極めて重要な認定資料になり得るものであり，本件のように当該道路が隣接宅地に取り込まれてしまっている場合においても特段の事情がない限り，過去の認定資料に基づいてその幅員を認定することは合理的な手法であるといえる。
(4) 以上の検討結果からすると，対象土地乙（道路）の幅員は，2間（3.637m）と判断するのが相当である。

5 旧土地台帳附属地図の検討
(1) 本件公図の原図は，旧土地台帳附属地図（以下「本件旧公図」という。）であり，本件筆界を特定するための資料としては，本件公図及び本件旧公図以外に信頼性の高い資料がない。
　　裁判例によると，「公図は，定量的にはそれほど信用することができないとしても，一般に公図より信頼性の高い資料がないときには，里道，水路，堤塘などの官有地の位置や幅員を決定する場合，まず公図上の位置，

幅員を測り，これを公図の縮尺で除して，官有地と隣接地との境界を定めるのが通例である。」（神戸地裁洲本支部平成8年1月30日判決・判例地方自治158号83頁）と判示されている。

(2) 本件旧公図は，明治時代に作成された地押調査における更正図（旧土地台帳附属地図）であること，及び本件筆界は，原始筆界であり，形成されて以降，合筆，分筆等によって本件筆界が再形成された経緯はないことから，本件旧公図上の区画線は，土地の形状を示すものとしては信頼性が高いといえる。

　したがって，本件旧公図（本件公図）は，本件筆界を特定するための重要な資料と判断することができる。

(3) 本件旧公図によれば，対象土地乙の北側筆界線は，参考土地2と1250番4の土地との筆界の南端筆界点をとおり，緩やかに弓なりに屈曲しながら北東方向に延びる折れ線の形状で図示されており，対象土地乙の南側筆界線（本件筆界）との間の距離（道路幅員）は，本件旧公図の読み取りにおいて約3.6mである。

6　実測平面図の検討

(1) 申請人から実測平面図の提出がある。この図面は，申請人が道路確定を申請するに際し，現地を測量した成果と，管轄登記所保管の本件公図，本件旧公図及び地積測量図における各土地の形状及び辺長等とを基にして，対象土地乙の位置を復元したものであり，上記2の各境界図と実測平面図とを対照したところ，各境界図における道路境界確定点及び引照点は，実測平面図においても同一の位置に示されている。

(2) 実測平面図における本件筆界の位置及び形状については，関係人A及び関係人Cの主張とも一致しており，道路の予定線形として了解済みであると認められる。

(3) 以上のことから，実測平面図は，本件筆界を特定するための資料として採用するのが相当である。

(4) 実測平面図によれば，本件筆界は，対象土地甲及び対象土地乙の東側にある道路の東側筆界線上の道路境界確定点（K1点）を東端として緩やかに屈曲しながら南西に延び，関係土地3の北側筆界線との交点までの線として描画されている。

7 本件筆界について

本件筆界は原始筆界であることから，その位置を求めるに当たっては，本件旧公図及び実測平面図を基本に現地に復元する方法が相当である。

(1) 本件筆界の東端筆界点について

本件筆界の東端筆界点は，上記3の(4)のとおり，関係土地1の西角の筆界点であり，また，同土地の西側の道路境界確定点であるK1点とするのが相当である。

(2) 本件筆界の西端筆界点について

　ア　関係土地3の北側筆界線について

　　関係土地3の北側筆界線は，上記2の(2)オ及び3の(5)並びに前記第2の3のとおり，C14，S6，S5及びS7の各点を順次結んだ直線と当該線を西方向に延長した線となる。

　イ　対象土地乙の北側筆界線について

　　対象土地乙の北側筆界線は，上記3の(4)及び5の(3)のとおり，参考土地2と1250番4との筆界の南端筆界点であるC10点をとおり，S22点をその東端筆界点とする線であると認められる。

　　以上のことから，対象土地乙の北側筆界線は，上記両点を東西の基点として，本件旧公図及び実測平面図を現地に復元した位置であるS22，S21，S20，C2，C3，C5，C6，C8，C9及びC10の各点を順次直線で結んだ線であると認められる。

　ウ　対象土地乙の南側筆界線（本件筆界）は，上記4の(4)のとおり，対象土地乙の北側筆界線から南方向に道路幅2間（3.637m）を確保した位置を結んだ線形であるとするのが相当であり，本件筆界の西端筆界点は，当該線と上記アで求めた関係土地3の北側筆界線との交点であるK6点となる。

(3) 以上のことから，本件筆界は，その東端点を上記(1)のK1点とし，西端点を上記(2)のウのK6点として，本件旧公図及び実測平面図を現地に復元した位置とするのが相当である。

第4　結　論

　以上の事実及び認定結果を総合すれば，本件筆界は，Ｋ１点から南西方向に3.845ｍの位置（Ｋ２点），Ｋ２点から同方向に9.893ｍの位置（Ｋ３点），Ｋ３点から同方向に15.265ｍの位置（Ｋ４点），Ｋ４点から同方向に9.806ｍの位置（Ｋ５点），Ｋ５点から同方向に9.921ｍの位置（Ｋ６点）を順次結んだ線とするのが相当である。

事例11

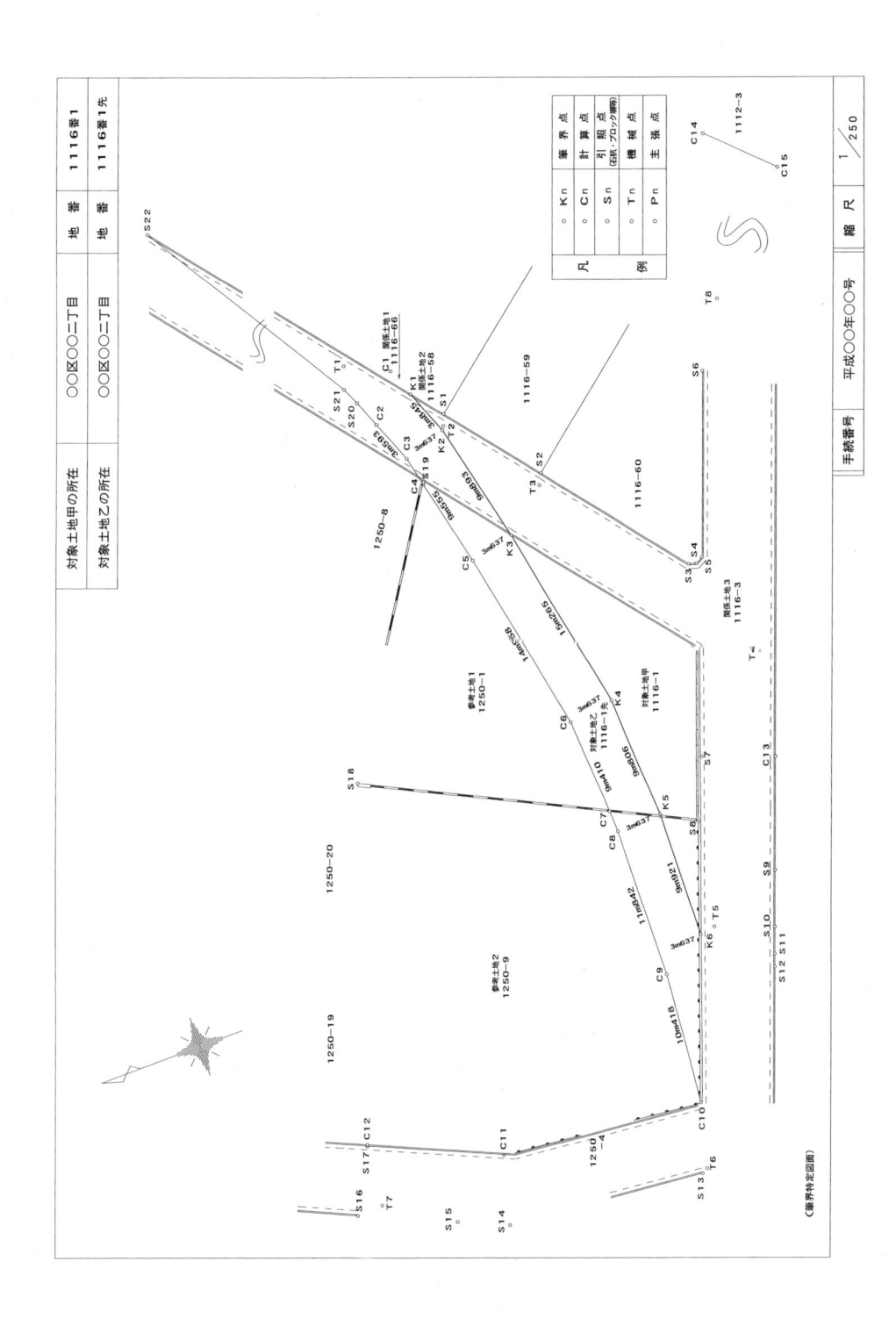

引照点の座標値

測点名	X座標	Y座標	備考
S1	191.215	177.956	金属標
S2	186.451	185.721	金属標
S3	179.240	197.476	金属標
S4	179.272	198.112	金属標
S5	179.753	198.567	金属標
S6	194.333	198.754	金属標
S7	164.113	198.365	金属標
S8	158.986	198.063	土留め（赤エナメル）
S9	155.112	204.249	金属標
S10	150.696	204.188	金属標
S11	148.568	204.159	区鋲
S12	147.555	204.152	区鋲
S13	131.401	198.157	コンクリート石杭
S14	127.589	182.606	区石杭
S15	127.899	178.406	コンクリート石杭
S16	128.490	170.411	コンクリート石杭
S17	134.036	171.198	金属標（方向）
S18	162.371	170.780	コンクリート石杭
S19	185.887	176.301	御影石杭（方向）
S20	192.195	171.040	赤エナメル
S21	193.264	170.008	赤エナメル
S22	207.096	152.070	金属標
C1	194.658	173.717	計算点
C2	190.442	172.575	計算点
C3	187.738	174.942	計算点
C4	185.726	176.263	計算点
C5	179.751	180.187	計算点
C6	166.940	187.910	計算点
C7	159.871	190.931	計算点
C8	158.286	191.608	計算点
C9	147.067	195.400	計算点
C10	136.995	198.063	計算点
C11	133.094	182.146	計算点
C12	133.902	171.200	計算点
C13	164.036	204.365	計算点
C14	235.673	199.287	計算点
C15	232.962	205.253	計算点

特定された筆界K1．K2．K3．K4．K5．K6の各筆界点の座標値

測点名	X座標	Y座標	備考
K1	192.838	175.311	金属標
K2	189.945	177.845	赤エナメル
K3	181.675	183.275	赤エナメル
K4	168.601	191.156	計算点
K5	159.583	195.009	計算点
K6	150.184	198.186	計算点

基準点の座標値

測点名	X座標	Y座標	備考
T1	195.101	169.998	鋲
T2	190.279	177.931	鋲
T3	185.527	185.598	鋲
T4	172.374	203.174	鋲
T5	150.772	199.315	鋲
T6	131.799	198.530	鋲
T7	129.261	172.368	鋲
T8	200.000	200.000	鋲

（任意座標）

平成〇〇年〇〇月〇〇日測量
平成〇〇年〇〇月〇〇日作成

事例 12

震災復興に係る土地区画事業内の土地について，当該事業換地図及び公共用地境界図を有力な資料として特定した事例

> 本件事例における対象土地が存する街区（以下「本件街区」という。）及びその区画は，震災復興土地区画整理事業が実施され，当該区画整理事業の換地処分（以下「本件換地処分」という。）によって創設されたものであり，対象土地甲と対象土地乙との筆界（以下「本件筆界」という。）は，本件換地処分によって，対象土地甲等の区画が創設された際に形成されたものである。
>
> 本件筆界を特定するための主な資料として，震災復興土地区画整理換地図（以下「換地確定図」という。）及び公共用地境界図を採用した。
>
> 本件においては，公共用地境界図に記載された本件街区の座標値は，換地確定図に描画されたその街区を基礎としていることから，公共用地境界図の座標値を用いて本件街区を復元するとともに，換地確定図に記載された対象土地及びその隣接する土地の各筆界の辺長を用いて筆界を特定した事例である。

第1　事案の概要

1　事案の骨子

本件は，本件筆界の位置について，対象土地乙の所有権登記名義人の境界立会いの協力が得られないことから，筆界が不明となった事例である。

なお，本件における対象土地及び関係土地は，次のとおりである。

　　　　対象土地甲　　198番
　　　　対象土地乙　　196番1
　　　　関係土地1　　195番
　　　　関係土地2　　197番

2 対象土地及び関係土地の現況
(1) 現地は、○○線○○駅から東方向へ徒歩5分ほど進んだところに位置する商業地域である。
(2) 対象土地甲の所有者は、本件の申請人である。
(3) 対象土地乙の所有者は、関係人Aである。
  対象土地乙は、対象土地甲の西側筆界の一部（北西角付近）に接している。
(4) 関係土地1の所有者は、関係人Bである。
  関係土地1は、対象土地甲の北側筆界と接し、その筆界の西端は、本件筆界の北端と同一である。
(5) 関係土地2の所有者は、関係人Cである。
  関係土地2は、対象土地甲の西側筆界の一部（南側部分）に接しており、関係土地2の東側筆界の北端は、本件筆界の南端と同一である。
(6) 昭和27年に、本件換地処分によって創設された196番（以下「分筆前乙地」という。）から、対象土地乙及び196番2が分筆されているが、本件筆界の位置に変更はない。
(7) 対象土地甲の西側筆界（本件筆界及び関係土地2の東側筆界の一部）付近には、ネットフェンスが設置されており、これが、対象土地甲と対象土地乙及び関係土地2との占有界となっている。

第2　申請人及び関係人の主張並びにその根拠

1 申請人の主張及びその根拠
  申請人は、本件筆界は、S1点とS2点とを結ぶ直線であると主張する。
  その根拠は、当該各点にはコンクリート杭が埋設されており、その位置は、換地確定図の筆界点の位置とほぼ一致することにある。

2 関係人Aの主張等
  関係人Aからは、本件筆界の位置について具体的な主張がない。
  ただし、本件街区の南北間における距離が短いことから、対象土地乙の南側筆界から北側筆界までの距離が不足しているとする。

3 関係人Bの主張等

関係人Bは，本件筆界の北端付近に境界標が埋設されていることについては認識しているとするが，本件筆界の位置について具体的な主張がない。

4 関係人Cの主張及びその根拠

関係人Cは，本件筆界の南端の位置は，S2点であると主張する。

その根拠は，当該点にはコンクリート杭が埋設されており，その位置は，関係土地2と対象土地甲との境界を確認した境界点であることによる。

第3 本件筆界に対する判断

1 境界標及び囲障等の設置状況及び検討

(1) 本件筆界付近のS1点及びS2点，対象土地甲の北東角のS3点，同南東角のS4点，関係土地2の南東角のS5点，同南西角のS10点には，いずれもコンクリート杭が埋設されており，対象土地甲の南西角のS6点には，金属標が設置されている。

(2) 本件筆界付近には，ネットフェンスが設置されている。

(3) 上記(1)の境界標のうちS1，S2及びS6の各点の境界標の位置は，上記(2)のネットフェンスの設置位置とほぼ一致しており，後述する「本件中央直線」の位置ともほぼ一致している（後記2の(7)オのとおり。）。

2 換地図及び土地境界図等の検討

(1) 本件筆界は，本件換地処分により形成されたものであるから，本件筆界の特定に当たっては，その際に管轄登記所に提出された換地図が重要な資料となる。

(2) 現地における対象土地等の配列及び形状は，換地図のそれと一致している。

(3) 東京都（震災復興土地区画整理事業の施行者）が保管する換地確定図（登記所に提出された換地図と同一の図面に，辺長が記載されたもの）の尺貫法による辺長をメートル法による辺長に換算したものと，昭和63年第△△号公共用地境界図（以下「第△△号境界図」という。）に図示される本件街区の各辺長は，ほぼ一致する。

また，当該各図面に図示されている本件街区が接する周囲の道路についても，その道路中心線の屈折点の角度が，ほぼ一致する。

(4) 平成元年第▲▲号土地境界図及び平成17年第○○号土地境界図に図示された本件街区の境界点の座標値は，第△△号境界図のそれと一致する。

なお，これらの境界図に図示された本件街区の境界点付近には，境界標等の設置を確認することができないが，当該各境界図には，本件街区を復元するための引照点が図示されている。

(5) 上記(4)の各境界図に図示されている引照点等を現況に復元すると，S7（建物角），S8（鉄鋲），S9（建物角），S11（建物角），S12（建物角），S13（ブロック塀角），S14（ブロック塀角），S15（ブロック塀角）及びS18（建物角）の各点が認められる。

(6) 以上のことから，上記(4)の各境界図に図示された本件街区の各境界点を，上記(5)の各引照点等を用いて現況に求めると，北東角の隅切り部分はS29点及びS30点，北西角はS31点，南西角はS32点，南東角の隅切り部分はS33点及びS34点と認められることから，本件街区は，当該各境界点を順次直線で結んだ区画とするのが相当である。

(7) 換地確定図に図示された各土地の形状及び筆界点間の辺長の記載から，次のことが確認できる。

ア　本件筆界は，対象土地等の北方向に存する193番と192番との筆界の北端点と対象土地甲の南側筆界の西端点とを結んだ直線（以下「本件中央直線」という。）上に存することが認められる。また，本件筆界の北端点の位置は，本件中央直線の北端点（193番と192番との筆界の北端点）からその南端点方向へ23.181mの距離にあり，本件筆界の南端点の位置は，同北端点からその南端点方向へ23.945mの距離にある。

イ　193番と192番との筆界の北端点は，本件街区の北側筆界線上に位置し，その東端から10.727mの距離にあり，その西端から15.345mの距離にある。

現況における本件街区の北側筆界線は，上記(6)のとおり，S30点（東端）とS31点（西端）とを結ぶ直線と認められることから，本件中央直線の北端点は，S30点からS31点方向へ10.727mの距離に位置する点（S39点）とするのが相当であり，この位置は，西端からの距離（15.345m）で求めた位置とも一致する。

ウ　対象土地甲の南側筆界の東端点は，本件街区の東側筆界線上に位置
　　　し，その北端から31.400mの距離にある。
　　　　現況における本件街区の東側筆界線は，上記(6)のとおり，S29点（北
　　　端）とS34点（南端）とを結ぶ直線と認められることから，対象土地甲
　　　の南側筆界の東端点は，S29点からS34点方向へ31.400mの距離に位置
　　　する点（S40点）とするのが相当である。
　　エ　対象土地甲の南側筆界の西端点は，本件中央直線の北端点から35.236
　　　mの距離にあり，かつ，対象土地甲の南側筆界の東端点から14.309mの
　　　距離にある。
　　　　本件中央直線の北端点及び対象土地甲の南側筆界の東端点について
　　　は，上記のイ及びウにより，S39点及びS40点と認められることから，
　　　対象土地甲の南側筆界の西端点（本件中央直線の南端点）は，当該各点か
　　　ら上記各距離に位置する点（S41点）とするのが相当である。
　　オ　これらのことから，本件中央直線は，S39点とS41点とを結ぶ直線と
　　　認められる。
　　　　なお，当該直線には，上記1の(3)の各境界標及びネットフェンスがほ
　　　ぼ一致するように設置されている。
(8)　換地確定図における関係土地2及び分筆前乙地の面積及び辺長について
　て，上記(6)及び(7)により現況に求めた本件街区及び本件中央直線に基づい
　て検証した結果は，次のとおりである。
　　ア　関係土地2の面積について，仮に，本件街区及び本件中央直線に基づ
　　　いて現況に求めたS42，S43，S44，K2，S41及びS42の各点を順次
　　　直線で結んだ範囲とすると，当該範囲の面積は181.90㎡であり，換地確
　　　定図に記載されたその面積の55.03坪（181.91㎡）とほぼ一致する。
　　　　また，分筆前乙地の面積について，仮に，上記と同様に現況に求めた
　　　K2，S44，S45，S46，S47，K1及びK2の各点を順次直線で結ん
　　　だ範囲とすると，当該範囲の面積は201.57㎡であり，換地確定図に記載
　　　されたその面積の60.99坪（201.61㎡）とほぼ一致する。
　　　　なお，換地確定図に記載されたこれらの土地の面積は，公簿の面積と
　　　一致している。
　　イ　関係土地2の南側筆界線の辺長については，換地確定図によると
　　　15.890mであり，現況の距離（S42点とS43点とを結ぶ直線の距離）は

15.894mである。
- ウ 関係土地2の北側筆界（分筆前乙地南側筆界）線の辺長については，換地確定図によると15.727mであり，現況の距離（K2点とS44点とを結ぶ直線の距離）は15.716mである。
- エ 分筆前乙地の北側筆界線の辺長については，換地確定図によると15.527mであり，現況の距離（S46点とS45点とを結ぶ直線の距離）は15.516mである。
- オ 本件街区の北側筆界線の西端点から本件中央直線の北端点までの距離については，上記(7)イのとおり，換地確定図におけるその距離と現況の距離は一致している。また，本件街区の西側筆界線は，上記(6)のとおりS31点とS32点とを結ぶ直線と認められ，本件街区の西側道路の中心線から幅員3.000mとする直線上に位置しており，この位置は，換地確定図における西側道路の中心線からの位置と一致している。
- カ 以上の検討の結果，上記イないしエの各辺長に差があるものの，当該各辺長の差は，いずれも不動産登記規則第10条第4項第1号の精度区分の範囲内であり，本件街区の西側筆界線及び本件中央直線については，直線として判断するのが相当である。

第4 結 論

　以上の事実及び認定結果から判断すると，本件筆界は，本件中央直線（S39点とS41点とを結ぶ直線）上に位置する。

　本件筆界の北端点は，本件中央直線の北端点（S39点）からその南端点（S41点）方向へ換地確定図に記載された23.181mの距離に位置する点（K1点）となる。また，本件筆界の南端点は，同様にS39点からS41点方向へ換地確定図に記載された23.945mの距離に位置する点（K2点）となる。

　したがって，本件筆界は，換地確定図の記載と一致するK1点とK2点とを結ぶ直線とするのが相当とされた。

事例12 | 105

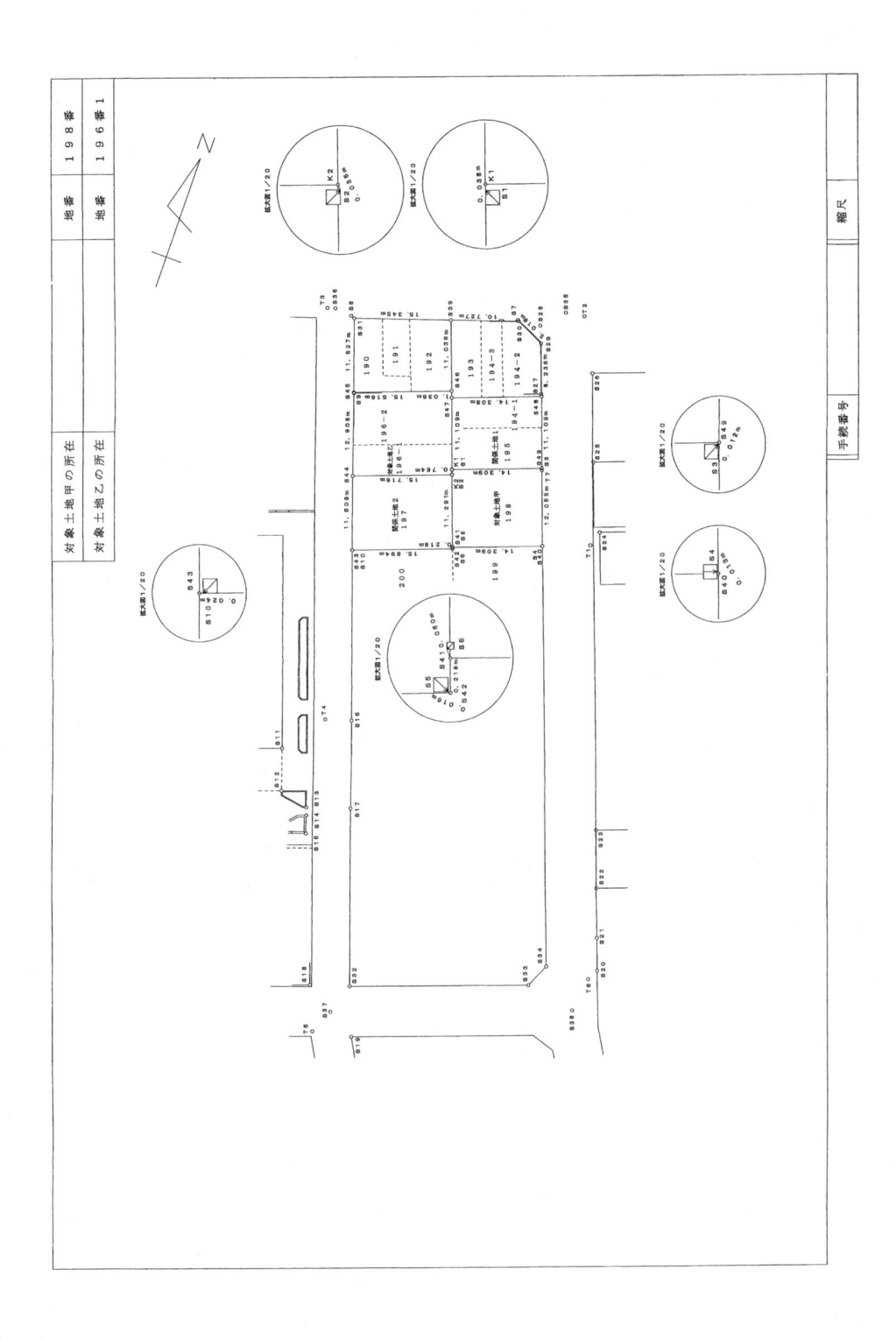

地番	１９８番
地番	１９６番１

対象土地甲の所在

対象土地乙の所在

特定された筆界K1、K2の各筆界点の座標値

点名	X座標	Y座標	備考
K1	80.596	184.087	計算点
K2	80.584	183.323	計算点

基準点の座標値

点名	X座標	Y座標	備考
T1	68.654	172.193	鋲
T2	59.548	207.751	鋲
T3	69.341	203.502	鋲
T4	100.791	145.381	鋲
T5	102.862	96.945	鋲
T6	59.151	104.855	鋲
T7	66.266	183.876	鋲

（任意座標）

引照点の座標値

点名	X座標	Y座標	備考
S1	80.588	184.049	コンクリート板
S2	80.568	183.291	コンクリート板
S3	66.286	184.168	コンクリート板
S4	80.502	172.135	コンクリート板
S5	80.518	171.820	コンクリート板
S6	80.524	172.089	金属プレート
S7	70.130	207.246	建物角
S8	96.565	208.072	建物角
S9	96.182	195.982	建物角
S10	96.373	171.693	コンクリート板
S11	107.646	140.919	建物角
S12	107.697	134.323	建物角
S13	103.743	131.882	ブロック塀角
S14	103.739	130.467	ブロック塀角
S15	103.786	127.659	アルミ柵角
S16	96.821	145.180	金属プレート
S17	96.729	131.528	金属プレート
S18	103.251	104.253	都市プレート
S19	96.762	96.006	区画プレート
S20	67.728	106.168	金属プレート
S21	67.766	111.181	建物角
S22	59.860	118.682	建物角
S23	57.827	127.944	建物角
S24	57.194	174.222	建物角
S25	58.167	185.099	建物角
S26	58.340	198.844	都市プレート
S27	66.422	195.671	建物角
S28	66.563	206.306	鋲
S29	66.419	203.524	計算点
S30	70.030	207.009	計算点
S31	96.095	207.638	計算点
S32	104.000	104.000	計算点
S33	68.648	106.839	計算点
S34	65.730	106.839	計算点
S35	62.463	208.327	計算点
S36	99.082	209.211	計算点
S37	100.000	100.000	計算点
S38	61.681	100.000	計算点
S39	66.764	207.268	計算点
S40	66.195	172.124	計算点
S41	80.524	172.032	計算点
S42	80.603	104.000	計算点
S43	96.397	171.694	計算点
S44	96.300	183.203	計算点
S45	96.192	196.111	計算点
S46	80.676	196.232	計算点
S47	80.668	195.196	計算点
S48	66.360	195.288	計算点
S49	66.281	184.179	計算点

縮尺

手続番号

事例 13

対象土地乙の私道について，現況測量図の成果を踏まえつつ，登記簿面積を考慮し，公図幅員の読み取りにより特定した事例

> 本件における対象土地乙は，現況道路（私道）であり，所有権登記名義人が行方不明につき筆界が不明となった事例である。
>
> 対象土地甲と対象土地乙との筆界（以下「本件筆界」という。）は，地租改正の際に創設された，いわゆる原始筆界であるが，対象土地乙は，昭和29年に当時の大蔵省が分筆し，払い下げたものである。
>
> 本件筆界を特定するための主な資料として，現地に設置された境界標及び昭和61年に土地家屋調査士により作成された現況測量図（以下「現況測量図」という。）並びに対象土地に係る地図に準ずる図面（以下「本件公図」という。）を採用した。
>
> 本件においては，対象土地甲及び対象土地乙の位置は，現況測量図等によりおおむね特定できるものの，本件筆界の位置は，登記簿面積を考慮し，本件公図を読み取った幅員をもって特定した事例である。

第1　事案の概要

1　事案の骨子

本件は，対象土地甲とその西側に接する対象土地乙との筆界の位置について，対象土地甲の所有者が対象土地乙の所有者に確認を求めようとしたところ，対象土地乙の所有者の所在が不明なため，その筆界が不明となった事案である。

なお，本件における対象土地及び関係土地は，次のとおりである。

　　　　対象土地甲　　121番16
　　　　対象土地乙　　121番15
　　　　関係土地1　　121番23
　　　　関係土地2　　160番43
　　　　関係土地3　　160番44

2　対象土地及び関係土地の現況

(1) 現地は，○○駅から西へ徒歩10分ほどの所にある平坦な商業地である。

(2) 対象土地甲の所有者は，本件の申請人である。

(3) 対象土地乙の所有者は，関係人Aである。

　　対象土地乙は，対象土地甲の西側筆界線に接している。

(4) 関係土地1の所有者は，関係人Bである。

　　関係土地1は，対象土地甲の北側筆界線の一部及び対象土地乙の北側筆界線全部と接している。

(5) 関係土地2及び関係土地3の所有者は，関係人Cである。

　　関係土地2は，対象土地甲の南側筆界線に，関係土地3は，対象土地乙の南側筆界線に接しており，本件筆界の南端が，対象土地甲，対象土地乙，関係土地2及び関係土地3の四筆境である。

(6) 対象土地乙は，関係人Aが払下げにより所有権を取得（昭和29年1月18日登記）したものであり，公衆用道路（私道）の一部として利用されている。

(7) 関係土地1は，その東側に隣接する121番14，121番13及び121番12の各土地（以下「関係土地1等」という。）と一体となって，関係人Bが所有（管理）する建物の敷地として使用されている。

(8) 関係土地2及び関係土地3は，関係人Cが所有（管理）する道路の一部である。

(9) 対象土地甲と関係土地1等との筆界付近には，その西側から金属柵，万年塀（以下「万年塀1」という。），コンクリートブロック塀（以下「ブロック塀」という。）及び万年塀（以下「万年塀2」という。）の順で囲障が設置されており，これらの囲障が対象土地甲と関係土地1等との占有界となっている。

　　金属柵，万年塀1及びブロック塀（以下，この三つの囲障を「万年塀1等」という。）は，ほぼ直線に設置されており，万年塀2は，その西端の北側角が上記ブロック塀の東端の中心に一致するように対象土地甲側にずれて設置されている。

第2　申請人及び関係人の主張並びにその根拠

1　申請人の主張及びその根拠

申請人は，本件筆界は，現況測量図を復元したＳ７点付近の点とＳ５点付近の点を結んだ線であると主張する。

その根拠は，対象土地甲の南東角に設置されているコンクリート杭（Ｓ１点）及び北東角に設置されているコンクリート杭（Ｓ２点）が現況に存在し，その点を基準に検測すると，現況測量図と一致することにある。

2　関係人Ａの主張等

関係人Ａは，本件に係る現地調査及び意見聴取の期日にいずれも欠席したことから，同人からは，本件筆界に係る主張等は得られていない。

3　関係人Ｂの主張及びその根拠

関係人Ｂは，本件筆界の北端筆界点は，対象土地甲，対象土地甲の東側に隣接する121番19の土地及び121番12の土地の三筆境付近にあるＴ字コンクリート杭（Ｓ２点）と，対象土地甲，対象土地乙及び関係土地１の三筆境付近にある金属標（Ｓ７点）とを直線で結んだ線を西方向へ延長した線上にあると主張する。

その根拠は，関係土地１と対象土地甲との筆界は，平成12年○月○日付け合意書（以下「合意書」という。）により，申請人との間で合意していることにある。

なお，合意書の根拠となったものは，現況測量図であるとする。

4　関係人Ｃの主張及びその根拠

関係人Ｃは，Ｓ１点（コンクリート杭）とＳ８点（コンクリート杭）とを結んだ直線が関係土地２及び関係土地３と対象土地甲及び対象土地乙との筆界線になると主張する。

その根拠は，昭和61年付け第509号境界確定図（以下「509号境界図」という。）においてＳ１点が，また，昭和63年境界確定図（以下「85号境界図」という。）においてＳ８点が，それぞれ道路境界として確定しており，また，道路が直線で施工されていることにある。

第3　本件筆界に対する判断

1　地図に準ずる図面の検討

　　本件公図は，明治時代に作成された土地台帳附属地図をその原図としている。

　　現地における対象土地等の配列及び形状は，本件公図のそれとほぼ一致する。

　　本件公図によると，本件筆界は，対象土地甲，対象土地乙及び関係土地1の三筆境から対象土地甲，対象土地乙，関係土地2及び関係土地3の四筆境までの直線である。

2　境界標及び囲障等の検討

　　本件筆界付近に設置されている境界標等の設置の経緯等は，本件の現地調査，申請人及び関係人らの主張並びに本件の関係資料の検討結果からすると，次のとおり判断することができる。

(1)　対象土地甲の東側筆界線付近の境界標について

　ア　対象土地甲の南側筆界線の東端付近には2本の矢印刻みコンクリート杭が，対象土地甲と関係土地2の二方向から同一指示点（S1点）を示して設置されている。関係土地2側に設置されているコンクリート杭は，道路管理者のコンクリート杭であり，509号境界図による道路境界確定点に設置されていると認められるが，一方，対象土地甲側のそれの設置者等は不明である。

　　　上記2本の境界標の指示点（S1点）は，対象土地甲と関係土地2との占有界である道路縁石の外縁線（民有地側）と，対象土地甲とその東隣の121番18の土地との占有界に設置されていると認められるコンクリート塀の東側縁の延長線との交点を指しており，当該付近の各土地の占有界を示す囲障の設置位置とほぼ一致している。

　イ　対象土地甲の北側筆界線の東端（万年塀2の東端）付近にはコンクリート杭（S2点）が設置されている。S2点の設置者及び設置年月日は不明である。

　　　上記コンクリート杭の指示点（S2点）は，対象土地甲とその東隣の121番19の土地との占有界に設置されていると認められる南北の金網

フェンスの基礎の東縁をなぞる線を北方向へ延長した線上に存している。

なお，S2点は，121番19の土地と関係土地1等との占有界にあると認められるコンクリートブロック塀の西端の北西角とも一致しており，当該付近の各土地の各占有界を示す囲障の設置位置を示すものとなっている。

ウ　S1点及びS2点については，昭和61年土地筆界承諾書により当該付近の土地所有者間において確認された筆界点であると認められ，現在の土地所有者間においても当該筆界点に争いはない。

エ　以上のことからすると，S1点及びS2点は，本件筆界を特定するための引照点とするのが相当である。

(2) 対象土地甲の北西角付近の境界標について

対象土地甲の北西角付近には金属標（S7点）が設置されている。

申請代理人によると，S1点及びS2点を基準として，現況測量図に基づいて対象土地甲の北西角点を復元すると，S7点の位置は，復元点よりもS2点方向へ約26cmの位置誤差があるとのことであり，このことは，本件の特定測量の成果（以下「測量成果」という。）においても確認できる。

よって，S7点については，直ちに本件筆界を特定するための資料として採用するのは相当でない。

(3) 関係土地2及び関係土地3の北側筆界付近の境界標について

関係土地2及び関係土地3の北側筆界（以下「道路北側筆界」という。）付近のS1点の東側には鋲（S16点）が設置されている。また，対象土地乙の南西角付近に道路管理者コンクリート杭（S8点）及び区金属標（S9点）が設置されており，その西側には道路管理者コンクリート杭（S17点）が設置されている。

ア　S16点は，平成17年第207号境界確定図（以下「207号境界図」という。）において，道路境界確定点として記載されており，S1点とS16点との点間距離は，207号境界図では7.673mのところ測量成果では7.682mであり，ほぼ一致している。

イ　S8点は，85号境界図において道路境界確定点として記載されている。

また，S17点は，平成18年第244号境界確定図（以下「244号境界図」と

いう。）において，引照点として，また，当該点には，既設道路コンクリート杭の設置が表記されている。

　なお，S8点及びS17点は，上記85号境界図及び244号境界図に両点とも記載されている。

　そこで，S8点とS17点との点間距離を検証すると，S8点とS17点との点間距離は，85号境界図では9.954m，244号境界図では9.958mのところ，測量成果では9.964mであり，それぞれほぼ一致している。

ウ　S9点は，測量成果によるとS8点とS17点とを直線で結んだ線上に位置しており，また，S17点とS16点とを結んだ線は，測量成果によるとほぼ直線であり，その直線上にS1，S8及びS9の各点が位置している。

エ　以上のことからすると，S16点とS17点とを結んだ直線は，道路北側筆界の筆界線であると認められる。

(4)　対象土地甲の西側にあるV型側溝等について

　対象土地甲の西側にはV型側溝が設置されている。V型側溝の北端の北西角には金属標（S4点）が，南端の南西角には金属標（S5点）がそれぞれ設置されている。

　V型側溝の西側の縁（S4点とS5点とを結んだ直線。以下「S4・S5線」という。）の西側は，道路となっており，当該道路は，建築計画概要書の記載，現況の道路幅員及び本件公図における土地の配置状況からすると，対象土地乙を含んだ建築基準法第42条第2項の指定道路（以下「指定道路」という。）であると認められる。

　以上のことからすると，S4・S5線は，指定道路の後退線であり，その位置が本件筆界の位置と一致するものではないが，後退線であることからすると，S4・S5線と本件筆界とは平行の位置関係にあるものと考えられる。

(5)　対象土地甲と関係土地1等との間の囲障について

ア　対象土地甲と関係土地1等との間の万年塀1等は，合意書によると，申請人及び関係人Bの共有とされていることから，通常，その中心が当該土地間の筆界と考えられる。

イ　万年塀2は，申請人の所有と認められることから，通常，塀の外側縁（万年塀2の場合は北側縁）が当該土地間の筆界と考えられる。

ウ　上記ア及びイにおいて導かれる対象土地甲と関係土地１等との筆界線の位置は，当該土地間の占有界と一致するものであり，後記４の現況測量図における対象土地甲の北側筆界線の位置ともほぼ一致することから，万年塀１等及び万年塀２は，対象土地甲と関係土地１等との間の筆界の位置を示す囲障とするのが相当である。

3　公共用地境界図の検討

(1)　244号境界図，85号境界図及び207号境界図については，上記２(3)のとおり，これらの境界図における道路境界確定点の位置と現況における境界標の位置及び測量成果による点間距離がほぼ一致していることから，本件筆界を特定するための資料とするのが相当である。

(2)　509号境界図に記載されているＳ１点には，上記２(1)のとおり，道路管理者コンクリート杭が現存しており，同コンクリート杭は，道路境界確定点に設置されていると認められ，また，509号境界図に記載されているＳ１点は，207号境界図にも記載されていることから，509号境界図は，本件筆界を特定するための資料とするのが相当である。

4　現況測量図の検討

(1)　現況測量図中の詳細図に記載されているＳ１及びＳ２の各点のコンクリート杭は，現況において確認することができる。

　　また，Ｓ１点とＳ２点との点間距離は，現況測量図及び測量成果において，いずれも25.739ｍであり一致している。

(2)　万年塀１等と万年塀２の接する点付近は，現況測量図によると曲点となっている。

　　Ｓ１点及びＳ２点を基点として，現況測量図に基づいて上記曲点を復元すると，その位置は万年塀１等の東端の中央（Ｃ10点）となる。

　　現況においては，Ｃ10点付近に天頂の丸くなった境界石が設置されており，現況測量図における境界石の位置と一致している。

　　よって，Ｓ１点及びＳ２点（コンクリート杭）の現況における設置位置は，現況測量図における境界石の記載位置と一致していると認められる。

(3)　Ｓ１点及びＳ２点を基点として，現況測量図に基づいて対象土地甲の南側筆界線を復元すると，その位置は，現況における対象土地甲と関係土地

2との占有界と認められる道路縁石北側縁に沿った線（道路北側筆界の筆界線の位置）と一致する。

(4) S1点及びS2点を基点として，現況測量図に基づいて対象土地甲の北側筆界線を復元すると，その位置は，万年塀2の北側縁と万年塀1等の中心線とを結ぶ直線とほぼ一致しており，その西端点はS7点となる。

　なお，現況測量図には対象土地甲の西側筆界線の南北に境界石の表示があるが，現況においては確認できない。

(5) 以上のことからすると，現況測量図は，本件筆界を特定するための資料として採用するのが相当である。ただし，現況測量図における対象土地甲の北側筆界線の辺長及び対象土地甲の南側筆界線の辺長については，次の理由により本件の資料とすることはできず，現況測量図は，両筆界線の方向を示す資料として採用するにとどまる。

　ア　現況測量図における対象土地甲の西側に描画されている道路の幅員及び構造物の表記からすると，現況測量図における対象土地甲の西側筆界線の位置は，測量当時（昭和61年）の対象土地甲とその西側の道路との現況に基づいたものと認められる。

　イ　対象土地甲の公簿面積は，584.68㎡であるが，現況測量図における対象土地甲の面積は，568.78㎡であり，その差異は15.89㎡である。

5　対象土地乙の形状等について

(1) 本件公図によれば，対象土地乙の東側筆界線（本件筆界）と対象土地乙の西側筆界線とはほぼ平行であると認められ，対象土地乙の幅員を本件公図から読み取ると，1間幅（1.818m）である。

(2) 対象土地乙及びその北側の121番14の土地（関係土地1が分筆される前の元地番）は，いずれも昭和29年に大蔵省から払い下げられたものであるところ，当時はいずれも関係人Aの所有であり，その形状からすると，対象土地乙は，南側の道路から121番14の土地への進入路であったと考えられる。

　また，対象土地乙を含む指定道路は，建築基準法が施行された（昭和25年）当時，現に道路として使用されていたものと考えられ，同土地が昭和29年に分筆されていることから，現況が道路の部分を対象土地乙として分筆したものと考えられる。

6 対象土地乙の南側及び北側筆界線の位置について
 (1) 対象土地乙の南側筆界線は，上記の2の(3)エ及び4の(3)のとおり，S16点とS17点を結んだ直線上に存すと判断できる。
 (2) 対象土地乙の北側筆界線については，S2点を基点として，現況測量図における対象土地甲の北側筆界線を復元した直線（S2点とP1点とを結ぶ直線）を西方向へ延長した線上に存するとするのが相当である。

7 対象土地乙の東側及び西側筆界線について
   対象土地甲上の建物の建築基準概要書によれば，対象土地甲の西側にある指定道路の幅は，4mとされている。現況においては，一部4mの道路幅が確保されていない地点があるが，この部分は，いまだ道路後退が完了していない箇所と認められる。
   そこで，道路幅員4mで道路後退が完了していると認められる地点であるS9点（区金属標）とS10点（L型側溝角）とを結ぶ直線と，S4点（金属標）とS5点（金属標）とを結ぶ直線とを検証すると，これら2本の直線はほぼ平行であり，2本の直線の垂直距離は，ほぼ4mであるので，この2本の直線の位置が指定道路の道路後退が完了した際の境界線であると判断できる。
   したがって，指定道路の西側の線は，S9点とS10点とを結ぶ直線であり，指定道路の東側の線は，S4点とS5点とを結ぶ直線となる。

8 指定道路の中心線について
   一般的には，指定道路の幅員（4m）を確保するための道路境界線の後退は，既存の道路中心線を基準として，隣接する土地から均等に道路用地を提供する。
   対象土地乙が分筆された当時は，上記5の(2)の後段のとおり，対象土地乙のみが道路であったと認められることから，対象土地乙の中心線が指定道路の中心線とされたとするのが相当である。
   このことから，現在，指定道路において，4mの道路幅が確保されているS4点（金属標）と同点から指定道路の西側の線への垂線の接点（C2点）との中点と，同じくS9点（区金属標）からS4・S5線（指定道路の東側の線）への垂線の接点（C3点）との中点とを結んだ直線の南北の延長線上に，指定道路の中心線（対象土地乙の中心線）が存するものと考えられ，その直線

が，上記6の対象土地乙の南側及び北側筆界線に接するC4点とC5点とを結んだ直線が指定道路中心線であると判断することができる。

第4　結　論

　以上の事実及び認定結果から判断すると，対象土地乙の幅員は，上記5の(1)のとおり，1間と認められることから，指定道路の中心線から東側に0.5間(0.909m)の位置の当該中心線との平行線と，指定道路の北側筆界線との交点を本件筆界の北端点（K1点）とし，同様に，当該平行線と指定道路の南側筆界線との交点を本件筆界南端点（K2点）とするのが相当である。

　なお，上記と同様に対象土地乙の西側筆界線について，指定道路中心線の西側に北端点（C8点）及び南端点（C9点）として求め，対象土地乙をC8，C9，C5，K2，K1，C4及びC8の各点を直線で結んだ範囲として面積計算すると，その面積は35.49㎡となり公簿面積の33.91㎡の近似値となる。

　おって，対象土地甲をK1，K2，S1，S2，C10及びK1の各点を直線で結んだ範囲として面積を計算するとその面積は585.06㎡となり公簿面積の584.68㎡とほぼ一致する。

　したがって，本件筆界は，K1点とK2点とを直線で結んだ線とするのが相当とされた。

事例13 | 117

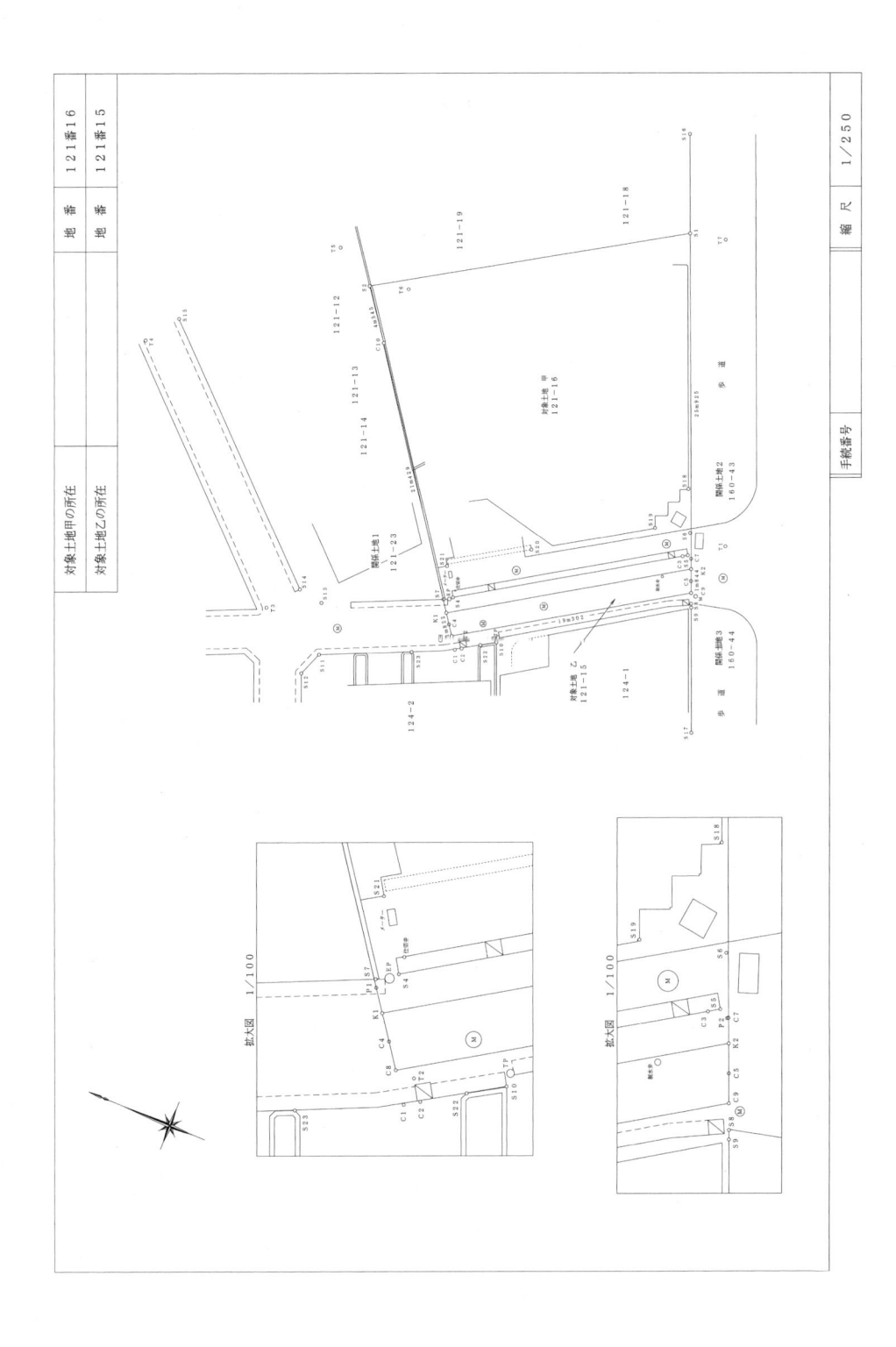

筆界特定事例集

対象土地甲の所在	地番 121番16
対象土地乙の所在	地番 121番15

縮尺 1/250

手続番号

基準点の座標値

測点名	X座標	Y座標	備考
T1	500.000	500.000	筆
T2	517.000	485.449	筆
T3	532.028	482.018	筆
T4	548.722	497.533	筆
T5	537.000	506.983	筆
T6	530.840	506.998	筆
T7	508.878	521.668	筆

特定された筆界K1、K2の各筆界点の座標値

測点名	X座標	Y座標	備考
K1	518.691	496.960	計算点
K2	501.915	497.329	計算点

計算点の座標値

測点名	X座標	Y座標	備考
C1	517.000	484.573	計算点
C2	516.544	484.855	計算点
C3	502.910	496.005	計算点
C4	518.183	496.209	計算点
C5	501.567	496.473	計算点
C7	502.217	496.070	計算点
C8	517.634	485.465	計算点
C9	501.219	496.621	計算点
C10	531.110	504.414	計算点
P1	518.157	497.696	計算点
P2	502.257	498.045	計算点

引照点の座標値

測点名	X座標	Y座標	備考
S1	511.696	521.339	真コンクリート石板
S2	533.770	506.100	国土交通省コンクリート板
S4	518.651	488.259	民コンクリート石板
S5	502.561	488.221	民金属標
S6	502.031	499.900	民金属標
S7	519.274	497.841	民金属標
S8	500.909	494.860	国土交通省コンクリート板
S9	500.798	494.588	区民金属標
S10	514.991	498.309	L型側溝角
S11	526.628	488.195	民金属標
S12	527.561	478.339	国土交通省
S13	528.149	483.975	民金属標
S14	530.119	484.316	民金属標
S15	546.859	500.077	新
S16	514.585	528.459	国土交通省コンクリート板
S17	497.154	485.630	民間隔角
S18	504.446	503.001	建物角
S19	506.772	489.224	建物角
S20	514.372	493.976	鉄柱角
S21	519.984	490.312	ブロック等角
S22	515.298	485.645	花壇角
S23	520.123	483.133	花壇角

事例 14

地租改正による原始筆界について，公図，地積測量図及び空中写真を有力な資料として特定した事例

> 本件は，対象土地甲1，対象土地甲2及び対象土地乙上に，共同住宅が建築されていることから，現地において筆界の位置を明確に確認することはできず，対象土地の所有権登記名義人らの間で，筆界の位置について意見の相違があった事例である。
> 対象土地甲1と対象土地乙との筆界及び対象土地甲2と対象土地乙との筆界は，明治時代の地租改正の際に創設された，いわゆる原始筆界である。
> 本件筆界を特定するための主な資料としては，明治時代に作成された土地台帳附属地図（以下「本件公図」という。）を基本とし，地積測量図及び空中写真も，採用している。
> 本件公図の区画線は，土地の形状を示すものとしては信頼性が高いものと判断した上で，他の現地復元性のある資料に基づいて特定したものである。

第1 事案の概要

1 事案の骨子

本件は，対象土地甲1と対象土地乙との筆界（以下「本件筆界1」という。）及び対象土地甲2と対象土地乙との筆界（以下「本件筆界2」といい，上記二筆界を以下「本件筆界」という。）の位置について，対象土地甲1及び対象土地甲2の所有者が対象土地乙の所有者に確認を求めたところ，意見の相違があり，本件筆界が不明となった事案である。

2 対象土地等の現況

(1) 現地は，○○駅から東南に徒歩で1分ほどの平坦な商業地域にある。
(2) 対象土地等の位置関係は，別紙特定図面のとおりである。
(3) 対象土地甲1及び対象土地甲2の所有権登記名義人は，本件の申請人である。

対象土地乙の所有権登記名義人は，関係人Aである。
⑷　関係土地は，次のとおりである。
　　ア　1247番6の土地（以下「関係土地1」という。）
　　　　当該土地の所有権登記名義人は，関係人Bである。
　　イ　1209番3の土地（以下「関係土地2」という。）
　　　　当該土地の所有権登記名義人は，関係人Cである。
　　ウ　1212番2の土地（以下「関係土地3」という。）
　　　　当該土地の所有者は，「関係人C」である。

3　対象土地等の所有状況及び占有状況
⑴　対象土地甲1及び対象土地甲2は，申請人が相続により所有権を取得したものであり，対象土地乙は，関係人Aが売買により所有権を取得したものである。
　　対象土地甲1，対象土地甲2及び対象土地乙には関係人A所有の13階建ての居宅・店舗・事務所（以下「共同住宅」という。）が建築されている。
　　このことから，現地において本件筆界の位置を明確に確認することはできない。
⑵　関係土地1は，対象土地甲2の北東側に位置し，当該土地には関係人B所有の5階建ての共同住宅・駐車場が建築されている。
⑶　関係土地2及び関係土地3は，対象土地甲1，対象土地甲2及び対象土地乙の南西側に位置する国道である。
　　国道と対象土地甲1及び対象土地乙との筆界付近には，縁石が設置されている。
　　この縁石の北東側をなぞる線が，国道と民有地との占有界となっている。
⑷　対象土地甲2及び対象土地乙の関係土地1側には，関係人Aが設置したネットフェンス（以下「ネットフェンスA」という。）があり，これが対象土地甲2及び対象土地乙と関係土地1との占有界となっている。

4　対象土地の沿革
　　対象土地甲1及び対象土地甲2の元地番は，1206番の土地であり，対象土地乙の元地番は，1211番の土地である。上記両土地は，明治時代の地租改正

の際に土地台帳に登録されたものであり，本件筆界は，いわゆる原始筆界である。

なお，上記両土地の土地台帳登録後の分筆等の経緯の概要は，次のとおりである（以下，土地の表示は地番表記のみとする。）。

(1) 上記1206番の土地は，分筆により1206番1となった後，昭和41年4月11日に同番1及び同番5に分筆され（以下「昭和41年分筆」という。），昭和44年7月3日に同番1及び同番6に分筆された（以下「昭和44年分筆」という。）。

(2) 上記(1)の1206番5の土地は，昭和44年10月1日の町区域町名及び地番変更（以下「昭和44年町名地番変更」という。）により，現在の対象土地甲1の所在地番となった。

上記(1)の1206番6の土地は，昭和44年町名地番変更により，現在の対象土地甲2の所在地番となった。

(3) 上記1211番の土地は，昭和26年10月18日に同番1ないし同番4に分筆された。1211番1，同番2及び同番3の土地は，昭和44年町名地番変更により，1211番1，同番2及び同番3となり，1211番2の土地（対象土地乙）は，昭和52年11月16日に1211番2及び同番6に分筆された後，昭和61年11月6日に同番1，同番3及び1212番4を合筆し，現在の形状となった。

第2　申請人及び関係人の主張並びにその根拠

1　申請人の主張及びその根拠

申請人は，本件筆界は，申請人提出の現況概要図（以下「現況概要図」という。）のア点とウ点とを結ぶ直線であると主張する。

その根拠は，次のとおりである。

(1) 管轄登記所に保管の本件公図並びに昭和52年に1247番16及び同所1211番5を分筆した際に管轄登記所に提出された地積測量図が現況概要図のウ点を表している。

(2) ア点については，昭和41年分筆及び昭和44年分筆の際に提出された地積測量図を復元した位置である。

なお，対象土地甲1と対象土地甲2との筆界は不明であるとしている。

2　関係人Ａの主張及びその根拠

　関係人Ａは，本件筆界は，現況概要図のア点とイ点とを結ぶ，おおむね直線の形状であると主張する。

　その根拠は，次のとおりである。

(1)　関係人Ａが対象土地乙の前所有者から所有権を取得した際と地形等が変わっていない。

(2)　昭和41年分筆及び昭和44年分筆に係る地積測量図の求積部分を現地に復元すると主張どおりとなる。

　なお，上記の分筆に際しては，対象土地甲の前所有者の兄の息子と思われる者と当社の社員が立ち会って境界を確認していると付言する。

3　関係人Ｂの主張

　関係人Ｂは，本件筆界は，不明であり，５歳のころから当地に居住しているが，関係土地１の南西付近は，ネットフェンスＡの設置状況のとおり，Ｓ382点で屈曲する形状であったとしている。

　なお，対象土地甲１，対象土地甲２及び対象土地乙の従前の所有者の占有状況は，Ｓ382点から国道に向けて，おおむね西側を対象土地甲１及び対象土地甲２の所有者が占有し，東側を対象土地乙の所有者が占有していたと付言する。

4　関係人Ｃの主張

　関係人Ｃの本件筆界に関する主張等は，次のとおりである。

(1)　対象土地甲２，対象土地甲１及び対象土地乙と国道との境界については不明であるが，対象土地甲２と1206番１及び関係土地２の三筆境については，国道についての道路境界確定図（以下「国道確定図」という。）のとおりである。

(2)　国道確定図における筆界点間の数値と，現況での境界杭及び金属標の位置を測量した数値が整合する場合は，その数値が国道基準幅である25ｍを確保できなくても，それらの杭等を認めると付言する。

第3　本件筆界に対する判断

1　地図に準ずる図面（公図）及び空中写真の検討

(1)　管轄登記所に保管されている本件公図は，明治時代に作成された土地台帳附属地図を原図として作成されたものである。

(2)　本件公図における対象土地甲1，対象土地甲2，対象土地乙，関係土地1及び関係土地1の東側に存する赤道の配列については，現地におけるそれとおおむね一致している。

(3)　本件筆界付近に関しては，昭和24年○月○日の米軍撮影の空中写真（以下「24年空中写真」という。）が存している。

24年空中写真における対象土地付近の土地の形状と本件公図におけるそれとを比較すると，本件筆界部分の形状を除いてほぼ一致していると認められる。

すなわち，24年空中写真における本件筆界の形状は，対象土地甲1，対象土地乙，関係土地2及び関係土地3の四筆境（以下「本件四筆境」という。）から関係土地1方向へ延び，同土地の南西側筆界の屈曲点に至るほぼ直線の形状である。一方，本件公図においては，本件四筆境から対象土地甲1，対象土地甲2及び対象土地乙の三筆境（以下「本件三筆境1」という。）まで直進し，当該境において，北東方向へ屈曲して直進し，関係土地1の南角点に至る形状である。

上記の24年空中写真における本件筆界の形状は，当然に撮影当時の当該付近の占有状況を示すものであるところ，この形状は，関係人Aの本件筆界に対する主張の形状とおおむね一致している。

(4)　ところで，公図の性質について裁判例は，公図は各土地の「区割と地番を明らかにするために作成されたものであるから，面積の測定については必ずしも正確に現地の面積を反映しているとはいえないにしても，境界が直線であるか否か，あるいはいかなる線でどの方向に画されるかというような地形的なものは比較的正確なものということができる。」（東京地裁昭和49年6月24日判決・判例時報762号48頁），「公図は実測図と異なり，線の長さ，面積について正確を期待できないことはいうまでもないが，各筆の土地のおおよその位置関係，境界線のおおよその形状については，その特徴をかなり忠実に表現しているのが通常である」（東京高裁昭和53年12月26日判

決・判例時報928号66頁）とされている。
(5)　本件筆界は，前記第1の4のとおり，地租改正に伴って形成された原始筆界であり，本件筆界が形成された以降，合筆，分筆等によって本件筆界が再形成された経緯がないことから，本件公図の区画線は，土地の形状を示すものとしては信頼性が高いものといえ，上記(4)の公図の性質からしても，本件筆界の形状については，本件公図のそれを採用するのが相当である。
(6)　本件公図によれば，本件筆界1は，本件四筆境から本件三筆境1に至る直線で描画されている。

　　また，本件筆界2は，本件三筆境1から対象土地甲2，対象土地乙及び関係土地1の三筆境（以下「本件三筆境2」という。）に至る直線で描画されている。

　　なお，その直線は，本件三筆境2の北東に存する区道拡幅前の赤道の屈曲点（以下「赤道屈曲点」という。）まで直線で描画されている。

2　土地境界確定図の検討
(1)　対象土地甲2，対象土地甲1及び対象土地乙と，その南西側に接する国道（関係土地2及び関係土地3を含む。）との道路境界確定協議は，成立していない。
(2)　しかし，対象土地甲2の北西側に隣接する1206番1の土地と国道との境界は，国道確定図によりS5点（コンクリート杭）をもって確定している。

　　また，国道確定図に既設国道コンクリート杭と記載されたS222点が，現況に存在しており，境界点測量網図にもS222点（境界点測量網図上R2－4点）及びS172点（境界点測量網図上R2－3点）が表記されているところ，その点間距離は，本件の現況測量の成果（以下「測量成果」という。）のそれと一致している。

　　よって，国道確定図及び境界点測量網図上のS222点及びS172点は，国道とその北東側の民地との境界を示していると判断できる。

3　地積測量図の検討
(1)　管轄登記所には，本件筆界に関して，次の地積測量図が保管されている。

ア　昭和41年分筆に係る地積測量図（以下「昭和41年測量図」という。）

　　イ　昭和44年分筆に係る地積測量図（以下「昭和44年測量図」という。）

　　ウ　206番1の土地の平成19年地積更正に係る地積測量図（以下「平成19年測量図」という。）

(2)　昭和41年測量図及び昭和44年測量図において共通する二筆界（S6点とS7点とを結ぶ直線及びS7点とK2点とを結ぶ直線）の辺長は一致しており，両測量図は同一点を測量していると認められる。

(3)　昭和44年測量図における対象土地甲2の北東側筆界線の辺長は，14.30mであるところ，ネットフェンスAの下に存するコンクリート杭（S30点及びS382点）間の測量成果における距離14.308mと一致している。

　　また，同図おける対象土地甲2の北西側筆界線の辺長は，32.50mであるところ，測量成果におけるS30点からS5点間の距離32.582mは不動産登記規則第10条第4項第1号の精度区分（以下「公差」という。）の範囲内で一致している。

　　このことからすると，昭和44年測量図における対象土地甲2の北東側筆界線は，現況のS30点とS382点とを結ぶ直線を対象としたものと推認される。

(4)　上記(2)及び(3)の事実からすると，昭和41年測量図及び昭和44年測量図に記載されている筆界線の辺長は，本件筆界を特定するための資料とするのが相当である。

　　なお，対象土地甲2の北東側筆界線については，昭和44年測量図における北東側筆界線の形状が本件公図における形状と相違するため採用できない。

(5)　平成19年測量図における対象土地甲2の北西側筆界線の辺長は，32.570mであるところ，上記(3)の距離と公差の範囲内で一致している。

　　また，同図において311点及びZAP1点と表示されているコンクリート杭は，それぞれS30点及びS5点の現況に存在するコンクリート杭と認められる。

4　土地境界確認書の検討

　　対象土地甲2と1206番1の土地の境界に関しては，平成19年10月3日付け土地境界確認書が交わされており，S5点及びS30点の境界標を両土地間の

境界として，当該土地の所有者間で確認している。

　また，1247番5の土地と1206番1の土地との境界に関しては，平成19年9月19日付け土地境界確認書が交わされており，S30点の境界標を1247番5，1206番1及び対象土地甲2の三筆境として，1247番5及び1206番1の各土地の所有者間で確認している。

5　境界標及び囲障等の検討
(1)　対象土地付近の境界標等の設置状況は，次のとおりである。
　ア　対象土地甲2の北東側には，関係人Aが設置したネットフェンスAが設置され，S30点及びS382点にはネットフェンスA下にコンクリート杭が設置されている。
　イ　対象土地甲2，対象土地甲1及び対象土地乙と国道との筆界線付近には，縁石及びS5，S222及びS172の各点にコンクリート杭が設置されている。
(2)　境界標及び囲障等の検討結果は，次のとおりである。
　ア　S30点及びS382点の境界標は，申請人及び関係人B間において，その位置を確認しており，また，占有状況とも一致していることから，両境界標は，対象土地甲2の北東側筆界線を示すものとするのが相当である。
　イ　S5，S222及びS172の各点の境界標は，上記2の(2)のとおり，境界点測量網図に記載があり，官民界につき境界確定協議は行われていないが，S5，S222及びS172の各点を結ぶ線（以下「国道基準線」という。）は，現況の縁石縁とほぼ一致している。
　　　よって，国道基準線は，対象土地甲1，対象土地甲2及び対象土地乙と国道（関係土地2及び関係土地3）との筆界を示すものとするのが相当である。
　　　また，S5点の境界標は，上記2の(2)，3の(4)及び4の検討結果からすると，対象土地甲2，1206番1の土地及び関係土地2の三筆境を示すものとするのが相当である。

6　道路境界査定図の検討
　対象土地乙の北東側（関係土地1の東側）に存する区道は，昭和52年11月16

日に赤道に隣接する土地を分筆して道路を拡幅しており，その際に作成された道路境界査定図が○○区に保管されている。

同査定図には，境界標の表示，筆界点間の距離等の記載があることから，現地復元が可能な図面と認められる。

そこで，同査定図を基にして赤道屈曲点を復元すると，同点はＳ２点（計算点）となる。

7 本件筆界について

以上の検討の結果，本件筆界は本件公図の形状を踏まえて，地積測量図等の資料に基づいて特定するのが相当である。

(1) 本件筆界１について

ア 本件筆界１の南西端点は，Ｓ５点から国道基準線上に，昭和41年測量図及び昭和44年測量図の南西側筆界線辺長17.81ｍ（6.00ｍ＋11.81ｍ）を進んだ位置（Ｋ１点）とするのが相当である。

イ 上記３の(3)の昭和44年測量図の検討結果からすると，昭和41年分筆及び昭和44年分筆における対象土地甲１及び対象土地甲２の東側筆界線は，本件筆界の南西端点（Ｋ１点）とＳ382点（コンクリート杭）とを結ぶ直線であると認められる。

よって，本件筆界の北東端点はＫ１点とＳ382点とを結ぶ直線上に存し，Ｋ１点から昭和41年測量図における対象土地甲１の西側筆界線の辺長10.22ｍの位置（Ｋ２点）とするのが相当である。

ウ 本件筆界１は，Ｋ１点とＫ２点とを結ぶ直線となる。

(2) 本件筆界２について

ア 本件筆界２の北東端点は，本件公図によれば，Ｋ２点と上記６により復元した赤道屈曲点（Ｓ２点）とを結ぶ直線（以下「基準線」という。）上に存在すると認められる。

また，同北東端点は，基準線と対象土地甲２の北東側筆界線との交点であると認められる。

イ 対象土地甲２の北東側筆界線は，本件公図によれば直線であり，上記５(2)アのＳ30点を基点として，同点とＳ382点とを結ぶ直線の延長線となる。

よって，本件筆界２の北東端点は，Ｋ２点とＳ２点とを結ぶ直線と，

Ｓ30点とＳ382点とを結ぶ直線を東方向へ延長した直線との交点（Ｋ３点）とするのが相当である。
　ウ　本件筆界２は，Ｋ２点とＫ３点とを結ぶ直線となる。

事例14 | 129

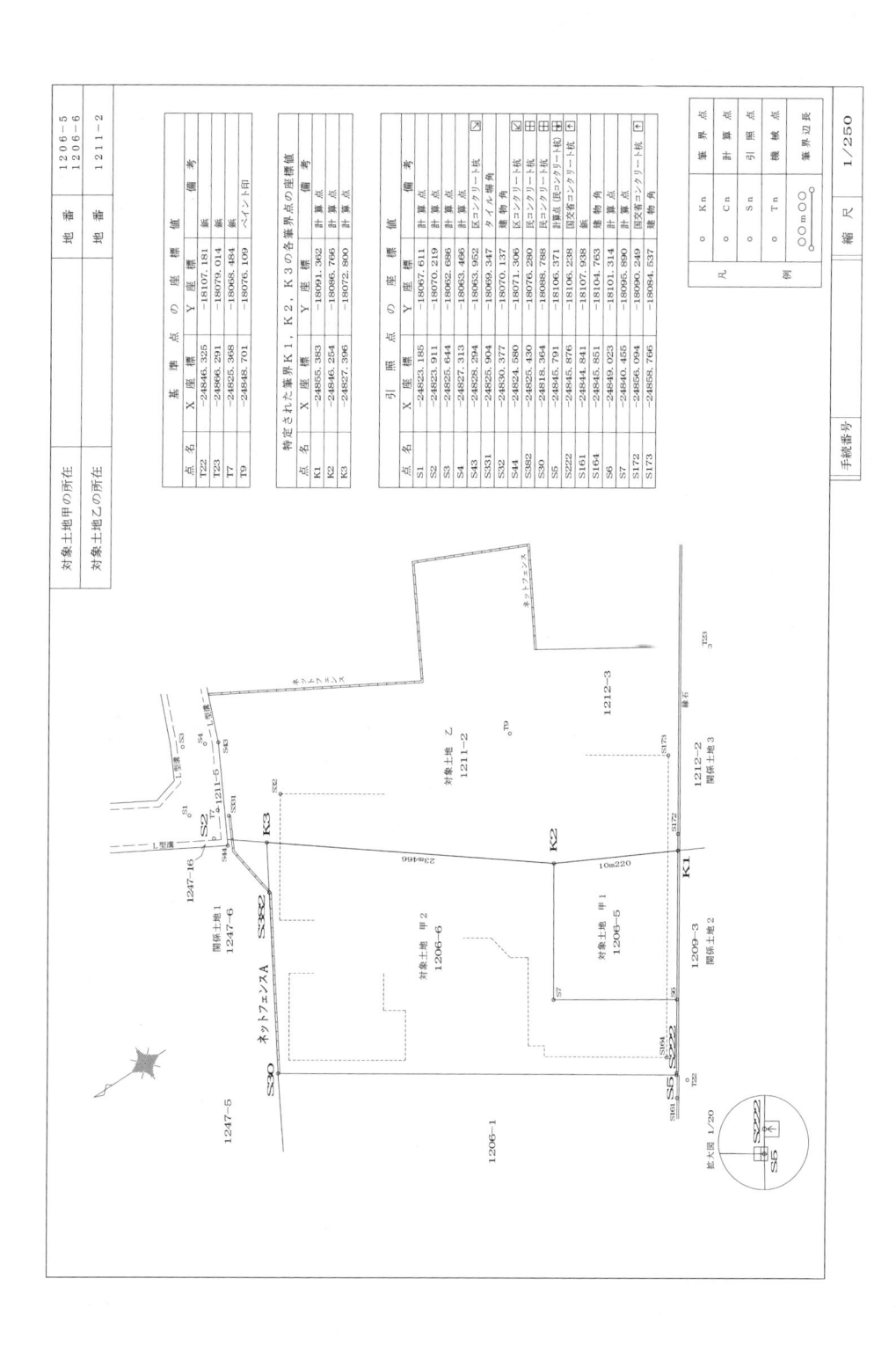

対象土地甲の所在		地番	1206-5 1206-6
対象土地乙の所在		地番	1211-2

基準点の座標値

点名	X座標	Y座標	備考
T22	-24846.325	-18107.181	新
T23	-24866.291	-18079.014	新
T7	-24825.368	-18068.484	新
T9	-24848.701	-18076.109	ペイント印

特定された筆界点K1, K2, K3の各筆界点の座標値

点名	X座標	Y座標	備考
K1	-24855.383	-18091.362	計算点
K2	-24846.254	-18086.766	計算点
K3	-24827.306	-18072.800	計算点

引照点の座標値

点名	X座標	Y座標	備考
S1	-24823.185	-18067.611	計算点
S2	-24823.911	-18070.219	計算点
S3	-24825.644	-18062.686	計算点
S4	-24827.313	-18063.466	計算点
S43	-24828.294	-18063.952	タイル隅角
S331	-24825.904	-18069.347	建物角
S32	-24830.377	-18070.137	計算点
S44	-24824.580	-18071.306	区コンクリート杭
S382	-24825.430	-18076.280	区コンクリート杭
S30	-24818.364	-18088.788	民コンクリート杭
S5	-24845.791	-18106.371	計算点(民コンクリート杭)
S222	-24845.876	-18106.238	新
S161	-24844.841	-18107.938	計算点
S164	-24845.851	-18104.763	計算点
S6	-24849.023	-18101.314	計算点
S7	-24840.455	-18095.890	計算点
S172	-24856.094	-18090.249	国交省コンクリート杭
S173	-24858.766	-18084.537	建物角

凡例		
○	Kn	筆界点
○	Cn	計算点
○	Sn	引照点
○	Tn	機械点
○—○	○○m○○	筆界辺長

縮尺 1/250

手続番号

事例 15

震災復興に係る土地区画事業後の分筆筆界について，当該事業の街路公差中心点図と地積測量図との距離の差異を按分調整して特定した事例

> 本件は，対象土地甲と対象土地乙との筆界の位置について，対象土地乙の所有者の立会いが得られず不明となった事例である。
>
> 上記筆界は，昭和41年の分筆によって形成されたものであるが，対象土地が存する街区の区画については，昭和4年の震災復興土地区画整理事業の換地処分によって創設されたものである。
>
> 本件に係る筆界を特定するための資料としては，上記区画整理事業の換地確定図，街路交差中心点図及び地積測量図等を採用した。
>
> 本件においては，街区交差中心点図と地積測量図との距離の差異を地積測量図の辺長に応じて按分調整する方法によって特定したものである。

第1 事案の概要

1 事案の骨子

本件は，16番4の土地（以下「対象土地甲」という。）と16番3の土地（以下「対象土地乙」という。）との筆界（以下「本件筆界」という。）の位置について，対象土地甲の前所有者が対象土地乙の所有者に確認を求めたところ，立会いが得られず筆界が不明となった事案である。

2 対象土地及び関係土地の現況並びに所有状況等

(1) 現地は，○○駅から南東方向へ徒歩で6分ほどの所に位置する平坦な住宅地域であり，対象土地等の位置関係は，別紙特定図面のとおりである。

(2) 本件筆界に係る対象土地及び関係土地

ア 本件筆界に係る対象土地は，次のとおりである。

(ア) 対象土地甲

当該土地の所有権登記名義人は，申請人である。

当該土地は，対象土地乙の東側に隣接しており，現在は更地であ

る。

　　なお，本件の当初の申請人は，○○○○（以下「前申請人」という。）であったが，平成20年10月9日付け特定承継の申出により，申請人がその地位を承継したものである。

　(イ)　対象土地乙

　　当該土地の所有権登記名義人は，関係人Aであり，同土地は，関係人A名義の建物の敷地として利用されている。

イ　本件筆界に係る関係土地は，次のとおりである。

　(ア)　16番4先道路（以下「関係土地1」という。）

　　当該土地は，対象土地甲及び対象土地乙の北側に隣接しており，関係人Bが所有（管理）する未登記の道路敷である。

　(イ)　17番9の土地（以下「関係土地2」という。）

　　当該土地の所有権登記名義人は，申請人である。

　　なお，当該土地の従前の所有権登記名義人は，△△△△（以下「前関係人」という。）であったが，平成20年10月30日売買により，申請人が所有権を取得したものである。

　　当該土地は，対象土地甲及び対象土地乙の南側に隣接しており，前関係人が居住する建物の敷地として利用されている。

3　対象土地の沿革

(1)　対象土地が存する街区（以下「本件街区」という。）及びその区画は，震災復興土地区画整理事業が実施され，昭和4年8月31日当該区画整理事業の換地処分（以下「本件換地処分」という。）によって創設されたものである。

(2)　本件換地処分によって創設された16番の土地は，昭和22年の市町合併及び昭和39年1月1日の町名変更によって現在の所在となった。

　　対象土地甲及び対象土地乙は，昭和41年6月13日に16番の土地が分筆された（以下「昭和41年分筆」という。）ことによって創設された。

(3)　本件筆界は，上記(2)のとおり，昭和41年分筆によって形成されたものである。

第2　申請人及び関係人等の主張並びにその根拠

1　申請人の主張及びその根拠

(1)　申請人は，本件筆界は，Ｐ１点とＰ２点とを結ぶ直線であると主張する。

(2)　その根拠は，Ｐ１点については，関係土地１側の縁石の縁を基本として震災復興図の街区を復元し，それに基づいて対象土地等に関する地積測量図を復元した位置である。また，Ｐ２点には従前から存するコンクリート杭が設置されており，Ｐ１点及びＰ２点間の距離が地積測量図と一致することにある。

2　関係人Ａの主張及びその根拠

(1)　関係人Ａは，対象土地乙を，公図上で説明を受けたのみで購入したため，その筆界の位置については不明であるとしているが，Ｐ２点に設置されているコンクリート杭については，筆界点として合意するとし，Ｐ１点については合意せず，Ｐ１点から関係土地１側の縁石の縁に沿って対象土地甲方向に10cm程度進んだ位置が本件筆界の北端点であると主張する。

(2)　Ｐ１点を否定する根拠は，対象土地甲に存していた建物は，Ｐ１点より東側に離れて建築されていたことにある。

3　関係人Ｂの主張及びその根拠

関係人Ｂは，関係土地１と対象土地甲との筆界は，本件街区について境界確認の申請がないため未確定であり，明示できないと主張する。

ただし，本件街区については，関係人Ｂにおいて街路交差中心点図（以下「本件中心点図」という。）を保管しており，街区点については確定していると付言する。

4　前関係人の主張

前関係人は，本件筆界の南端点は，Ｐ２点（コンクリート杭）であると主張する。

その根拠は，当該杭の埋設者は不明であるが，前関係人が平成７年に関係土地２を前所有者から購入した際には，当該杭が既に存在しており，筆界点

として前申請人と合意していることにある。

第3　本件筆界に対する判断

本件筆界の位置については，以下の資料を検討する。

1　地図に準ずる図面の検討

(1) 管轄登記所が保管する地図に準ずる図面（以下「本件公図」という。）の原図は，本件換地処分に係る換地確定図（以下「本件換地確定図」という。）である。

なお，本件換地確定図における本件街区内の各区画の土地台帳によれば，同図に示されている区画線に基づいて換地が行われたものではなく，本件換地確定図における各区画の区画線は，同図が作成された当時の占有状況を示すものと認められる。

(2) 現地における対象土地等の配列及び形状は，本件公図のそれとおおむね一致している。

(3) 本件公図によれば，本件筆界は，対象土地甲，対象土地乙及び関係土地1の三筆境から，対象土地甲，対象土地乙及び関係土地2の三筆境に至る直線の形状で描画されている。

(4) また，本件公図によれば，16番1の土地の南西角筆界点と16番5の南東角筆界点を結んだ線（以下「対象土地南側筆界線」という。）及び16番5の北東角筆界点と16番22の南西角筆界点とを結んだ線（以下「16－5東側筆界線」という。）は，それぞれ直線で描画されている。

2　本件中心点図の検討

(1) 本件中心点図には，本件街区とその周囲の街区との間の道路の中心線並びに街区点及び街区点確定座標の記載があり，本件街区の形状については，他の街区との整合を図りながら作成されている。

(2) 本件中心点図における街区点確定座標値は，本件中心点図を作成するための基礎となる四級基準点網図に記載されている四級基準点を基本に計算されている。

本件に係る測量成果（以下「測量成果」という。）において，現況に存在す

る四級基準点（S19，S20及びS21の各点）の位置誤差について確認したところ，同位置は，不動産登記規則第10条第4項第1号の精度区分（以下「公差」という。）の範囲内で一致している。

(3) 以上のことからすると，本件中心点図における本件街区の位置は，S12，S11，S16及びS14の各点によって構成された四角形であると認められる。

3 本件換地確定図の検討

(1) 本件換地確定図については，尺貫法によって，本件街区及び街区内の各区画の面積並びにその辺長及び内角が記載されている。

(2) そこで，本件街区の街区点間の距離について，本件中心点図と本件換地確定図とを対比した結果は，次のとおりであり，いずれも公差の範囲内で一致する。

　ア　北側街区線のS12点とS11点の点間距離
　　(ア)　本件中心点図　　　51.711m
　　(イ)　本件換地確定図　　51.710m（28.44間）
　イ　東側街区線のS11点とS16点の点間距離
　　(ア)　本件中心点図　　　38.148m
　　(イ)　本件換地確定図　　38.128m（20.97間）
　ウ　南側街区線のS16点とS14点の点間距離
　　(ア)　本件中心点図　　　51.819m
　　(イ)　本件換地確定図　　51.819m（28.50間）
　エ　西側街区線のS14点とS12点の点間距離
　　(ア)　本件中心点図　　　39.481m
　　(イ)　本件換地確定図　　39.455m（21.70間）

(3) 以上のことからすると，本件換地確定図は，本件筆界を特定するための資料として採用するのが相当であり，本件街区の各街区線は，上記(2)のアないしエのそれぞれの各点を結ぶ直線であるとするのが相当である。

4 境界標の検討

(1) 本件筆界の南端点付近にはコンクリート杭（P2点）が設置されている。同杭の埋設者は不明であるが，申請人，関係人A及び前関係人は，同

杭の位置を筆界点として合意している。
- (2) コンクリート杭（P2点）は，更地となっている対象土地甲の南西角付近に設置されており，対象土地甲の占有状況と一致する。

　　なお，同コンクリート杭は，地表面から20cm程度露出しており，地表面に対して垂直に埋設されていない。

5　地積測量図の検討

- (1) 対象土地甲及び対象土地乙等の昭和41年分筆に係る地積測量図（以下「昭和41年測量図」という。）が管轄登記所に保管されている。

　　本件筆界は，昭和41年分筆に係るものであることから，昭和41年測量図は，本件筆界を特定するための重要な資料である。
- (2) 昭和41年測量図によれば，本件筆界，対象土地南側筆界線及び16-5東側筆界線は，いずれも直線であると認められる。
- (3) 昭和41年測量図には座標値の表示及び近傍の恒久的地物からの位置関係の記載がされていないことから，同測量図をもって直ちに現地を復元することはできない。しかし，昭和41年測量図には各筆界の辺長が記載されていることから，同測量図における各筆界の辺長と本件中心点図及び本件換地確定図における当該辺長とを対比した結果は，次のとおりである。

　ア　北側街区線のS12点とS11点の点間距離
　　(ア)　本件中心点図　　51.711m
　　(イ)　昭和41年測量図　51.70m

　イ　東側街区線のS11点とS16点の点間距離
　　(ア)　本件中心点図　　38.148m
　　(イ)　昭和41年測量図　38.12m

　ウ　南側街区線の一部であるS16点から16番18の南西角点までの距離
　　(ア)　本件換地確定図　21.091m（11.60間）
　　(イ)　昭和41年測量図　21.09m

　エ　16番1の西側筆界線の距離
　　(ア)　本件換地確定図　9.728m（5.35間）
　　(イ)　昭和41年測量図　9.73m

　オ　16番1ないし16番5の南側地番境（対象土地南側筆界線）の距離
　　(ア)　本件換地確定図　29.073m（15.99間）

(イ)　昭和41年測量図　29.06m
　カ　対象土地南側筆界線の東端点から16－5東側筆界線の南端点までの距離
　　　(ア)　本件換地確定図　28.891m（15.89間）
　　　(イ)　昭和41年測量図　28.89m
　キ　以上のとおり，昭和41年測量図における辺長は，本件中心点図及び本件換地確定図上の辺長と，公差の範囲内で一致している。
　　　よって，本件筆界は，本件中心点図を基礎として，昭和41年測量図を復元する方法をもって特定するのが相当である。
　　　なお，上記ア及びイのとおり，昭和41年測量図と本件中心点図には距離の差異が生じていることから，この差異については，辺長に応じて按分調整を行うのが妥当である。

6　本件筆界について

(1)　本件筆界の北端筆界点について
　ア　本件筆界の北端筆界点については，Ｓ12点とＳ11点とを結ぶ直線（本件街区の北側街区線）上にあるとするのが相当である。
　イ　北側街区線に係る本件中心点図と昭和41年測量図とにおける差異は，0.011mであり（上記5の(3)ア），この差異を昭和41年測量図における北側街区線に接する各土地の辺長に按分調整すると，本件筆界の北端筆界点は，Ｓ12点からＳ11点方向へ18.962mの位置（Ｋ1点）となる。

(2)　本件筆界の南端筆界点について
　ア　本件筆界の南端筆界点は，昭和41年測量図によると対象土地南側筆界線上に存すると認められる。
　イ　対象土地南側筆界線の東端点は，昭和41年測量図によると，16－5東側筆界線上に存在すると認められ，16－5東側筆界線の北端点について，上記(1)のイの方法によって求めるとＳ10点となる。
　　　また，16－5東側筆界線の南端点については，本件街区の南側街区線（Ｓ16点とＳ14点とを結ぶ直線）上にあり，当該点は，Ｓ16点からＳ14点方向へ昭和41年測量図における16番16及び16番18の南側筆界線の各辺長の合計21.09mの位置（Ｓ15点）とするのが相当である。
　ウ　16－5東側筆界線の距離は，昭和41年測量図によると38.60mであ

り，上記イで求めたＳ10点とＳ15点との距離（38.619m）とは相違するため，その距離の差（0.019m）を上記(1)のイと同様に，昭和41年測量図における辺長の割合で１筆ごとに按分調整すると，対象土地南側筆界線の東端点は，Ｓ７点となる。

エ　対象土地南側筆界線の西端点については，本件の検討の結果，本件街区の西側街区線（Ｓ12点とＳ14点とを結ぶ直線）上にあると認められ，同点は，Ｓ12点からＳ14点方向へ，16番１の西側筆界の本件換地確定図の距離（9.728m）に同西側街区線の本件中心点図点間の距離（39.481m）と本件換地確定図の距離（39.455m）との割合を調整して求めた距離（9.734m）を進んだ位置（Ｓ13点）となる。

なお，対象土地南側筆界線の西端点は，本件換地処分において創設された筆界点であることから，昭和41年測量図における当該部分の辺長に基づいて復元するのは相当でない。

オ　対象土地南側筆界線の距離は，昭和41年測量図によると29.06mであり，上記ウ及びエで求めたＳ７点とＳ13点との距離（29.064m）とは相違するため，その距離の差（0.004m）を上記(1)のイと同様に，昭和41年測量図における辺長の割合で１筆ごとに按分調整すると，本件筆界の南端筆界点は，Ｓ13点からＳ７点方向へ19.454mの位置（Ｋ２点）となる。

カ　ところで，本件筆界の南端点については，上記４のとおり，本件の関係者において，Ｋ２点とは異なるＰ２点をもって合意している。

このことは，コンクリート杭（Ｐ２点）の設置状況（上記４の(2)）からすると，同杭の埋設誤差，あるいは対象土地甲上の建物取壊し工事の影響によるものと考えられる。

第４　結　語

以上の認定及び筆界調査委員の意見を総合すれば，本件筆界は，Ｋ１点とＫ２点とを結ぶ直線であるとするのが相当である。

別紙　特定図面

事例 16

分筆筆界について，地積測量図及び公共用地境界図を有力な資料として，筆界付近の境界標について検討を行い特定した事例

　本件事例における対象土地が存する街区及びその区画は，耕地整理事業の換地処分によって創設されたものであるが，対象土地甲と対象土地乙1との筆界（以下「本件筆界1」という。）及び対象土地甲と対象土地乙2との筆界（以下「本件筆界2」といい，両筆界を，以下「本件筆界」という。）は，昭和59年5月○日に19番4（対象土地乙2）の土地から対象土地甲が分筆されたことによって形成されたものである。
　本件筆界を特定するための主な資料として，管轄登記所備付けの地積測量図及び公共用地境界図を採用した。
　本件においては，本件筆界付近に境界標（コンクリート杭）が埋設されていることから，申請人及び関係人の供述等によって境界標の埋設経緯を検討するとともに，公図及び地積測量図に記載された対象土地及びその隣接する土地の各筆界の辺長を用いて筆界を特定した事例である。

第1　事案の概要

1　事案の骨子

　本件は，本件筆界の位置について，本件筆界2の北端点付近の2か所に埋設されている境界標のいずれをその基点とすべきか，申請人と対象土地乙1及び対象土地乙2の所有権登記名義人（同一人）との認識が異なることにより，筆界が不明となった事例である。
　なお，本件における対象土地及び関係土地は，次のとおりである。

　　　　対象土地甲　　　19番20
　　　　対象土地乙1　　19番21
　　　　対象土地乙2　　19番4
　　　　関係土地1　　　19番20先道路
　　　　関係土地2　　　19番18

2　対象土地等の現況，所有状況及び占有状況
　(1)　現地は，○○線○○駅から南西方向へ400mほどの所に位置する住宅地である。
　(2)　対象土地等の位置関係は，別紙特定図面のとおりである。
　(3)　本件筆界1について
　　ア　対象土地甲の所有者は，本件の申請人である。
　　イ　対象土地乙1の所有者は，関係人Aである。
　　ウ　関係土地は，次のとおりである。
　　　(ア)　19番4（対象土地乙2）当該土地の所有者は，関係人Aである。
　　　(イ)　19番20先道路（関係土地1）当該土地の所有者は，関係人Bである。
　(4)　本件筆界2について
　　ア　対象土地は，対象土地甲及び対象土地乙2である。
　　イ　関係土地は，次のとおりである。
　　　(ア)　19番21（対象土地乙1）
　　　(イ)　19番18（関係土地2）当該土地の所有者は，関係人Cである。

3　対象土地等の沿革
　(1)　対象土地甲等の元地番である19番4の土地の分合筆の経緯は，次のとおりである。
　　ア　昭和41年3月17日に19番4から19番18（関係土地2）を分筆（以下「昭和41年分筆」という。）
　　イ　昭和59年4月6日に19番4から19番19を分筆（以下「昭和59年4月分筆」という。）
　　ウ　昭和59年5月18日に19番19を19番4に合筆
　　エ　昭和59年5月21日に19番4から19番20（対象土地甲）を分筆（以下「昭和59年5月分筆」という。）
　　オ　平成3年9月20日に19番4（対象土地乙2）から19番21（対象土地乙1）を分筆（以下「平成3年分筆」という。）
　(2)　対象土地甲は，昭和59年5月分筆により創設された土地である。
　(3)　対象土地乙1及び対象土地乙2は，平成3年分筆により現在の形状となった。
　(4)　本件筆界は，上記(1)エの昭和59年5月分筆の登記によって形成されたも

のである。

第2　申請人及び関係人の主張並びにその根拠

1　申請人の主張及びその根拠

申請人は，本件筆界は，対象土地甲の北角に埋設されているコンクリート杭（S2点）と同西角に設置されている金属標（S1点）とを直線で結んだ線であると主張する。

その根拠は，平成3年分筆に係る対象土地乙1の地積測量図（以下「19番21測量図」という。）にある。

2　関係人Aの主張及びその根拠

(1) 関係人Aは，本件筆界は，対象土地甲の北角に埋設されているコンクリート杭（K3点）と同西角に設置されている金属標（S1点）とを直線で結んだ線であると主張する。

(2) その根拠は，関係土地2の昭和41年分筆に係る地積測量図（以下「19番18測量図」という。）及び対象土地甲の昭和59年5月分筆に係る地積測量図（以下「19番20測量図」という。）に記載された対象土地甲と関係土地2との筆界の辺長は，ともに9.29mであり，これが当該筆界の南東端及びその北西端に埋設されている各コンクリート杭（S3点及びK3点）間の距離とほぼ一致することにある。

3　関係人Bの主張

関係人Bは，対象土地甲及び対象土地乙1と関係土地1との道路境界は，昭和○年第2042号公共用地境界図（以下「第2042号境界図」という。）による確定線上にあると主張する。

4　関係人Cの主張及びその根拠

関係人Cは，関係土地2，対象土地甲及び対象土地乙2の三筆境は，対象土地甲の北角に埋設されているコンクリート杭（S2点）であり，関係土地2と対象土地甲との筆界は，S2点と対象土地甲の東角に設置されている金属標（S7点）とを直線で結んだ線であると主張する。

その根拠は，関係土地2と対象土地甲との筆界は，関係人Cと対象土地甲の前所有者（以下「甲前所有者ら」という。）との間で取り交わした境界確認書（以下「C確認書」という。）により，その筆界が確認されていることにある。

第3　本件筆界に対する判断

本件筆界は，前記第1の3(4)のとおり，昭和59年5月分筆により形成されたものであるので，以下の資料について検討する。

1　境界標の設置状況

(1)　対象土地甲の北角付近にはコンクリート杭が2か所（S2点及びK3点），同東角付近には金属標（S7点）及びコンクリート杭（S3点），同南角付近には金属標（S4点），同西角付近には金属標（S1点）及びS4点とS1点との間には区金属標（S5点）がそれぞれ設置されている。

(2)　対象土地乙1と対象土地乙2との筆界（クランク状の筆界）の南東端付近のS8点，同筆界の屈曲点付近のS9点及びS10点及び同筆界の北西端付近のS11点には，いずれもコンクリート杭が，対象土地乙1の西角付近には金属標（S12点）がそれぞれ設置されている。また，関係土地2の南東側筆界（19番3の土地との筆界）の屈折点付近には御影石（S6点）が設置されている。

(3)　S7点の金属標は，S3点のコンクリート杭の上面に設置されている。S7点について申請代理人は，19番3の土地の所有者○○（以下「○○」という。）の代理人の土地家屋調査士から，コンクリート杭の指示点（S3点）が，S4点とS6点とを結ぶ直線上にないと指摘されたことから，申請代理人がS3点から南東側へ約3cmの位置に設置した金属標であるとしている。

また，S7点については，甲前所有者らと○○との間で取り交わした境界確認書（以下「19番3確認書」という。）及びC確認書によると，甲前所有者ら，○○及び関係人Cが，対象土地甲，関係土地2及び19番3の土地の三筆境として確認した境界点と認められる。

なお，S4点については，19番3確認書によると，甲前所有者ら及び○○が，対象土地甲と19番3の土地との筆界の南西端点として確認した境界

点と認められる。

2 地図に準ずる図面の検討

(1) 管轄登記所に保管されている本件に係る地図に準ずる図面(以下「本件公図」という。)の原図は,昭和4年6月14日の耕地整理による換地処分により作成された耕地整理図である。

(2) 本件公図には,前記第1の3の対象土地等の沿革に係る分筆線が記載されていることから,現地における土地の配列及び形状は,本件公図のそれとほぼ一致している。

(3) 本件公図によると本件筆界は,北東から南西方向へ進む直線で,また,対象土地甲の南東側筆界及びその北東へ延びる筆界は,対象土地甲,19番3の土地及び関係土地1の三筆境から関係土地2と19番3の土地との筆界線の屈曲点まで,直線で描画されている。

3 地積測量図の検討

(1) 管轄登記所には,19番18測量図,19番20測量図及び19番21測量図が保管されている。また,昭和59年4月分筆によってできた19番19の土地(昭和59年5月18日に19番4に合筆)に係る地積測量図(以下「19番19測量図」という。)が保管されている。

(2) 上記(1)の各測量図を,現況の測量成果(以下「測量成果」という。)に基づき検証すると,次のとおりである。

　ア　対象土地甲の南東側筆界付近のS4点とS7点との測量成果の距離は16.865mであり,関係土地2の南東側筆界付近のS7点とS6点との測量成果の距離は4.743mである。これらの各距離は,19番20測量図及び19番18測量図における当該筆界の辺長といずれも不動産登記規則第10条第4項第1号の精度区分(以下「公差」という。)の範囲内で一致している。

　　また,19番20測量図及び19番18測量図によれば,S4,S7及びS6の各点を順次直線で結ぶ線は直線であると認められ,本件公図のそれと一致しており,上記各境界点は,その隣接する土地の所有者間において境界が確認されていると認められる。

　　したがって,本件筆界を特定するに当たっては,S4,S7及びS6

の各点を基点として行うのが相当である。

イ　対象土地甲の南西側筆界付近のＳ１点とＳ５点との間の測量成果における距離は2.562ｍ，Ｓ５点とＳ４点との間は6.710ｍであり，その合計距離は，9.272ｍである。

ウ　対象土地甲の北西側筆界付近のＳ１点とＳ８点との間の測量成果における距離は16.179ｍ，Ｓ８点とＳ２点との間は2.173ｍであり，その合計距離は18.352ｍである。また，Ｓ１点とＫ３点との間の測量成果における距離は18.347ｍである。

エ　上記イ及びウの測量成果における各点間距離と19番20測量図における当該部分の筆界の辺長とを検証すると，いずれも公差の範囲で一致している。

オ　対象土地甲の北東側筆界付近のＳ７点とＳ２点との間の測量成果における距離は9.416ｍ，Ｓ３点とＳ２点との間は9.385ｍ，Ｓ７点とＫ３点との間は9.319ｍ，Ｓ３点とＫ３点との間は9.288ｍである。

　　19番20測量図に記載された当該筆界の辺長9.29ｍは，Ｓ７点とＫ３点との間及びＳ３点とＫ３点との間の各距離といずれも公差の範囲内で一致しているものの，Ｓ７点とＳ２点との間及びＳ３点とＳ２点との間の各距離とはいずれも公差の範囲を超えている。

　　また，19番19測量図に記載された19番19の北東側筆界の辺長9.39ｍは，Ｓ７点とＳ２点との間及びＳ３点とＳ２点との間の各距離といずれも公差の範囲内で一致している。

カ　以上の検証結果からすると，19番20測量図における対象土地甲の北角筆界点の境界標は，Ｋ３点であると認められる。また，19番19測量図における対象土地甲の北角筆界点の境界標は，Ｓ２点であると認められる。

　　したがって，19番20測量図は，現況の境界標の設置位置とほぼ一致していることが認められることから，本件筆界の位置を特定するための重要な資料とするのが相当である。

キ　対象土地乙１の各筆界点付近の境界標は，Ｓ１，Ｓ８，Ｓ９，Ｓ10，Ｓ11及びＳ12の各点に設置されており，これらの境界標間の距離は，19番21測量図に記載された対象土地乙１の各筆界の辺長とほぼ一致し，これらの各境界標の種類は，Ｓ１点を除き同測量図に記載された各筆界点

の境界標の種類と一致していることから，Ｓ１点を除く当該各境界標は，平成３年分筆によって設置されたものと認められる。
ク　対象土地乙１の北東側筆界については，上記キの検証結果によると，Ｓ11，Ｓ10，Ｓ９及びＳ８の各点を順次直線で結ぶ線であると認められ，本件筆界に接する対象土地乙１の北東側筆界の東部分の直線は，Ｓ９点とＳ８点とを結ぶ直線となる。

　　　Ｓ９点とＳ８点とを結ぶ直線の東端点（Ｓ８点）の位置は，上記カの19番19測量図に基づく境界標（Ｓ２点）と本件筆界の南端点付近の境界標（Ｓ１点）とを結ぶ直線上にほぼ位置するものの，19番20測量図に基づく境界標（Ｋ３点）とＳ１点とを結ぶ直線から西方向に0.085ｍの位置にある。
ケ　上記キ及びクの検討結果によると，19番21測量図は，本件筆界の北端点の位置を，19番19測量図に基づく境界標（Ｓ２点）と誤認して作成されたものと認められる。

4　道路境界図の検討

　対象土地甲及び対象土地乙１と関係土地１（道路）との筆界については，昭和〇年３月10日に決定された第2042号境界図により，その道路境界が確定している。

　第2042号境界図に記載された各境界点間の距離と，関係人Ｂ保管の対象土地付近の街区の調整計算図（以下「計算図」という。）におけるその各境界点間の距離とはほぼ一致することから，計算図に記載された各引照点等に基づき関係土地１の北東側筆界（道路境界）を復元するのが相当である。

　計算図に記載された各引照点等を現況に確認すると，関係土地１の南西側道路境界付近に，Ｓ18（区コンクリート杭），Ｓ19（鋲），Ｓ20（区コンクリート杭），Ｓ21（区コンクリート杭），Ｓ22（区コンクリート杭），Ｓ23（鋲），Ｓ24（鋲）の各点が確認できる。

　これらの引照点に基づき第2042号境界図における対象土地甲及び対象土地乙１と関係土地１との境界を復元すると，当該境界は，Ｓ13，Ｓ５及びＳ17の各点を順次直線で結ぶ線であると認められる。

　ところで，対象土地甲は，上記の道路境界確定後に分筆されていることから，本件筆界の南西端点は，道路境界確定線上にあるのが相当であるが，上

記3の(2)イ，ウ，エ及びキの検証結果によると，S1点は，当該確定線上に位置していない。しかしながら，上記確定線とS1点とは5㎜の間隔であり，また，S1点は，対象土地甲と対象土地乙1との筆界を示すものと考えられることから，本件筆界の南西端点は，その北東端点とS1点とを結ぶ直線を南西方向へ延長した線と，上記確定線との交点とするのが相当である。

5 本件筆界について

　以上の検討の結果，本件筆界は，現況の境界標の設置状況，19番18，19番20及び19番21の各測量図並びに本件公図を基礎にして特定するのが相当である。

(1) 本件筆界の北東端点について

　　本件筆界の北東端点は，上記3の(2)カのとおり，K3点とするのが相当である。

(2) 本件筆界の南西端点について

　　関係土地1（道路）の北東側筆界は，上記4のとおり，S13，S5及びS17の各点を順次直線で結ぶ線と確認できる。

　　本件筆界の南西端点は，上記関係土地1の北東側筆界と，K3点とS1点とを結ぶ直線を南西方向へ延長した線との交点（K1点）とするのが相当である。

(3) 本件筆界1の北東端点（本件筆界2の南西端点と同一点）について

　　19番21測量図及び本件公図の記載によると，対象土地乙1の北東側筆界の東部分の直線は，その南東端点が本件筆界上に位置していると認められる。

　　したがって，本件筆界1の北東端点（本件筆界2の南西端点と同一点）は，S9点とS8点とを結ぶ直線を南東方向へ延長した線と，K3点とK1点とを結ぶ直線との交点（K2点）とするのが相当である。

(4) 本件筆界は，19番20測量図及び本件公図に直線として記載されていることから，本件筆界1は，K1点とK2点とを結ぶ直線とし，本件筆界2は，K2点とK3点とを結ぶ直線とするのが相当である。

第4　結　論

　以上の事実及び認定結果から判断すると，本件筆界は，別紙特定図面中K1，K2及びK3の各点を順次結ぶ直線とするのが相当とされた。

対象土地甲の所在	地番	１９番２０
対象土地乙１の所在	地番	１９番２１
対象土地乙２の所在	地番	１９番４

手続番号

縮尺

対象土地甲の所在		地 番	１９番２０
対象土地乙１の所在		地 番	１９番２１
対象土地乙２の所在		地 番	１９番４

基準点の座標値

測点名	X座標	Y座標	備 考
T1	500.000	500.000	鋲
T2	478.058	528.084	鋲
T3	514.101	483.302	鋲

（任意座標）

特定された筆界K1，K2，K3の各筆界点の座標値

測点名	X座標	Y座標	備 考
K1	500.117	504.797	計算点
K2	510.987	516.793	計算点
K3	512.441	518.397	民コンクリート石杭 ⊞

引照点の座標値

測点名	X座標	Y座標	備 考
S1	500.121	504.801	民金属鋲
S2	512.516	518.336	民コンクリート石杭 ⊞
S3	505.257	524.285	民コンクリート石杭 ⊞
S4	493.976	511.746	民金属鋲
S5	498.431	506.727	区金属鋲
S6	508.399	527.837	御影石標
S7	505.233	524.305	民金属鋲
S8	511.048	516.733	民コンクリート石杭
S9	516.840	511.047	民コンクリート石杭
S10	513.426	506.995	民コンクリート石杭
S11	521.651	500.188	民コンクリート石杭
S12	513.118	489.898	民金属鋲
S13	483.218	523.867	計算点
S14	483.357	524.048	御影石標
S15	499.972	505.003	コンクリート解角
S16	500.182	504.851	コンクリート解角
S17	518.285	483.997	計算点
S18	482.838	518.271	区コンクリート石杭
S19	496.433	504.865	鋲
S20	495.420	504.097	区コンクリート石杭
S21	506.329	491.581	区コンクリート石杭
S22	505.329	490.378	区コンクリート石杭
S23	506.683	489.993	鋲
S24	511.918	487.136	鋲

| 手続番号 | | 縮 尺 | |

事例 17

原始筆界について，対象土地乙への立入りを拒否されたため，実測図，公共用地境界図，境界標，囲障等を有力な資料として特定した事例

> 本件事例における対象土地甲と対象土地乙との筆界（以下「本件筆界」という。）は地租改正時に創設されたいわゆる原始筆界であるところ，対象土地乙への立入りが許可されず，対象土地乙を構成する各筆界点の調査及び測量を行えなかったことから，対象土地乙の画地を確定できず，公図及び空中写真等と現況とを比較する方法は採用できなかった。
> このことから，本件においては，対象土地甲に係る実測図，公共用地境界図及び現況にある境界標，囲障を根拠として筆界を特定した事例である。

第1　事案の概要

1　事案の骨子

本件は，対象土地甲とその北側に接する対象土地乙との筆界の位置について，対象土地甲の所有者が対象土地乙の所有者に確認を求めたところ，協力が得られず本件筆界が不明となった事案である。

なお，本件における対象土地及び関係土地は，次のとおりである。

　　　　対象土地甲　　145番1
　　　　対象土地乙　　146番
　　　　関係土地1　　145番2
　　　　関係土地2　　145番1先水路

2　対象土地及び関係土地の現況並びに所有状況等

(1)　現地は，○○線○○駅から東方向へ100mほど進んだ所に位置する平坦な商業地である。
(2)　対象土地等の位置関係は，別紙特定図面のとおりである。
(3)　対象土地甲の所有者は，本件の申請人である。
(4)　対象土地乙の所有者は，関係人Aである。

(5) 関係土地は，次のとおりである。
　ア　145番2（関係土地1）
　　　当該土地の所有者は，関係人Bである。
　イ　145番1先水路（関係土地2）
　　　当該土地の管理者は，関係人Cであり，同土地は，暗渠の水路である。

3　対象土地の沿革
(1) 対象土地甲は，明治時代の地租改正により創設された145番の土地が，昭和25年12月26日に同番1及び同番2（関係土地1）に分筆された（以下「昭和25年分筆」という。）ことにより創設されたものである。
　なお，対象土地甲は，昭和45年1月19日に地積を288.59㎡から264.62㎡に更正している（以下「昭和45年地積更正」という。）。
(2) 対象土地乙は，地租改正により創設されて以降，変動はない。
(3) 本件筆界は，上記(1)及び(2)のとおり，分筆の経緯はあるものの地租改正時に形成されたいわゆる原始筆界である。

第2　申請人及び関係人の主張並びにその根拠等

1　申請人の主張及びその根拠

申請人は，本件筆界は，申請代理人作成の現況説明図中のイ点（K2点付近）とロ点（K1点付近）とを直線で結んだ線であると主張する。
　その根拠は，次のとおりである。
(1) 本件筆界付近に万年塀（以下「万年塀1」という。）が存する。
　昭和45年地積更正の前提として作成されたと推認される実測図（以下「本件実測図」という。）に万年塀1が記載されており，万年塀1の北側をなぞる線をもって，対象土地乙の前所有者が境界確認をしていることから，万年塀1は，対象土地甲に存し，申請人が所有するものと考える。
　このことから，本件筆界の西端点は，万年塀1の北側をなぞる線の西端であるイ点である。
(2) 本件筆界の東端点は，関係土地2に係る水路敷境界図及び公共用地境界図（これらを併せて，以下「本件境界図1」という。）を復元して求めた位置（ロ

点）である。
(3) 上記イ点とロ点との点間距離は，本件実測図の当該辺長とほぼ一致する。

2　関係人Aの主張及びその根拠

関係人Aは，本件筆界は，万年塀1の対象土地甲側にある支えのおおむねの中心点か，あるいは，同支えが対象土地甲に接している部分で，対象土地乙側から一番遠い点のいずれかを通る万年塀1と平行な直線であると主張する。

その根拠は，関係人Aらの父母が対象土地甲の前所有者と，上記主張線のいずれかで確認したと伝聞していることによる。

また，上記の理由により，万年塀1は，関係人Aらが所有するものである旨付言する。

3　関係人Bの主張及びその根拠

関係人Bは，本件筆界の西端点については，対象土地乙との筆界に関して，境界確認等を行った事実がないことから，不明であるとする。

なお，申請人とは，関係土地1に存する各金属標（S24点，S25点及びS26点）から対象土地甲側に0.03m進んだ位置で境界確認を行っている旨付言する。

4　関係人Cの主張及びその根拠

関係人Cは，本件筆界の東端点は，本件境界図1を現地に復元した点であると主張する。

その根拠は，次のとおりである。

(1) 関係土地2は，平成12年に東京都○○局から財産管理が移管されたものであり，関係人Cが従前から管理しているものではないことから，関係土地2の全体を把握できていない。しかし，関係土地2の西側筆界の一部については，本件境界図1により境界確認がされており，本件筆界の東端点は，これらの図上にある対象土地甲，対象土地乙及び関係土地2の三筆境である。

(2) 本件境界図1における関係土地2の西側筆界の南端点は，現地に設置さ

れているコンクリート杭（S1点）であり，本件筆界の東端点は，S1点を基点として，本件境界図1に記載されている当該辺長を確保した位置である。

第3 本件筆界に対する判断

　本件筆界は，原始筆界であることから，本件に係る判断資料を検討したところ，本件筆界は，地図に準ずる図面，本件実測図，公共用地境界図及び現地に存する境界標，囲障に基づいて特定するのが相当である。

　本件に係る各資料についての評価及び事実認定並びにそれに基づく判断は，以下のとおりである。

1 地図に準ずる図面の検討
(1) 管轄登記所が保管する地図に準ずる図面（以下「本件公図」という。）は，明治時代に作成された土地台帳附属地図を原図として作成されたものである。
(2) 現地における対象土地等の配列及び形状は，本件公図のそれとほぼ一致しており，本件筆界は，直線で描画されている。

2 地積測量図の検討
(1) 管轄登記所には，昭和45年地積更正に係る地積測量図（以下「本件地積測量図」という。）が保管されている。
　本件地積測量図には，各筆界点の座標値，境界標の種類及び恒久的な地物から筆界点までの距離が記載されていないことから，これをもって直ちに現地を復元することはできない。
(2) 本件地積測量図には，本件筆界の辺長が記載されているところ，本件地積測量図は，その作成年次からすると，本件境界図1により官民境界として本件筆界の東端点が確定される以前に作成されたものであると認められる。
　また，本件筆界以外の対象土地甲に係る各辺長も，現地のそれとは一致していない。
(3) 以上のことからすると，本件地積測量図は，本件筆界を特定するための

資料として採用するのは相当でない。

3 本件実測図の検討

(1) 本件実測図は，これが作成された当時の対象土地甲，144番1，同番3，同番4，143番1，同番4及び同番5の各土地の所有者が同一であったことから，これらの土地を一体（一筆地）として測量し，同図をもって，隣接する各土地の所有者と境界を確認していることが認められる。

(2) 本件実測図には，各筆界点の座標値の記載はないものの，境界標の種類，囲障及び本件筆界を含む各筆界点間の距離が記載されている。

　　また，本件実測図には万年塀1が記載されており，万年塀1の西端には同塀にほぼ直角に連結して南方向へ延びる万年塀（以下「万年塀2」という。）及びブロック塀が，また，万年塀1の東端から南方向へ延びる万年塀（以下「万年塀3」という。）が記載されている。

(3) 本件実測図によれば，本件筆界は，万年塀1の北面の両端点（ペンキ）を結ぶ直線となっている。

　　ところで，上記(1)のとおり，本件実測図をもって隣接所有者が各筆界を確認しているところ，本件筆界についても，対象土地乙の前所有者が，上記万年塀1の北面をなぞる線をもって筆界を確認し，署名押印していると認められる。

　　このことからすると，対象土地甲及び対象土地乙の前所有者は，本件実測図作成時において，本件筆界は，上記の筆界であると認識していたものと認められる。

(4) 本件実測図と本件地積測量図の作成者は同一人であり，また，本件実測図の対象土地甲に係る各辺長（対象土地甲の一部）と本件地積測量図のそれとは一致していることから，両図面は，同一の測量成果に基づき作成されたものと認められる。

　　本件地積測量図における本件筆界の辺長については，上記2の(2)のとおりであることから，本件実測図における本件筆界の辺長についても本件筆界を特定するための資料として採用するのは相当でない。

(5) 以上のことからすると，本件実測図に表記されている本件筆界の辺長を採用するのは相当でないが，囲障（万年塀1，万年塀2及び万年塀3）については，本件筆界を特定するための資料として採用するのが相当である。

4 公共用地境界図等の検討

(1) 本件境界図1の検討

ア 本件境界図1は，関係土地2の一部と，これと隣接関係にある各土地との境界を確定したものであり，対象土地甲及び対象土地乙の東側筆界についても同様に確定している。

イ 本件境界図1には，各確定点の座標値及び境界標の種類の記載がないことから，これをもって直ちに現地を復元することはできないものの，確定した各筆界の辺長が記載されていることから，本件境界図1は，本件筆界を特定するための資料として採用するのが相当である。

ウ 水路敷境界図は，対象土地乙の前所有者の申請に基づいて境界確定を行ったものと認められることから，対象土地乙の前所有者は，当該境界図上にある対象土地乙，対象土地甲及び関係土地2の三筆境（確定点）を，本件筆界の東端点と認識していたものと認められる。

エ 水路敷境界図によれば，対象土地乙の東側筆界は，上記確定点を屈折点として北西方向に屈折しており，これの形状は本件公図のそれと一致している。

オ 以上のことからすれば，上記確定点を本件筆界の東端点とするのが相当である。

(2) 道路境界図の検討

ア 道路境界図（以下「本件境界図2」という。）は，143番1，同番4及び144番1の各土地と，その南東側に接する道路との境界（以下「道路確定線」という。）を確定したものであり，各確定点（P1点及びP2点）及び引照点（P3点及びP4点）について，座標値及び境界標の種類が記載されている。

なお，道路確定線について，道路区域標示図が存するが，これは，現況の道路区域を標示したものに過ぎず，道路確定線を再確定したものではないことから，当該標示図を，本件筆界を特定するための資料として採用するのは相当でない。

イ P1点は，144番1の土地，道路及び関係土地2の三筆境（以下「水路敷基点」という。）であると認められ，本件境界図1にもこれが記載されている。

ウ 本件境界図1によれば，水路敷基点から本件筆界の東端点までの距離

が18.49mとあるところ，Ｐ１点とＰ４点とを直線で結んだ線（144番１の土地の東側筆界）の距離は18.498mとあり，ほぼ一致することから，Ｐ４点は，本件筆界の東端点であると認められる。

なお，本件実測図における当該辺長は，18.44mと記載されているところ，本件実測図作成当時においては，官民境界（道路境界）を確定することなく測量及び境界確認を行っているのが通例であり，また，本件実測図が作成された以降に，本件境界図２をもって官民境界を確定していることからすると，水路敷基点から本件筆界の東端点までの距離は，本件境界図２にある辺長（18.498m）を採用するのが相当である。

エ　以上のことからすると，本件筆界の東端点は，本件境界図２を復元して求めるのが相当である。

5　境界標及び囲障の検討

(1)　水路敷基点付近にはコンクリート杭（Ｓ１点）が設置されている。本件境界図２においては，同点と同一点と推認される位置にキザミの記載がある。

(2)　道路確定線の南西端点付近には金属標（Ｓ２点）及び鋲（Ｓ４点）が設置されている。本件境界図２においては，Ｓ２点と同一点と推認される位置に，民石の記載がある。

なお，申請代理人によれば，Ｓ４点は，道路区域標示の申請時に新設したものであるとしていることから，当該境界標を本件筆界特定の資料として採用するのは相当でない（上記4の(2)ア）。

(3)　143番１の土地の南西角付近にはコンクリート杭（Ｓ３点）が設置されている。本件境界図２においては，Ｓ３点と同一点と推認される位置に，民石の記載がある。

(4)　本件境界図２におけるＰ１点，Ｐ２点及びＰ３点の各点間距離と，本件に係る測量成果（以下「測量成果」という。）におけるＳ１点，Ｓ２点及びＳ３点の点間距離は次のとおりであり，いずれも不動産登記規則第10条第４項第１号の精度区分（以下「公差」という。）の範囲で一致する。

ア　Ｓ１点とＳ２点との距離
　(ア)　Ｐ１点とＰ２点の点間距離
　　24.856m

㈅　測量成果

　　　　24.837m

　　イ　Ｓ２点とＳ３点との距離

　　　㈅　Ｐ２点とＰ３点の点間距離

　　　　8.355m

　　　㈅　測量成果

　　　　8.349m

　　ウ　Ｓ１点とＳ３点との距離

　　　㈅　Ｐ１点とＰ３点の点間距離

　　　　31.336m

　　　㈅　測量成果

　　　　31.338m

⑸　以上のことからすると，現地に設置されている境界標と本件境界図２に記載されている境界標の種類は一部相違しているものの，Ｓ１点，Ｓ２点及びＳ３点の境界標は，本件境界図２におけるＰ１点，Ｐ２点及びＰ３点と同位置に復元されたものであると認められる。

　　したがって，Ｓ１点，Ｓ２点及びＳ３点は，本件筆界の東端点を特定するための引照点とするのが相当である。

⑹　万年塀の検討

　ア　万年塀１については，申請人及び関係人Ａが，それぞれ自己の所有であるとして争いがあるところ，その設置状況及び対象土地甲及び対象土地乙の占有状況からすると，万年塀１は，当該土地の占有界を示す工作物であると認められる。

　イ　万年塀１は，その一部に経年による傾きがあるものの，万年塀１の北面をなぞる線は，おおむね直線であると認められる。

　ウ　ところで，万年塀１の帰属については，上記アのとおり当事者間で争いがあるものの，本件実測図が作成された昭和44年当時に，万年塀１の北面をなぞる直線をもって対象土地甲と対象土地乙との筆界が確認された（上記３の⑶）以降においては，この確認された位置と異なる位置をもって当該筆界を確認した事実は認められない。

　　　このことからすると，対象土地甲及び対象土地乙の所有者は，相当の期間にわたって，万年塀１の北面をなぞる直線を本件筆界であると是認

してきたものと認められる。
- エ　また，万年塀１を支える衝立は，対象土地甲側のみに設置されているところ，万年塀，ブロック塀等の囲障を支える衝立は，その囲障を所有する側に設置されるのが通例である。
- オ　以上の検討結果からすると，万年塀１は対象土地甲に帰属するものと認められる。

　　また，本件筆界は，上記のとおり万年塀１の一部に経年による傾きが認められるものの，本件公図の形状及び本件実測図における表記からすると，おおむね万年塀１の北面をなぞる直線上に位置するとするのが相当である。
- カ　万年塀１の東側の一部（本件筆界の東端点付近）及び万年塀３は現存していないことから，現地において本件実測図にある万年塀１の北東端点は確認できないが，万年塀２は現存していることから，万年塀１の西端点を確認することができ，これが，対象土地甲，対象土地乙及び関係土地１の三筆境となっている。
- キ　万年塀１の西端点にはコンクリート支柱が存し，これに万年塀１と万年塀２とが連結している。当該支柱は堅固であり，また，ほぼ垂直に設置されており，この設置状況及び経年状況等から判断すると，当該支柱の設置位置は，当初から移動していないものと認められる。
- ク　以上のことからすると，本件筆界の西端点は，コンクリート支柱の北西角点とするのが相当である。

6　本件筆界について

　本件筆界は，採用した資料並びに現地に設置されている境界標及び現地の占有状況により，以下のとおり特定するのが相当である。

(1)　本件筆界の東端点について

　本件筆界の東端点は，上記５の(5)のとおり，Ｓ１点，Ｓ２点及びＳ３点を引照点として，本件境界図２にあるＰ４点を現地に復元した位置とするのが相当であり，その復元方法は，以下のとおりである。
- ア　上記引照点中，本件境界図２において，本件筆界の東端点（本件境界図２上のＰ４点）までの距離の記載があるＳ１点を基点とし，上記５の(4)により，その位置誤差が少ないＳ３点を引照点とする。

イ　本件境界図２上のＰ１点を中心点として，Ｐ３点から時計回り方向に
　　　Ｐ４点までの角度を，本件境界図２にある座標値から求めると，119度
　　　59分13秒となる。
　　ウ　本件筆界の東端点は，Ｓ１点とＳ３点とを直線で結んだ線を基線として，時計回り方向に上記角度を進んだ線上で，かつ，Ｓ１点から18.498
　　　ｍ進んだ位置（Ｋ１点）となる。
(2)　本件筆界の西端点について
　　本件筆界の西端点は，上記５の(6)クのとおり，コンクリート支柱の北西
　角点（Ｋ２点）とするのが相当である。
(3)　上記筆界点（Ｋ１点及びＫ２点）を直線で結んだ線は，万年塀１の北面をなぞる線とほぼ一致する。

第４　結　論

　以上の事実及び認定結果から判断すると，本件筆界は，別紙特定図面中，Ｋ１点とＫ２点とを直線で結んだ線とするのが相当である。

筆界特定事例集

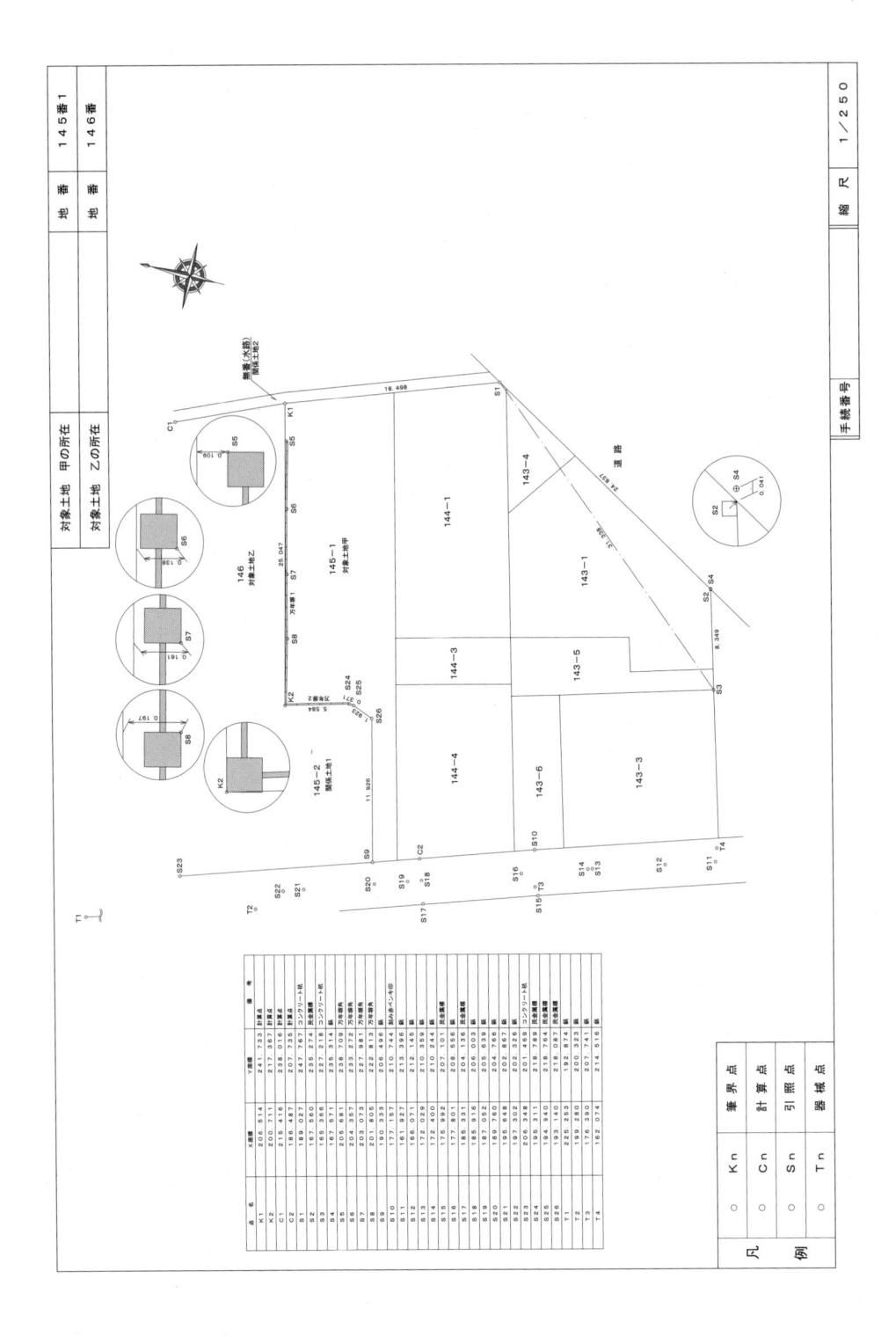

事例 18

一元化前の分筆筆界について，関係土地等の地積測量図，公共用地境界図及び筆界付近の境界標を有力な資料として特定した事例

> 本件事例における対象土地甲1及び対象土地甲2と対象土地乙1及び対象土地乙2との筆界は，昭和12年に分筆によって創設された筆界であることから，管轄登記所には分筆当時の地積測量図等が保管されておらず，また，同土地が存する自治体の固定資産税課等においても分筆申告書に添付された申告実測図等は保管されていない。
>
> このため，本件事例においては，管轄登記所に備え付けられている地積測量図（対象土地甲1から対象土地甲2が分筆された際の地積測量図，対象土地乙1から対象土地乙2が分筆された際の地積測量図，その他隣接地に係る地積測量図），公共用地境界図及び上記境界付近に埋設された境界標を基に筆界を特定した事例である。

第1　事案の概要

1　事案の骨子

本件は，対象土地甲1と対象土地乙1との筆界（以下「本件筆界1」という。）及び対象土地甲2と対象土地乙2との筆界（以下「本件筆界2」といい，両筆界を「本件筆界」という。）の位置について，対象土地甲1及び対象土地甲2の所有者が，対象土地乙1及び対象土地乙2の所有者に確認を求めたところ，双方に意見の相違があり筆界が不明となった事案である。

なお，本件における対象土地及び関係土地は，次のとおりである。

　　　　対象土地甲1　　163番3
　　　　対象土地乙1　　163番5
　　　　対象土地甲2　　163番57
　　　　対象土地乙2　　163番56
　　　　関係土地1　　　151番47
　　　　関係土地2　　　163番47

関係土地3　　163番46

2　対象土地等の現況
(1)　現地は，○○線の○○駅から北東に徒歩10分ほどの所に位置する平坦な住宅地である。
(2)　対象土地等の位置関係は，別紙筆界特定図面のとおりである。
(3)　本件筆界1に係る対象土地及び関係土地
　　ア　本件筆界1に係る対象土地は，次のとおりである。
　　　(ア)　対象土地甲1
　　　　　当該土地の所有者は，申請人である。
　　　(イ)　対象土地乙1
　　　　　当該土地の所有者は，関係人Aである。
　　イ　本件筆界1に係る関係土地は，次のとおりである。
　　　(ア)　151番47の土地（関係土地1）
　　　　　当該土地の所有者は，関係人B及び関係人Cの共有である。
　　　(イ)　対象土地甲2
　　　　　当該土地の所有者は，申請人である。
　　　(ウ)　対象土地乙2
　　　　　当該土地の所有者は，関係人Aである。
(4)　本件筆界2に係る対象土地及び関係土地
　　ア　本件筆界2に係る対象土地は，次のとおりである。
　　　(ア)　対象土地甲2
　　　(イ)　対象土地乙2
　　イ　本件筆界2に係る関係土地は，次のとおりである。
　　　(ア)　対象土地甲1
　　　(イ)　対象土地乙1
　　　(ウ)　163番47の土地（関係土地2）
　　　　　当該土地の所有者は，関係人Cである。
　　　(エ)　163番46の土地（関係土地3）
　　　　　当該土地の所有者は，関係人Cである。

3　対象土地等の所有状況及び占有状況

(1) 対象土地甲1及び対象土地甲2は，申請人が所有権を取得し，申請人所有の居宅（以下「甲建物」という。）の敷地及び庭として利用されている。

(2) 対象土地乙1及び対象土地乙2は，関係人Aが所有権を取得し，関係人A所有の二棟の共同住宅の敷地として利用されている。

(3) 関係土地1は，関係人B及び関係人Cが共有持分を取得し，関係人Cの管理する公衆用道路である。

(4) 関係土地2及び関係土地3は，関係人Cが所有権を取得し，関係人Cが所有（管理）する公衆用道路の一部である。

(5) 本件筆界付近は，申請人所有の居宅及び関係人A所有の共同住宅の駐車場及び庭として利用されており，ブロック塀等の明確な占有界は存在しない。

4　対象土地の沿革

(1) 対象土地甲1について

対象土地甲1及び対象土地甲2の元番である163番の土地は，昭和12年11月25日に同番1ないし23に分筆された（以下「昭和12年分筆」という。）。その後，163番3の土地は，昭和50年7月23日に関係土地3を分筆し，さらに，昭和61年10月2日に対象土地甲2を分筆（以下「昭和61年分筆①」という。）したことにより，現在の形状に至っている。

(2) 対象土地甲2について

対象土地甲2は，上記(1)のとおり，昭和61年分筆①により形成されている。

(3) 対象土地乙1について

対象土地乙1は，昭和12年分筆により形成され，その後，昭和50年7月23日に関係土地2を分筆，昭和55年11月14日に163番49を分筆，さらに，昭和61年10月2日に対象土地乙2を分筆（以下「昭和61年分筆②」という。）したことにより，現在の形状に至っている。

(4) 対象土地乙2について

対象土地乙2は，上記(3)のとおり，昭和61年分筆②により形成されている。

(5) 本件筆界1及び本件筆界2は，上記のとおり，昭和12年分筆により形成

されたものである。

第2　申請人及び関係人の主張並びにその根拠

1　申請人の主張及びその根拠

申請人は，本件筆界は，コンクリート杭（S8点）と御影石（S20点）とを直線で結んだ線であると主張する。

その根拠等は，次のとおりである。

(1) 本件筆界2の南端点付近に設置されている御影石（S20点）は，昭和61年分筆①に係る地積測量図（以下「測量図1」という。）及び昭和61年分筆②に係る地積測量図（以下「測量図2」という。）に共通して記されている。そのS20点から，各地積測量図に記されている本件筆界2を，そのまま北方向へ延長した位置にコンクリート杭（S8点）が存することから，これら境界標は，本件筆界を示すものである。

(2) 申請人は，申請人の父からその生前に，対象土地甲2の南西角付近にある電柱と対象土地甲1の北西角付近にある門柱とを結んだ直線が，本件筆界の位置であると聞いていた。申請代理人による掘削の結果，コンクリート杭（S8点）が確認されたところ，その位置は，門柱のちょうど北側に位置していることから，当該境界標が本件筆界の北端点である。

(3) S8点とS20点とを結んだ直線を基礎に，現況を測量した結果は，対象土地甲1と対象土地甲2，対象土地乙1と対象土地乙2のいずれの面積の合計においても，公簿面積と不動産登記規則第10条第4項第1号の精度区分（以下「公差」という。）の範囲内で一致する。

2　関係人Aの主張及びその根拠

関係人Aは，本件筆界について，具体的な線を示すことはなかったが，次のとおり主張する。

(1) 申請人主張の筆界線では，対象土地甲1及び対象土地甲2と対象土地乙1及び対象土地乙2の各面積の合計が同一にならないため，申請人の主張に沿って本件筆界を特定することは，適当でない。

(2) 本件筆界は，関係人A提出の建物配置計画図に記されている敷地分割線と同一にならなければならない。

3　関係人Bの主張及びその根拠

関係人Bは，本件に係る現地調査及び意見聴取の期日にいずれも欠席したことから，同人からは，本件筆界に係る主張等は得られていない。

4　関係人Cの主張及びその根拠

(1)　本件筆界1の北端点について

関係人Cは，本件筆界の北端点は，区コンクリート杭（S12点），ペンキ印（S7点）及び163番58の土地の北側筆界線付近のペンキ印（S2点）を順次結んだ直線上にあると主張する。

その根拠は，公共用地管理区域図（以下「区域図」という。）により，関係土地1の南側境界線の一部について道路境界が確認されていることにある。

(2)　本件筆界2の南端点について

本件筆界2の南端点は，刻印（S17点）と対象土地甲1の南東角付近に設置されている御影石の指示点から2mm南へ進んだ点（S24点）とを結んだ直線上にあると主張する。

その根拠は，公共用地境界確定図（以下「境界図」という。）により，関係土地2及び関係土地3の北側境界線について道路境界が確定していることにある。

第3　本件筆界に対する判断

本件筆界は，昭和12年分筆により形成された筆界であることから，本件に係る判断資料を検討したところ，本件筆界は，地積測量図，申請人の提出図面，境界標・囲障の設置状況及び現地の占有状況に基づいて特定するのが相当である。

各資料についての評価及び事実認定並びにそれに基づく判断は，以下のとおりである。

1　地図に準ずる図面等の検討

(1)　現地における対象土地及びその周辺土地の配列及び形状は，管轄登記所に備え付けられている地図に準ずる図面（以下「本件公図」という。）のそれ

とほぼ一致している。また，その配列及び形状は，本件公図の原図である土地台帳附属地図（以下「旧公図」といい，「本件公図」と「旧公図」を併せて「本件公図等」という。）に描画されたときから変わっていない。
(2) 本件公図及び旧公図によれば，本件筆界の形状は，対象土地甲1の北西角点と対象土地甲2の南西角点とを結ぶ一直線で描画されている。
(3) 対象土地甲1の北側筆界線については，本件公図及び旧公図によれば，同筆界線の西端から東方向の位置に一点の屈曲点がみられるところ，現況においても御影石（S6点）付近で屈曲しており，現況の形状と本件公図等のそれとはほぼ一致している。また，本件公図等上の本件筆界1の北端点は，その屈曲点から西方向の位置にある。

2 境界標及び囲障等の検討
　本件筆界付近に設置されている境界標等の設置の経緯等は，本件の現地調査，申請人及び関係人らの主張並びに本件の関係資料の検討結果からすると，次のとおり判断することができる。
(1) 対象土地甲1の各筆界点付近に設置されている境界標について
　ア　対象土地甲1の北西角付近にはコンクリート杭（S8点）が設置されている。
　　S8点は，甲建物の新築と同時期に施設されたとされるスライド式門扉のレール下に設置されていることから，当該建物が建築された昭和61年当時から存在したものと推認される。
　イ　対象土地甲1の北側筆界の屈曲点には御影石（S6点）が，同北東角付近には御影石（S3点）が，また，南東角付近には御影石（S23点）がそれぞれ設置されている。
　　上記各点の御影石は，その大きさや形状がほぼ共通していることから，昭和12年に対象土地の周辺一帯が宅地分譲された際に設置されたものと推認される。また，S6点の御影石は，対象土地甲1と関係土地1との筆界付近に設置されているコンクリートブロック塀下に設置されており，設置後に移設又は移動した形跡はみられない。
　ウ　対象土地甲1とその東側に隣接する163番2の土地との筆界については，申請人と同土地の所有者の間で筆界確認書が取り交わされており，これによると，確認された筆界線は，S3点を起点として，両土地間に

設置されている万年塀のほぼ中心を進み，S23点に至る直線であるとされている。

エ　以上のことからすると，S8，S6，S3及びS23の各点は，直ちに上記土地間の筆界点を示すものとすることはできないまでも，当該筆界点付近に設置された境界標とするのが相当である。

(2) 対象土地乙2の南側筆界線付近に設置されている境界標について

　ア　対象土地乙2の南西角付近にはコンクリート杭（S18点）が設置されている。

　　S18点は，163番49の土地に係る地積測量図（以下「測量図6」という。）に記されている境界標の種類と同一であることから，昭和55年11月に同土地が分筆された際に確認された境界標と認められる。

　　よって，S18点は，直ちに対象土地乙2，163番49の土地及び関係土地2の三筆境を示すものとすることはできないまでも，当該筆界点付近に設置された境界標とするのが相当である。

　イ　対象土地乙2の南東角付近には御影石（S20点）が設置されている。

　　S20点は，測量図1及び測量図2に記されている境界標の種類と同一であり，昭和61年分筆①及び同②の際に確認された境界標と認められる。また，同点は，昭和61年に甲建物が新築される際に作成された建物平面図においても，その存在を確認することができる。

　　よって，S20点は，直ちに対象土地乙2，対象土地甲2，関係土地3及び関係土地2の四筆境を示すものとすることはできないまでも，当該筆界点付近に設置された境界標とするのが相当である。

(3) 対象土地乙1の西側筆界線付近に設置されている境界標について

　ア　対象土地乙1の北西角付近には御影石（S9点）が設置されている。

　　S9点は，167番12の土地に係る地積測量図（以下「測量図5」という。）に記されている境界標の種類と同一である。また，当該御影石の設置位置は，167番12の土地と対象土地乙1との間にあるコンクリートブロック塀下にあり，設置後に移設又は移動した形跡がみられないことから，昭和53年11月に167番12の土地が分筆される以前から設置されていたものと推認される。

　　よって，S9点は，直ちに対象土地乙1，167番12及び関係土地1の三筆境を示すものとすることはできないまでも，当該筆界点付近に設置

された境界標とするのが相当である。
  イ　対象土地乙1，167番12，同番10及び163番49の四筆境付近にはコンクリート杭（S15点）が設置されている。
　　S15点の位置は，167番12の土地と同番10の土地との筆界付近に設置されているコンクリートブロック塀と，対象土地乙1の西側筆界付近に設置されているコンクリートブロック塀とがＴ字型に接する交点を示しており，上記四筆の土地の占有境と一致している。また，関係人Ａによれば，対象土地乙1及び対象土地乙2の西側筆界は，Ｓ9，Ｓ15及びＳ18の各点を順次結ぶ線であり，関係する土地の所有者間において，筆界の位置に争いはないとしている。
　　以上のことからすると，コンクリート杭（S15点）は，対象土地乙1，167番12，同番10及び163番49の四筆境を示す境界標とするのが相当である。

3　公共用地境界図等の検討
(1) 対象土地乙1及び対象土地甲1の北側筆界（関係土地1の南側筆界）については，区域図により道路境界が確認されている。
  ア　現地における167番12の土地の北西隅切り部分には区コンクリート杭（S14点及びS12点）が，また，Ｓ6点には御影石がそれぞれ設置されており，区域図に記されている境界標の設置状況とほぼ一致する。
  イ　本件に係る測量の成果（以下「測量成果」という。）における上記アの境界標間の距離と区域図における当該距離とを比較すると公差の範囲内で一致している。
　　このことからすると，区域図は，本件筆界を特定するための資料としては信頼性が高いといえる。
  ウ　区域図における関係土地1の南側筆界の道路境界確認線を現地に復元すると，S12，Ｓ7及びＳ2の各点を順次直線で結ぶ線となることから，対象土地乙1及び対象土地甲1の北側筆界は，上記の線上にあるとするのが相当である。
(2) 対象土地乙2，対象土地甲2及び対象土地甲1の南側筆界（関係土地2及び関係土地3の北側筆界）については，境界図により道路境界が確定している。

ア　現地における167番9の土地の南西隅切り部分には刻印（S17点）が，対象土地甲1の南東角付近には御影石（S23点）がそれぞれ設置されており，境界図に記されている境界標の設置状況と一致している。

イ　測量成果における上記アの境界標間の距離と境界図における当該距離とを比較すると公差の範囲内で一致している。

　　このことからすると，境界図は，本件筆界を特定するための資料としては信頼性が高いといえる。

ウ　境界図における対象土地乙2等の南側の道路の北側境界確定線を現地に復元すると，S17点とS24点とを結ぶ線となることから，対象土地乙2，対象土地甲2及び対象土地甲1の南側筆界は，上記の線上にあるとするのが相当である。

4　地積測量図の検討

対象土地等に関しては，測量図1，測量図2，関係土地3に係る地積測量図（以下「測量図3」という。），関係土地2に係る地積測量図（以下「測量図4」という。），測量図5及び測量図6が管轄登記所に保管されている。

(1)　測量図3及び測量図4について

ア　測量図3及び測量図4における関係土地2及び関係土地3の北側筆界の距離は35.77m（36.38mから163番49の土地の南側辺長（0.61m）を引いた距離）のところ，測量成果におけるS18点からS23点までの距離は35.813mであり，公差の範囲内で一致する。

イ　測量図4における関係土地2の北側筆界線の辺長と，測量図2及び測量図6における当該部分の辺長の合計とは，同一部分であるにもかかわらず，31.5cmの差異が生ずる。

ウ　測量図3及び測量図4については，座標値，境界標の種類及び恒久的地物から筆界点までの距離が記載されていないことから，当該測量図をもって現地を復元することはできず，また，上記ア及びイの検証結果からすると，測量図3及び測量図4は，本件筆界を特定するための資料とするのは相当でない。

(2)　測量図5について

ア　測量図5には167番12の土地の各筆界点の境界標及び各筆界線の辺長が記載されているところ，筆界線間の角度の記載がないことから，同図

をもって直ちに現地を復元することはできない。しかし，同図における境界標及び辺長の記載については，本件筆界を特定するための資料とするのが相当である。

　イ　測量図5によれば，167番12の土地の北側筆界の辺長は8.09mで，同土地の東側筆界の辺長は8.87mのところ，測量成果におけるS12点（区コンクリート杭）とS9点（御影石）との距離は8.053m，S9点とS15点（コンクリート杭）との距離は8.887mであり，いずれも公差の範囲内で一致している。

　　これらの事実及び現況の対象土地乙1と167番12の土地との占有状況からすると，S15点及びS9点は，本件筆界を特定するための引照点とするのが相当である。

　ウ　以上のことからすると，対象土地乙1の北西角筆界点は，S15点とS9点とを結ぶ直線を北方向へ延長した線と，関係土地1の南側筆界と認められるS12点とS7点とを結ぶ線との交点（S10点）とするのが相当である。

(3)　測量図6について

　ア　測量図6には163番49の土地の各筆界点の境界標及び各筆界線の辺長が記載されていることから，これを資料として現況の境界標間の距離の検討を行う。

　イ　測量図6によれば，163番49の土地の東側筆界の辺長は15.18mのところ，測量成果におけるS15点とS18点（コンクリート杭）との距離は15.202mであり，公差の範囲内で一致している。

　　この事実及び現況の対象土地乙2と163番49の土地との占有状況からすると，S18点は，本件筆界を特定するための引照点とするのが相当である。

　ウ　以上のことからすると，対象土地乙2の南西角筆界点は，S15点とS18点とを結ぶ直線を南方向へ延長した線と，対象土地乙2等の南側の道路の北側筆界と認められるS17点とS24点とを結ぶ線との交点（S19点）とするのが相当である。

(4)　測量図2について

　ア　測量図2には対象土地乙2の南側筆界線の境界標及びその辺長が記載されていることから，これを資料として現況の境界標間の距離の検討を

行う。
- イ　測量図2によれば，対象土地乙2の南側筆界の辺長は17.555mのところ，S18点とS20点（御影石）との距離は17.596mであり，公差の範囲内で一致している。
- ウ　対象土地乙2の南西角筆界点はS19点と認められることから，同点から東方向へ対象土地乙2等の南側の道路の北側筆界と認められる線（S17点とS24点とを結ぶ線）上に測量図2における対象土地乙2の南側筆界の辺長17.555mをとるとK3（計算点）となる。K3点は，御影石（S20点）の指示点とは合致しないが，同杭上に位置しており，指示点とおおむね一致している。

5　対象土地甲1の東側筆界について

(1)　対象土地甲1とその東側に隣接する163番2の土地との筆界については，上記2の(1)ウのとおり，S3点とS23点とを結ぶ直線であることが確認されており，両土地の所有者間において争いはない。

(2)　このことからすると，対象土地甲1の北東角筆界点及び同南東角筆界点は，S3点とS23点とを結ぶ直線及び同直線を南方向へ延長した線とそれぞれの道路境界線との交点（S4点及びS24点）とするのが相当である。

6　対象土地の公簿面積と現況面積との検討

(1)　上記1ないし5の検討結果からすると，対象土地はS10，S7，S4，S24，K3，S19，S15及びS10の各点を順次直線で結んだ範囲となる。

(2)　御影石（S6点）の西側には，本件筆界の北端点付近に設置されている境界標と評価することができるコンクリート杭（S8点）が設置されている（上記2の(1)エのとおり）ことから，同点とK3点とを結ぶ直線を北方向へ延長した線と，S12点とS7点とを結ぶ線（関係土地1の南側筆界）との交点（K1点）を，仮に本件筆界1の北端点として，対象土地の公簿面積と現況の面積とを比較すると次のとおりとなる。
- ア　対象土地甲1及び対象土地甲2の面積

　　対象土地甲1及び対象土地甲2の公簿面積の合計は，399.95㎡であるところ，K1，K3，S24，S4，S7及びK1の各点に囲まれた現況面積は，400.56㎡であり，公差の範囲内で一致している。

イ　対象土地乙1及び対象土地乙2の面積

対象土地乙1及び対象土地乙2の公簿面積の合計は，385.19㎡であるところ，K1，K3，S19，S15，S10及びK1の各点に囲まれた現況面積は，386.39㎡であり，公差の範囲内で一致している。

(3) 以上のとおり，本件筆界をK1点及びK3点で構成される直線とした場合において，公簿面積と現況面積とを比較検討した結果には整合性がみてとれる。

したがって，コンクリート杭（S8点）は，本件筆界を特定するための引照点とするのが相当であり，本件筆界は，K1点とK3点とを結ぶ直線とするのが相当である。

7　本件筆界について

(1) 本件筆界2の南端点

本件筆界2の南端点は，上記6の(3)のとおり，K3点とするのが相当である。

(2) 本件筆界1の北端点

本件筆界1の北端点は，上記6の(3)のとおり，K1点とするのが相当である。

(3) 本件筆界1の南端点（本件筆界2の北端点）

本件筆界の南端点は，K3点とK1点とを結ぶ直線上にあり，かつ，K3点から測量図1及び測量図2における本件筆界2の距離10.03mの位置（K2点）とするのが相当である。

第4　結語

以上の認定及び筆界調査委員の意見を総合すれば，本件筆界は，結論のとおり特定するのが相当とされた。

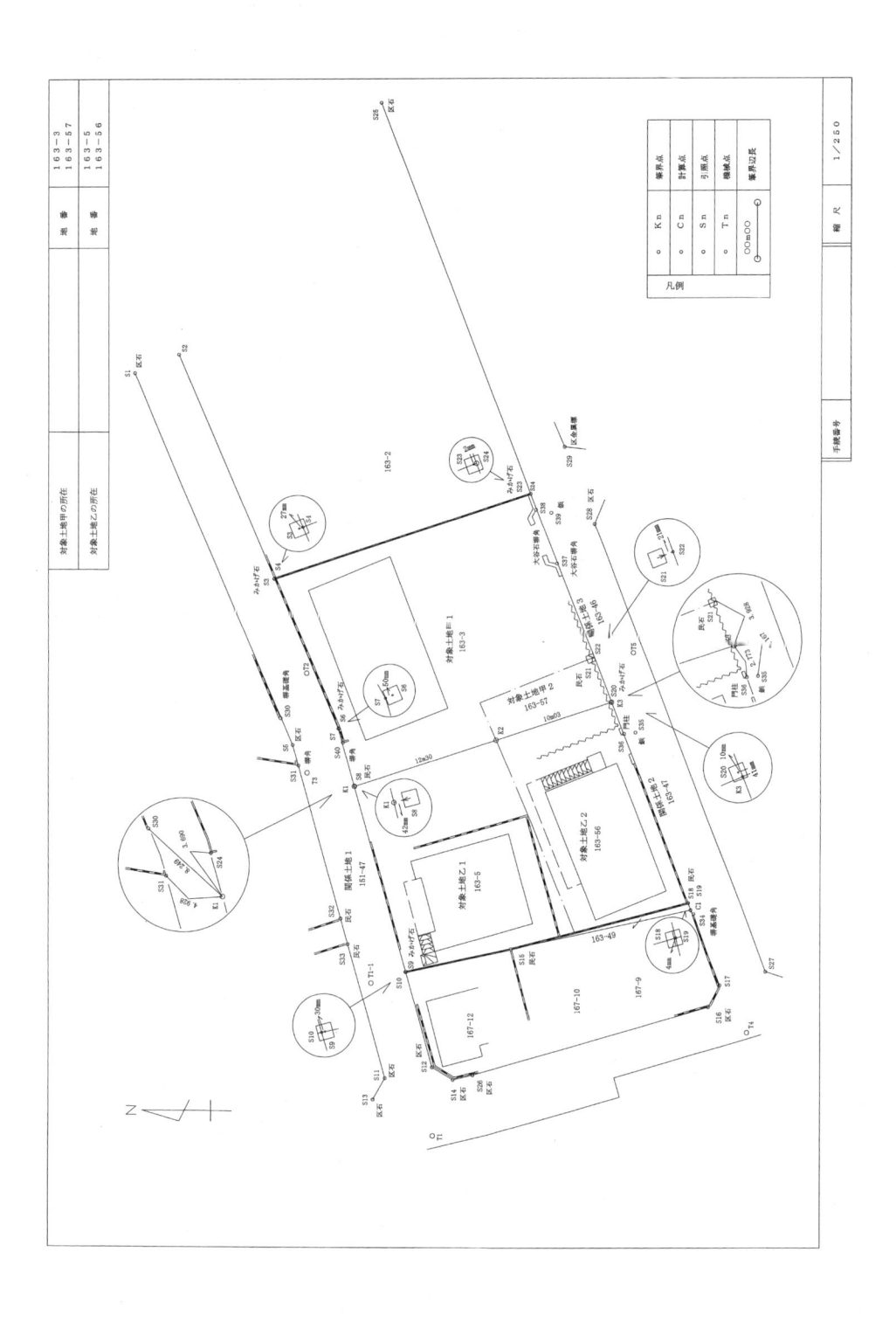

対象土地甲の所在		地番	163-3 163-57
対象土地乙の所在		地番	163-5 163-56

基準点の座標値

点 名	X	Y	備 考
T1	200.000	200.000	杭
T1-1	205.114	212.400	杭
T2	210.427	237.537	杭
T3	210.399	229.442	杭
T4	173.879	208.371	杭
T5	183.397	239.180	杭

特定された筆界K1, K2, K3の各筆界点の座標値

点 名	X	Y	備 考
K1	206.478	228.349	計算点（ペンキ）
K2	194.760	232.106	計算点（ペンキ）
K3	185.208	236.169	みかげ石（縁心）

引照点の座標値

点 名	X	Y	備 考
S1	224.682	261.996	区石
S2	220.969	263.498	計算点（ペンキ）
S3	213.098	246.226	みかげ石
S4	213.072	246.234	計算点（ペンキ）
S5	211.883	231.709	区石
S6	207.767	233.067	みかげ石
S7	207.805	233.052	計算点（ペンキ）
S8	206.438	228.362	尾石
S9	202.205	213.318	みかげ石
S10	202.234	213.312	計算点（ペンキ）
S11	203.965	204.677	区石
S12	200.046	205.699	計算点
S13	204.967	202.951	区石
S14	198.320	204.547	区石
S15	193.809	215.151	尾石
S16	177.076	210.460	計算点（割印）
S17	176.146	212.234	尾石
S18	178.761	218.941	計算点（ペンキ）
S19	178.757	218.842	みかげ石
S20	185.233	235.204	計算点
S21	186.671	238.614	尾石
S22	186.650	238.619	計算点
S23	191.918	252.150	みかげ石
S24	191.916	252.181	計算点（ペンキ）
S25	204.235	283.993	区石
S26	196.695	204.932	区石
S27	172.271	213.318	杭
S28	186.439	249.682	区石
S29	189.099	255.960	区金属鋲
S30	212.692	233.887	ブロック南東隅角
S31	211.111	230.027	ブロック西隅角
S32	207.612	215.642	民コンクリート板
S33	207.023	217.606	民コンクリート板
S34	178.287	217.960	ブロック南西隅角
S35	183.223	232.701	杭
S36	184.188	232.602	門柱角
S37	189.714	246.437	大谷石隅角
S38	191.666	250.855	大谷石隅角
S39	190.188	250.607	杭
S40	207.425	231.915	ブロック北西隅角
C1	178.533	218.275	計算点

縮尺 1/250

事例 19

耕地整理法による換地処分によって創設された土地について，当該換地確定図を有力な資料として，街区に現存する御影石を引照点として特定した事例

　本件事例における対象土地が存する街区（以下「本件街区」という。）及びその区画は，昭和6年3月31日の耕地整理法による換地処分（以下「本件耕地整理」という。）の登記により創設されたものであり，対象土地甲及び対象土地乙との筆界（以下「本件筆界」という。）は，本件耕地整理により形成されたものである。

　本件事例においては，本件筆界を特定するための重要な資料として，関係自治体が保管する本件耕地整理により作成された耕地整理確定図（以下「本件確定図」という。）を採用し，本件街区及びその区画に現存する御影石間の距離及びその埋設位置と本件確定図における辺長等とを比較検証したところ，上記御影石は，本件耕地整理により埋設された境界標であると認められることから，それらを本件筆界を特定するための引照点とし，本件筆界付近に埋設されている境界標・囲障の設置状況及び現地の占有状況により特定した事例である。

第1　事案の概要

1　事案の骨子

　本件は，対象土地甲とその南側に隣接する対象土地乙との筆界（以下「本件筆界」という。）の位置について，対象土地甲の所有者が対象土地乙の所有者に確認を求めたところ，双方の意見が相違したことから，現地における位置が不明となった事案である。

　なお，本件における対象土地及び関係土地は，次のとおりである。

　　　　対象土地甲　　1570番3
　　　　対象土地乙　　1578番2
　　　　関係土地1　　1578番4
　　　　関係土地2　　1576番1

　　　　関係土地3　1578番3

2　対象土地及び関係土地の現況並びに所有状況等
(1)　現地は，○○線○○駅から北方向へ100メートルほどの所に位置する平坦な住宅地である。
(2)　対象土地等の位置関係は，別紙特定図面のとおりである。
(3)　対象土地甲の所有権登記名義人は，本件の申請人である。
　　当該土地は，申請人が売買により所有権を取得し，申請人所有のマンションの敷地として利用されている。
(4)　対象土地乙の所有権登記名義人は，関係人Aである。
　　当該土地は，関係人Aが売買により所有権を取得し，関係人A所有の月極の貸駐車場として利用されている。
(5)　関係土地は，次のとおりである。
　　ア　関係土地1の所有権登記名義人は，関係人Bである。
　　　当該土地は，関係人B所有の建物の敷地として利用されている。
　　イ　関係土地2の所有権登記名義人は，○○ほか45名（以下「関係人Cら」という。）である。
　　　当該土地は，関係人Cら所有のマンションの敷地として利用されている。
　　ウ　関係土地3の所有権登記名義人は，関係人Dである。
　　　当該土地は，関係人Dほか1名所有の建物の敷地として利用されている。
(6)　本件筆界付近の北側には，以前，万年塀が設置されていたが，現在は当該万年塀は取り壊され，ほぼ同位置にブロックフェンス（以下「ブロックフェンス1」という。）が設置されている。
　　また，本件筆界付近の南側，対象土地乙と関係土地1及び1578番5の土地との筆界付近，対象土地乙と関係土地3との筆界付近には，対象土地乙を取り囲むようにブロックフェンス（以下「ブロックフェンス2」といい，本件筆界付近の南側にあるものを「ブロックフェンス2の第1部分」，対象土地乙と関係土地1及び1578番5の土地との筆界付近にあるものを「ブロックフェンス2の第2部分」，対象土地乙と関係土地3との筆界付近にあるものを「ブロックフェンス2の第3部分」という。）が一体的に設置されている。

そして，ブロックフェンス1とブロックフェンス2の第1部分が対象土地甲と対象土地乙との占有界となっている。
(7) 対象土地甲と関係土地2との筆界付近には，ブロック塀（以下「ブロック塀1」という。）が設置されており，これが両土地の占有界となっている。
(8) 関係土地2と関係土地3との筆界付近には，万年塀（以下「万年塀1」という。）が設置されており，これが両土地の占有界となっている。
(9)ア 関係土地1と対象土地乙との筆界付近及び関係土地1と1570番2の土地との筆界付近には，L字の形状にブロック塀（以下「L型ブロック塀」といい，関係土地1と対象土地乙との筆界付近にあるものを「L型ブロック塀の第1部分」，関係土地1と1570番2の土地との筆界付近にあるものを「L型ブロック塀の第2部分」という。）が一体的に設置されている。

なお，L型ブロック塀の第1部分は，関係土地1の北西角付近から南方向へ約50cmの長さで設置されている。

イ L型ブロック塀の第1部分は，ブロックフェンス2の第2部分と共に，関係土地1と対象土地乙との占有界となっており，一方，L型ブロック塀の第2部分は，関係土地1と1570番2の土地との占有界となっている。

3 対象土地の沿革

(1) 対象土地等が存する街区（以下「本件街区」という。）及び同街区内の各土地（1570番，1571番，1575番ないし1578番の各土地）は，昭和6年3月31日の耕地整理法による換地処分（以下「本件耕地整理」という。）の登記により創設されたものである。
(2) 対象土地甲は，本件耕地整理により創設された1570番の土地が昭和25年2月17日に同番1及び同番2に分筆された後，同年3月22日に同番1から分筆されたことにより創設された土地である。
(3) 対象土地乙は，本件耕地整理により創設された1578番の土地が昭和28年3月13日に同番1ないし同番3に分筆されたことにより創設された土地である。
(4) 対象土地の元番である1570番及び1578番の両土地は，上記(2)及び(3)等の分筆経緯はあるものの，対象土地甲と対象土地乙との間において分・合筆等の経緯がないことから，本件筆界は，本件耕地整理により創設された筆

界である。

　なお，対象土地については，上記(2)及び(3)のとおり，その分筆の時期が台帳制度と登記制度の一元化前であることから，管轄登記所には地積測量図は保管されていない。

第2　申請人及び関係人の主張並びにその根拠

1　申請人の主張及びその根拠

　申請人は，本件筆界は，P1点（計算点）とK2点（計算点）とを直線で結んだ線であると主張する。

　その根拠は，次のとおりである。

(1)　対象土地甲の南東角付近に設置されているコンクリート杭（S22点）は，埋設経緯等は不明であるが，同杭の埋設状況に異常は認められず，また，同杭は，対象土地甲の前所有者らと関係人B及び1570番2の土地の所有者との間で平成〇〇年6月12日付け隣地土地所有者境界確認書（以下「確認書1」という。）及び平成〇〇年6月6日付け隣地土地所有者境界確認書（以下「確認書2」という。）において確認した点である。

(2)　対象土地甲の南西角付近に設置されているコンクリート杭（K1点）は，埋設経緯等は不明であるが，同杭の埋設状況に異常は認められず，また，同杭は，対象土地甲の前所有者らと関係人Cらの代表者との間で平成〇〇年3月8日付け隣地土地所有者境界確認書（以下「確認書3」という。）において，対象土地甲と関係土地2との境界の南端点を同杭から東方向へ0.10mの位置で確認した際の基点とした点である。

(3)　S22点とK1点とを直線で結んだ線は，ブロックフェンス1とブロックフェンス2の第1部分を互いに越境しない位置となることから，本件筆界は，この線上に存するのが相当であり，さらにP1点は，この線上における対象土地甲と関係土地2との占有界の南端点（ブロック塀1の東面をなぞる直線を南方向へ延長した位置）にある。

　なお，P1点は，確認書3において確認した上記(2)で述べた対象土地甲と関係土地2との境界の南端点と同位置である。

(4)　K2点は，対象土地乙と関係土地1との占有界の北端点であり，ブロックフェンス2の第2部分の東面をなぞる直線を北方向へ延長した線とS22

点とＫ１点とを直線で結んだ線との交点である。

2　関係人Ａの主張及びその根拠

　関係人Ａは，本件筆界は，ブロックフェンス１のほぼ南面をなぞる直線を東西方向へ延長した線と，ブロックフェンス２の第２部分の東面をなぞる直線を北方向へ延長した線及びブロックフェンス２の第３部分の基礎の西面をなぞる直線を北方向へ延長した線との各交点を直線で結んだ線であると主張する。

　その根拠は，現在のブロックフェンス２の位置には，昭和37年に対象土地乙を購入する際，対象土地甲等との筆界を示す境界標が確認できなかったことから，同時期に隣接する土地の所有者の承諾を得た上でブロック塀（以下「旧ブロック塀」という。）を設置したことにある。

　なお，関係人Ａは，旧ブロック塀が老朽化したため，平成９年２月ころ，基礎部分の補強工事を施した上で現在のブロックフェンス２に改修工事を行った経緯はあるが，ブロックフェンス２の基礎の位置は，昭和37年当時と変更はない旨付言する。

3　関係人Ｂの主張等

　関係人Ｂは，本件筆界の東端点の位置は不明であるとする。なお，関係人Ｂは，関係土地等の囲障及び境界標について，次のとおり付言する。
(1)　Ｌ型ブロック塀は，関係人Ｂの所有であり，関係土地１の敷地内に設置されているものである。
(2)　ブロックフェンス２の第２部分は，関係人Ａの所有と認識している。
(3)　対象土地甲の南東角付近にある境界標は，確認書１において確認している。

4　関係人Ｃらの主張及びその根拠

　関係人Ｃらは，本件筆界の西端点は，関係土地２の南東角付近に埋設されているコンクリート杭から東方向へ約0.10ｍの位置であると主張する。

　その根拠は，同点は，確認書３において確認した位置であることにある。

　なお，関係人Ｃらは，本件筆界の西端点付近に埋設されているコンクリート杭の埋設経緯等は，不明である旨付言する。

5 関係人Dの主張等

関係人Dは，本件筆界の西端点の位置は明確に示すことはできないとする。

なお，関係人Dは，本件筆界の西端点付近に埋設されているコンクリート杭は，その埋設経緯等は不明であるものの，周囲の囲障の設置状況からすると，筆界を示すものであると思われると付言する。

また，関係人Dは，関係土地3と関係土地2との筆界は，昭和初期ころから設置されている万年塀1の北側に存するとする。

第3 本件筆界に対する判断

本件筆界は，前記第1の3の(4)のとおり，本件耕地整理により創設された筆界であることから，本件に係る判断資料を検討した結果，本件筆界は，地図に準ずる図面，耕地整理確定図，公共用地土地境界図，境界標・囲障の設置状況及び現地の占有状況に基づいて特定するのが相当である。

各資料についての評価及び事実認定並びにそれに基づく判断は，以下のとおりである。

1 地図に準ずる図面（公図）の検討

(1) 本件に係る地図に準ずる図面（閉鎖された図面を含む。）（以下「本件公図」という。）は，本件耕地整理後に分筆や合筆がされていることを踏まえた上で○○区の保管する昭和6年3月31日耕地整理事業により作成された耕地整理確定図（以下「本件確定図」という。）と比較すると，土地の配列，地番及び形状が同様であることが伺えることから，本件確定図を原図として作成されたものと認められる。

(2) 現地における対象土地等の配列及び形状は，本件公図のそれとほぼ一致していることから，本件公図は，本件筆界を特定するための資料とするのが相当である。

(3) 本件公図における本件筆界の形状は，対象土地甲，対象土地乙，関係土地2及び関係土地3の四筆境から，対象土地甲，対象土地乙及び関係土地1の三筆境に至るまでの東西へ延びる直線で描画されている。

(4) 本件街区を区画する各街区線は，それぞれほぼ直線として描画されてい

る。

2 本件確定図の検討

(1) 一般的に耕地整理事業により換地処分が行われた土地について筆界が創設された各筆界点には，御影石を埋設するのが通例であるところ，本件の現地調査の結果，本件街区及び本件街区内の土地の元番境付近の一部には，同種類の御影石が埋設されている。

(2) 本件確定図には，本件街区内の各土地の区画及びその辺長の記載はあるものの，境界標，各土地の角度及び面積等の記載がないことから，これをもって直ちに本件筆界を現地に復元することはできない。

(3) そこで，本件街区の南西角付近，南東角付近及び西側街区線付近に埋設されている御影石（Ｓ１，Ｓ14及びＳ９の各点）の点間距離について，本件に係る測量成果（以下「測量成果」という。）と本件確定図における当該辺長とを比較すると次のとおりであり，いずれも不動産登記規則第10条第４項第１号の精度区分（以下「公差」という。）の範囲内で一致している。

　ア　本件街区の南西角付近に存するＳ１点と本件街区の南東角付近に存するＳ14点との点間距離は，測量成果では，85.538ｍであるところ，本件確定図の辺長は，17.38間と29.73間の合算（85.654ｍ）であり，その差異は，0.116ｍである。

　イ　Ｓ１点と本件街区の西側街区線付近に存するＳ９点との点間距離は，測量成果では，55.700ｍであるところ，本件確定図の辺長は，13.73間と16.90間の合算（55.690ｍ）であり，その差異は，0.010ｍである。

(4) 以上の検証結果及び本件耕地整理当時の測量が，平板測量によるものであったことを勘案すると，Ｓ１，Ｓ14及びＳ９の各点の御影石は，本件耕地整理により創設された筆界点に埋設されている境界標であると認められ，同点を基点に本件確定図を復元することができることから，本件確定図は，本件筆界を特定するための重要な資料とするのが相当である。

3 公共用地土地境界図の検討

本件街区に係る道路境界に関しては，次のとおり確定している。
なお，各公共用地土地境界図の記載内容からすると，当該道路境界の確定に当たっては，本件確定図を参考にしていると認められる。

(1) 本件街区の西側及び南側街区線のうち，1577番の土地付近の道路境界については，土地境界図（以下「境界図1」という。）より確定している。

　ア　境界図1におけるP2点（御影石）とS7点（御影石）との点間距離55.698mと，測量成果におけるこれら各点に相当するS1点とS9点との点間距離55.700mを比較すると，その差異は，0.002mであり，ほぼ一致している。

　イ　同境界図におけるP2点とS26点（御影石）との点間距離31.476mと，測量成果におけるこれら各点に相当するS1点とS17点（御影石）との点間距離31.472mを比較すると，その差異は，0.004mであり，ほぼ一致している。

　ウ　上記ア及びイの検証結果からすると，境界図1におけるP2，S7及びS26の各点は，測量成果におけるS1，S9及びS17の各点と同一点であると認められる。

(2) 境界図1におけるP1点は，現地調査において確認することができなかったが，同境界図記載の座標値を基に同点をC1点（計算点）として復元し，測量成果における距離と本件確定図における辺長を比較すると次のとおりであり，いずれも公差の範囲内で一致している。

　ア　S1点とC1点との点間距離は，測量成果では，24.931mであるところ，本件確定図における当該辺長は，13.73間（24.963m）であり，その差異は，0.032mである。

　イ　S9点とC1点との点間距離は，測量成果では，30.769mであるところ，本件確定図における当該辺長は，16.90間（30.727m）であり，その差異は，0.042mである。

　ウ　C1点の現地における位置は，関係土地2の西側擁壁の南端付近となり，関係土地2と1577番の土地との占有界とおおむね一致する。

　エ　以上のことからすると，復元したC1点は，本件耕地整理により創設された関係土地2の南西角筆界点に位置するとするのが相当である。

(3) 本件街区の北側及び東側街区線のうち，1571番1，1571番2，1571番4ないし1571番6の各土地付近の道路境界については，土地境界図（以下「境界図2」という。）より確定している。

　ア　境界図2におけるP1点（御影石）とP2点（鋲）との点間距離28.94mと，測量成果におけるこれら各点に相当するS19点とS3点との点間

距離28.937mを比較すると，その差異は0.003mであり，ほぼ一致している。

　イ　同境界図におけるP2点とP3点（ペンキ）との点間距離32.23mと，測量成果におけるこれら各点に相当するS3点とS2点（コンクリート杭）との点間距離32.231mを比較すると，その差異は0.001mであり，ほぼ一致している。

　ウ　上記ア及びイの検証結果からすると，境界図2におけるP1，P2及びP3の各点は，測量成果におけるS19，S3及びS2の各点と同一点であると認められる。

　　なお，S2点の境界標（コンクリート杭）は，境界図2のP3点の表示（ペンキ）と異なるが，上記の検証結果からすると，同境界標は，同境界図におけるP3点の位置に埋設されたものであると認められる。

(4) 以上のことからすると，境界図1及び境界図2は，本件筆界を特定するための重要な資料とするのが相当である。

4　境界標等の検討

本件に係る境界標等の埋設経緯等については，本件の現地調査，申請人及び関係人の陳述並びに関係資料から判断すると，次のとおりである。

(1) 本件街区の南西角付近，南東角付近及び西側街区線付近には，御影石（S1，S14及びS9の各点）が埋設されている。

　これらの御影石は，上記2の(4)のとおり，本件耕地整理により創設された筆界点に埋設されている境界標であると認められる。

　また，S1点の御影石は，上記3の(1)のとおり，境界図1により確定した確定点に埋設されている境界標であると認められる。

(2) 本件街区の北東角付近，北側及び東側街区線付近には，区鋲（S3点），御影石（S19点）及びコンクリート杭（S2点）が埋設されている。

　これらの境界標は，上記3の(3)のとおり，境界図2により確定した確定点に埋設されている境界標であると認められる。

(3) 関係土地3の北西角付近には，御影石（S7点）が埋設されている。

　ア　上記3の(2)の検討結果により，関係土地2の南西角筆界点と認められるC1点を基点とし，S7点までの測量成果における点間距離26.098mと本件確定図の当該辺長14.40間（26.181m）を比較すると，その差異

は，0.083mであり，公差の範囲内で一致している。

- イ　Ｓ７点の御影石は，関係人Ｄの所有と認められる万年塀１の西端付近に埋設されており，当該付近における関係土地３，関係土地２及び1577番の土地の占有状況ともほぼ一致していることからすると，各土地の占有範囲の端点に位置しているものと認められる。
- ウ　以上のことからすると，Ｓ７点の御影石は，本件耕地整理により創設された当時の1576番，1577番及び1578番の土地の三筆境（現在の関係土地２，1577番及び関係土地３の土地の三筆境）に埋設されている境界標であると認められることから，同点は，本件筆界を特定するための引照点とするのが相当である。

(4)　関係土地２の北東角付近には御影石（Ｓ８点）が，本件街区の北東方向に存する1571番１の土地の南西角付近には御影石（Ｓ12点）が，さらに同点から北方向へ延ばし，本件街区の北側街区線に接する付近には，上記３の(3)のとおり境界図２の確定点であるＳ19点（御影石）が埋設されている。

- ア　測量成果におけるＳ12点とＳ19点との点間距離27.179mと本件確定図における当該辺長14.95間（27.181m）を比較すると，その差異は，0.002mであり，ほぼ一致している。
- イ　測量成果におけるＳ12点とＳ８点との点間距離13.136mと本件確定図における当該辺長7.20間（13.090m）を比較すると，その差異は，0.046mであり，公差の範囲内で一致している。

　　なお，測量成果におけるＳ８点とＳ９点との点間距離は，35.049mであるところ，本件確定図における当該辺長は，19.20間（34.909m）であり，その差異は，0.140mであり，公差の範囲を超えている。

- ウ　しかしながら，Ｓ８点の御影石は，同御影石付近に設置されている関係土地２の北側筆界付近のブロック塀，関係土地２の東側に隣接する1570番５の土地の北側筆界付近のブロック塀及びブロック塀１の設置状況からすると，関係土地２，1570番５及び1575番７の土地の占有範囲の端点に設置されているものと認められる。

　　以上のことを勘案すると，Ｓ８点の御影石は，本件耕地整理により創設された当時の1576番，1570番及び1575番の土地の三筆境（現在の関係土地２，1570番５及び1575番７の土地の三筆境）に埋設されている境界標である

と認められる。
　　エ　以上のことからすると，S8点は，本件筆界を特定するための引照点とするのが相当である。
(5) 本件筆界の西端点付近には，コンクリート杭（K1点）が埋設されている。
　　K1点のコンクリート杭の埋設時期及び埋設経緯等については不明であるが，その埋設位置は，対象土地甲，対象土地乙，関係土地2及び関係土地3の各土地の占有範囲の端点付近であると認められる。
　　また，K1点のコンクリート杭は，材質からすると本件耕地整理の際に埋設されたものとは認められないものの，本件の現地調査の結果，その材質及び風化状態等からすると，埋設後，相当の年数が経過しているものと推認される。
(6) 対象土地甲の南東角付近には，コンクリート杭（S22点）が埋設されている。
　　S22点のコンクリート杭は，対象土地甲の前所有者らと関係人B及び1570番2の土地の所有者との間で，確認書1及び確認書2が取り交わされており，同杭が対象土地甲，関係土地1及び1570番2の土地の三筆境を示す境界標であることについては，申請人，関係人B及び1570番2の土地の所有者の認識は一致しており，争いはない。
　　以上のことからすると，S22点のコンクリート杭は，対象土地甲，関係土地1及び1570番2の土地の三筆境に埋設されている境界標であると認められる。
(7) 上記(3)及び(4)の検討結果により，引照点としたS7点及びS8点の両点を基点として，本件確定図における両点から対象土地甲，対象土地乙，関係土地2及び関係土地3の四筆境までの下記ア及びイの各辺長を半径とする円の交点は，K1点のコンクリート杭の位置とおおむね一致する。
　　ア　S7点からの辺長16.363m（9.00間）
　　イ　S8点からの辺長29.963m（16.48間）
(8) 関係土地3及び1577番の土地の北側筆界について
　　ア　本件確定図における関係土地3及び1577番の土地の北側筆界の形状は，関係土地2，1577番の土地及び本件街区の西側道路の三筆境から，本件筆界の西端点付近に至るまでの一直線として描画されている。

イ　測量成果におけるＣ１点とＫ１点との点間距離42.509ｍと本件確定図における当該辺長14.40間と9.00間の合算（42.545ｍ）とを比較すると，その差異は，0.036ｍであり，ほぼ一致している。

　　なお，引照点としたＳ７点は，上記Ｃ１点とＫ１点とを直線で結んだ線上に位置している。

(9)　以上のことからすると，Ｋ１点のコンクリート杭は，対象土地甲，対象土地乙，関係土地２及び関係土地３の四筆境に埋設された境界標であると認めるのが相当である。

5　囲障等の検討

本件筆界付近には，ブロックフェンス１及びブロックフェンス２の第１部分が設置されている。

(1)　ブロックフェンス１は，申請人及び関係人Ａの陳述並びにその占有状況からすると，申請人の所有であると認められ，同ブロックフェンスが本件筆界付近に設置されていることについては，申請人及び関係人Ａの認識は一致しており，争いはない。

(2)　ブロックフェンス２の第１部分は，申請人，関係人Ａ及び関係人Ｂの陳述並びにその占有状況からすると，関係人Ａの所有であると認められ，同ブロックフェンスが本件筆界付近に設置されていることについては，申請人及び関係人Ａの認識は一致しており，争いはない。

(3)　対象土地乙と関係土地１の筆界付近には，ブロックフェンス２の第２部分とＬ型ブロック塀の第１部分が設置されている。

　ア　関係人Ａは，ブロックフェンス２の第２部分の東面をなぞる直線が対象土地乙と関係土地１との筆界であると認識している。

　　一方，関係人Ｂは，前記第２の３の(2)のとおり，同ブロックフェンスは，関係人Ａの所有であると認識している。

　イ　本件公図における対象土地乙と関係土地１及び1578番５の土地との筆界は，直線として描画されている。

　ウ　ブロックフェンス２の第２部分は，本件筆界の東端点付近から本件街区の南側街区線付近まで，ほぼ直線上に設置されており，対象土地乙と関係土地１及び1578番５の土地の占有状況及び上記イの本件公図における形状と一致していると認められる。

エ 以上のことからすると，ブロックフェンス2の第2部分の東面をなぞる直線を南北方向へ延ばした線（以下「乙東側筆界線」という。）は，対象土地乙と関係土地1及び1578番5の土地との筆界を示すものであると認められる。

6 本件筆界について
 (1) 本件筆界の西端点について
  本件筆界の西端点は，上記4の(9)のとおり，K1点とするのが相当である。
 (2) 本件筆界の東端点について
  ア 対象土地甲の南側筆界は，本件公図及び本件確定図の形状によれば，直線であると判断できることから，K1点を基点とし，上記4の(6)により検討したS22点とを直線で結んだ線とするのが相当である。
  イ 本件筆界の東端点は，本件公図及び本件確定図の形状によれば，対象土地甲の南側筆界と対象土地乙の東側筆界との交点であると判断できることから，上記アの直線と上記5の(3)により検討した乙東側筆界線との交点（K2点）とするのが相当である。
 (3) 対象土地乙の現況面積について
  以上の検討結果において，対象土地乙の範囲を，仮に，K1，K2，C2（計算点），S13（御影石）及びK1の各点を順次直線で結んだ範囲とした場合の現況面積は，458.94㎡となり，公簿面積の457.61㎡は確保されている。
  なお，本件街区の南側街区線の道路境界が確定していないため，C2点は，乙東側筆界線とS1点とS14点とを直線で結んだ線との交点であり，また，S13点は，対象土地乙の南西角筆界点付近に存し，S1点とS14点とを直線で結んだ線上にほぼ位置する点である。

第4 結論

以上の事実及び認定結果から判断すると，本件筆界は，別紙特定図面中，K1点とK2点とを直線で結んだ線とするのが相当とされた。

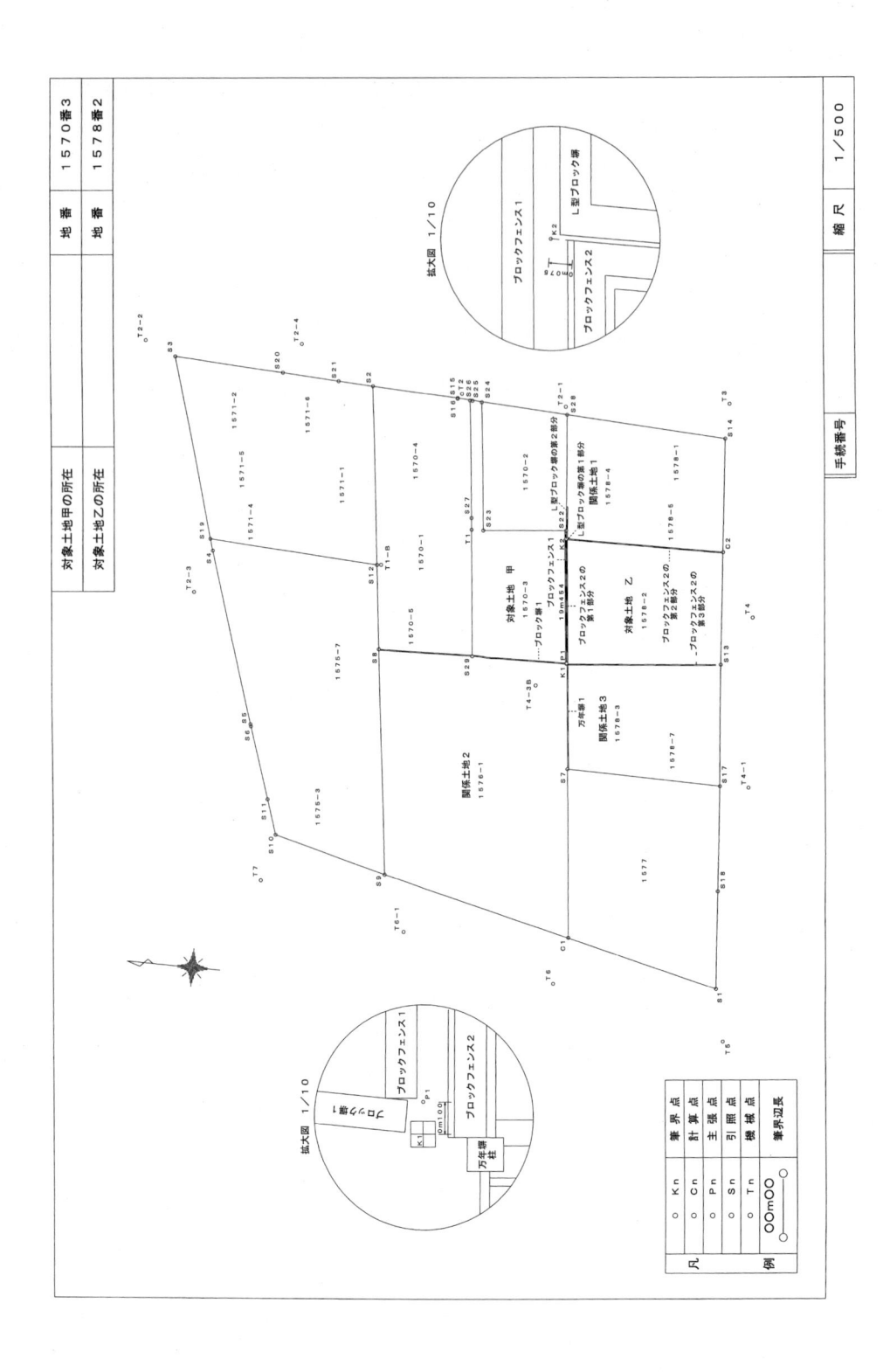

対象土地甲の所在		地番	１５７０番３
対象土地乙の所在		地番	１５７８番２

特定された筆界Ｋ１，Ｋ２の各筆界点の座標値

測点名	X座標	Y座標	備考
K1	118.898	140.764	コンクリート杭
K2	117.075	121.395	計算点

基準点の座標値

測点名	X座標	Y座標	備考
T1-B	101.939	121.280	鋲
T1	88.149	128.123	鋲
T2	98.537	100.459	鋲
T2-1	115.165	100.984	鋲
T2-3	47.259	96.874	鋲
T2-3	56.410	135.170	鋲
T2-4	72.445	95.117	鋲
T3	141.147	98.162	鋲
T4	147.816	130.833	鋲
T4-1	143.468	157.316	鋲
T4-3B	114.313	144.562	鋲
T5	140.086	196.961	鋲
T6	121.239	190.424	鋲
T6-1	96.866	184.619	鋲
T7	73.347	178.858	鋲

引照点の座標値

測点名	X座標	Y座標	備考
C1	122.984	183.077	計算点
C2	142.200	121.203	計算点
P1	118.889	140.664	計算点
S1	147.230	188.884	石杭
S2	84.353	100.606	コンクリート杭
S3	52.163	98.976	区会標標
S4	60.950	128.507	コンクリート杭
S5	69.583	154.866	コンクリート杭
S6	69.683	155.202	鋲
S7	120.475	157.099	石杭
S8	88.971	141.245	石杭
S9	93.026	176.059	石杭
S10	76.064	171.695	区コンクリート杭
S11	73.319	166.258	金属標
S12	87.606	128.191	石杭
S13	143.433	138.560	石杭
S14	140.891	103.581	石杭
S15	97.920	101.190	コンクリート杭
S16	97.925	101.264	金属標
S17	144.946	167.494	石杭
S18	146.122	173.762	石杭
S19	60.365	126.727	金属標
S20	69.776	99.865	石杭
S21	78.890	100.325	金属標
S22	116.958	120.147	コンクリート杭
S23	103.880	121.319	金属標
S24	100.518	101.484	金属標
S25	100.292	101.401	金属標
S26	99.911	101.392	金属標
S27	101.773	119.572	鋲
S28	115.472	102.186	金属標
S29	103.823	140.988	石杭

事例 20

道路として一体的に利用されている対象土地甲，乙の原始筆界について，公共用地境界図の確定点を基点とし，公簿面積と現況面積の比較により特定した事例

> 本件における対象土地乙は，現況が道路であり，所有権登記名義人が行方不明につき筆界が不明となった事例である。
>
> 　対象土地甲と対象土地乙との筆界（以下「本件筆界」という。）は，地租改正の際に形成された，いわゆる原始筆界であり，対象土地乙及び関係土地1は，昭和2年に同一土地から分筆（以下「昭和2年分筆」という。）されたことにより創設されたものである。
>
> 　対象土地甲及び対象土地乙は，道路として一体的に利用されていることから，両土地の占有界を示す工作物は現地に存せず，昭和2年分筆に係る地積測量図については，当該分筆が台帳制度と登記制度の一元化前であることから，管轄登記所には保管されていないため，本件筆界を特定するための主な資料として，公共用地境界図を採用した。
>
> 　本事例は，公共用地境界図の確定点を基点として，対象土地甲の筆界を復元し，対象土地乙と関係土地1の公簿面積と現況の面積との対比により筆界を特定した事例である。

第1　事案の概要

1　事案の骨子

　本件は，本件筆界の位置について，対象土地甲の所有権登記名義人が対象土地乙の所有権登記名義人（法人）に確認を求めようとしたところ，対象土地乙の所有権登記名義人は，登記簿上の本店所在地に存在せず，所在及び連絡先が不明のため，本件筆界の確認ができず不明となった事案である。

　なお，本件における対象土地及び関係土地は，次のとおりである。

　　　　　対象土地甲　　947番13
　　　　　対象土地乙　　946番5
　　　　　関係土地1　　946番4

関係土地2　945番97

2　対象土地及び関係土地の現況並びに所有状況等

(1) 現地は，○○線○○駅から，東方向へ200ｍほど進んだ所に位置する傾斜地にある住宅街である。

(2) 対象土地等の位置関係は，別紙特定図面のとおりである。

(3) 本件筆界に係る対象土地は，次のとおりである。

　ア　対象土地甲

　　対象土地甲の所有権登記名義人は，本件の申請人である。

　　当該土地は，申請人が売買により所有権を取得（昭和34年6月8日登記）したものであり，関係人Bが管理する特別区道第○号（以下「区道○号」という。）の一部として利用されている。

　イ　対象土地乙

　　対象土地乙の所有権登記名義人は，関係人Aである。

　　当該土地は，関係人Aが出資により所有権を取得（昭和25年7月7日登記）したものであり，関係人Bが管理する区道○号の一部として利用されている。

(4) 本件筆界に係る関係土地は，次のとおりである。

　ア　関係土地1

　　関係土地1は，所有権の登記名義上は内務省となっているところ，当該土地は，国有財産の譲与により，現在，関係人Bが所有権を取得しており，区道○号の一部として利用されている。

　イ　関係土地2

　　関係土地2の所有権登記名義人は，関係人Cであり，当該土地は，関係人Cが所有する地下1階付3階建の共同住宅（家屋番号945番97）の敷地として利用されている。

(5) 対象土地甲及び対象土地乙は，上記(3)のとおり，区道○号として一体的に利用されていることから，両土地の占有界を示す工作物は現地に存しない。

3　対象土地の沿革

(1) 対象土地甲は，昭和6年6月15日に○区○町947番2の土地から分筆

(以下「昭和6年分筆」という。）により創設され，昭和47年2月9日に同所947番14及び同番15の土地を合筆したことにより，現在の形状となった（以下，土地については地番のみで表記する。）。

なお，対象土地甲は，土地台帳に，昭和13年6月道路成と記載されている。

(2) 対象土地乙は，昭和2年7月6日に946番1の土地から関係土地1と同時に分筆されたことにより創設された。

なお，対象土地乙は，土地台帳に，昭和25年3月3日道路成と記載されている。

(3) 本件筆界は，管轄登記所に保管されている明治時代に作成された土地台帳附属地図（以下「旧公図という。）によると，対象土地甲と対象土地乙のそれぞれの元地番である947番と946番との地番境の一部であると認められ，対象土地甲と対象土地乙との間において分・合筆がされた経緯も認められないことから，いわゆる原始筆界である。

なお，昭和2年分筆及び昭和6年分筆に係る地積測量図については，当該分筆が台帳制度と登記制度の一元化前であることから，管轄登記所に保管されていない。

第2 申請人及び関係人の主張及びその根拠

1 申請人の主張及びその根拠

(1) 申請人は，本件筆界は，特定図面におけるK1点（民間金属標）とP1点（計算点）とを直線で結んだ線であると主張する（以下，点番号は，特に断りのない限り，特定図面による。）。

(2) その根拠は，次のとおりである。

ア 本件筆界付近における対象土地甲とその北側の筆界は，平成13年5月31日付け境界確定通知書添付の土地境界図（なお，同図は関係人Bの保管する13年第3635号土地境界図（以下「3635号境界図」という。）と同一図面である。）からS17，S28及びS27の各点の間において官民境界が確定している。

申請人が主張する筆界は，3635号境界図において確定している対象土地甲の北側筆界を平行に折り返して復元したものである。

本件筆界の東端点は，当該筆界と関係土地2の北側筆界との交点（K

1点）としたものである。
　イ　本件筆界の西端点は，上記アにより復元した筆界の東端点（K1点）と本件筆界の西端点付近の対象土地甲の南側屈曲点に位置する金属鋲（S15点）とを直線で結んだ線上に存する。
　　S18点は，平成13年4月26日付け道路区域証明書添付の道路区域標示図に表示されたP1点であり，関係人Bと立会い確認している。
　　P1点は，関係土地2の北側筆界に存するS18点から北方向へ垂直に延長した直線とK1点とS15点を直線で結んだ線の交点である。
(3)　申請人は，仮に対象土地乙をP1，S18，K1及びP1の各点を順次直線で結んだ範囲の土地とした場合の現況面積は，公簿面積が確保されていると付言する。

2　関係人Aの主張等

関係人Aは，法人登記簿上の本店所在地に存在せず，本店の所在及び連絡先が不明であることから，本件筆界についての主張は得られなかった。

3　関係人Bの主張及びその根拠

(1)　関係人Bは，本件筆界の西端点は，S15点（金属鋲）とS16点（金属鋲）とを直線で結んだ線を東方向へ延長した線上に存すると主張する。
(2)　関係人Bは，その根拠は，3635号境界図にあるが，同図は，東京都財務局が管理している時期に作成したものであることから，関係人Bが引継ぎを受けているものの，その各確定点及び線形の根拠については，不明であると陳述する。
(3)　関係人Bは，次のとおり付言する。
　ア　3635号境界図におけるP1点に相当するS16点は，関係人Aの立会いが得られなかったため，本件筆界の西端点の手前で止めて確定させたものである。
　イ　平成13年4月26日付け道路区域証明添付の道路区域標示図（以下「1335号区域図」という。）におけるP1点に相当するS18点に存する区金属標は，区道○号の道路区域の幅員が9.09mであることを東京市の時代に東京市告示第○号をもって告示していることを参考に当該道路の対側から折り返して設置したものである。

ウ　上記イのS18点の指示点は，区道〇号の南側の道路管理区域界を示すものであるところ，当該道路管理区域境界は，歩道縁石の背部分を結んだ線（以下「南側道路区域線」という。）とおおむね一致する。

4　関係人Cの主張及びその根拠
(1)　関係人Cは，本件筆界の東端点は，K1点であると主張する。
(2)　その根拠は，K1点は，関係人Cと申請人との間において平成13年3月29日付け土地境界確定協定書添付の土地実測図（以下「平成13年実測図」という。）に基づき確認した位置に存することにある。
(3)　関係人Cは，関係土地2と対象土地乙との筆界は，申請人提出の現況境界図からK1点とS18点を直線で結んだ線を西方向へ延長した線上に存すると付言する。

第3　本件筆界に対する判断

　本件筆界は，前記第1の3(3)のとおり，原始筆界であるところ，地図に準ずる図面のみによってその位置を特定することができないことから，本件に係る判断資料を検討した結果，本件筆界は，地図に準ずる図面，土地境界図，道路区域標示図及び現地に存する境界標並びに対象土地乙と関係土地1の公簿面積と現況面積の対比に基づいて特定するのが相当である。
　本件に係る各資料についての評価及び事実認定並びにそれに基づく判断は，以下のとおりである。

1　地図に準ずる図面の検討
(1)　管轄登記所が保管する地図に準ずる図面（以下「本件公図」という。）は，旧公図を原図として作成されたものである（以下，本件公図と旧公図を併せて「本件公図等」という。）。
(2)　一般的に公図は，実測図と異なり，線の長さ，面積については正確性を期待できないが，各筆の土地のおおよその位置関係，筆界のおおよその形状については，その特徴をかなり忠実に表現しているとされている。
(3)　現地における土地の配列及び形状は，本件公図等におけるそれとおおむね一致していることから，同図は，本件筆界を特定するための資料として

採用するのが相当である。
(4) 本件公図によれば，本件筆界は，対象土地甲，対象土地乙及び関係土地1の三筆境から対象土地甲，対象土地乙及び関係土地2の三筆境に至る直線で描画されている。
(5) 本件公図によれば，対象土地乙の南側筆界の東端点は，関係土地2の北側筆界に存する屈曲点を終点として本件筆界と結んでいる。

また，対象土地乙の西側筆界の北端点は，本件筆界の西端点を起点とし，南に向かう直線として描画され，その直線は，関係土地2の北側筆界と垂直に接していると認められる。

なお，本件公図によれば，対象土地乙の西側筆界の北端点は，対象土地甲の南側筆界の屈曲点に接続しているところ，本件公図の原図である旧公図においては，当該屈曲点の位置は明確でない。

2 土地境界図等の検討

(1) 3635号境界図の検討

ア 対象土地甲と関係土地1，947番7，同番10及び同番11の土地との官民境界については，3635号境界図により確定している。

イ 3635号境界図では，P7，P3，P2，P1，P8，P9及びP10の各点（P7点（刻み）を除き金属鋲）において，官民境界が確定している。

なお，3635号境界図における上記各点間距離と上記各点に相当するS10，S11，S15，S16，S17，S27及びS28の各点に存すると見られる各境界標間の距離は，本件に係る測量の成果（以下「測量成果」という。）と不動産登記規則第10条第4項第1号の精度区分（以下「公差」という。）の範囲内で一致している。

ウ ところで，いわゆる官民境界確定協議の法的性質については，所有権の及ぶ範囲に関する私法上の契約であると解するのが通説・判例の立場である。したがって，官民境界確定協議の結果は，公法上の境界を認定するに当たっての飽くまでも一つの資料にすぎない。

しかしながら，官民境界確定協議は，国有財産法第31条の3において，適正な手続を定めており，各都道府県は，「境界確定事務取扱要領」等を定めて具体的な事務処理を行うため，その手続の内容について相当の合理性があると考えられることから，この協議が成立している場合

は，それ自体を筆界を認定するに当たっての重要な資料として採用するのが相当である。

エ　よって，3635号境界図は，本件筆界を特定するための資料として採用するのが相当である。

オ　関係人Bによれば，前記第2の3(3)のとおり，S16点は，関係人Aが不在であるため，本件筆界の西端点の手前で止めた境界点であると陳述している。また，K1点は，3635号境界図では，S9点（引照点）であるものの，本件公図における本件筆界の形状からするとS15点とS16点を結んだ直線を東方向へ延長した直線上に存しているとするのが相当である。

　このことからすると，区道〇号を管理する関係人Bは，対象土地甲と対象土地乙との境界について，S15，S16及びK1の各点を順次直線で結んだ線で確定させることを想定しているものと考えるのが合理的である。

カ　以上のことからすると，S11，S15，S16及びK1の各点を順次直線で結んだ線は，対象土地甲の南側筆界の一部であると認められ，S11点は，本件公図等における土地の配列からすれば，関係土地1の西側筆界の北端点であると認められる。

(2)　道路区域標示図の検討

　対象土地等の付近においては，南側道路区域線の道路区域の確認が実施され，関係人Bには1335号区域図及び19125号道路区域標示図（以下「19125号区域図」という。）が保管されている。

ア　1335号区域図の検討

(ｱ)　1335号区域図では，P1点（区金属標）とP2点（民間金属標）とを直線で結んだ線で関係土地2と区道〇号との道路区域が確認されている。なお，同図における両点の点間距離は24.55mと記載されているところ，測量成果における同点に相当するS18点とK1点に存すると見られる境界標間の距離は24.559mであり，公差の範囲内で一致していることから，1335号区域図は，本件筆界の位置を特定するための資料として採用するのが相当である。

(ｲ)　S18点は，1335号区域図と同時期に測量された3635号境界図において引照点（S7点）として記載されており，その座標値が一致してい

ることから，両点は同一点と認められる。

　また，S18点は，1335号区域図及び3635号境界図からすると南側道路区域線上に存していると認められるところ，同点については，前記第2の1(2)，(3)，3の(3)及び4の(3)のとおり，申請人，関係人B及び関係人Cが対象土地乙の南側筆界に存すると認識している。さらに，区道○号を管理する関係人Bは，前記第2の3(3)ウのとおり，南側道路区域線は，歩道縁石の背部分とを結んだ線であると陳述しているところ，道路管理者が，敷地所有権を取得している場合は，道路区域と筆界は一致するものと考えるのが合理的であることからすると，S18点は，対象土地乙の南側筆界に存するとするのが相当である。

(ｳ)　K1点は，平成13年実測図において確認，合意されている対象土地甲と関係土地2との境界の西端点（平成13年実測図の5R29-5点（5RC29-5点の表記は誤りと思われる。））と3635号境界図における引照点（3635号境界図のS9点）とで境界標の種類及び座標値が一致していることから，両点は，同一点であると認められる。

　また，K1点は，前記第2の1(1)及び4の(1)のとおり，申請人及び関係人Cが本件筆界の東端点であると主張している。

　これらのことからすると，K1点は，本件筆界の東端点とするのが相当である。

(ｴ)　以上のことからすると，K1点とS18点を直線で結んだ線は，対象土地乙の南側筆界の一部であると認められる。

イ　19125号区域図の検討

(ｱ)　19125号区域図では，P6点（金属鋲）とP5点（区金属標）とを直線で結んだ線で関係土地1と区道○号との道路区域が確認されている。なお，同図における両点の点間距離は14.39mであるところ，同点に相当するS22点とS12点に存すると見られる境界標間の距離は，測量成果によると14.411mであり，公差の範囲内で一致していることから，19125号区域図は，本件筆界の位置を特定するための資料として採用するのが相当である。

(ｲ)　S22点とS12点とを直線で結んだ線は，南側道路区域線と一致しており，また，上記アの(ｲ)の道路区域と筆界との関係からすると，関係土地1の南側筆界は，19125号区域図からS22点とS12点を直線で結

んだ線及び同直線を東方向へ延長した線上に存するとするのが相当である。

(ウ) また，S22点は，本件公図等における土地の配列からすれば，関係土地1の西側筆界の南端点であると認められ，S22点とS11点（上記(1)のカ）とを直線で結んだ線は，関係土地1の西側筆界であると認められる。

(3) 対象土地乙及び関係土地1の南側筆界について

対象土地乙及び関係土地1の南側筆界は，上記2の(2)ア(イ)における道路区域と筆界との関係並びに前記第2の3(3)ウの関係人Bの陳述並びに上記(2)のア(エ)及び(2)のイ(イ)の検討結果並びに現地における境界標等の設置等の状況からすると，K1，S18，S13，S24，S14，S12及びS22の各点を順次直線で結んだ線であると認められる。

3 地積測量図の検討

(1) 管轄登記所には，昭和51年5月12日作成の関係土地2に係る地積測量図（以下「本件地積測量図」という。）が保管されている。

(2) 本件地積測量図には，求積に用いた斜辺の辺長及び高さの記載がされているが，当該土地の辺長，境界標及び境界点と近傍の恒久的地物との位置関係の記載がされていないことから，これをもって直ちに現地を復元することはできない。

したがって，本件地積測量図は，本件筆界を特定するための資料として採用するのは相当でない。

4 本件筆界について

(1) 本件筆界の東端点について

本件筆界の東端点は，上記2の(2)ア(ウ)のとおり，K1点とするのが相当である。

(2) 本件筆界の西端点について

対象土地乙及び関係土地1は，前記第1の3(2)のとおり，946番1の土地から昭和2年分筆により同時に創設された土地であることから，昭和2年分筆の際に測量されたものと考えるのが合理的であるので，本件筆界の西端点は，両土地の公簿面積と現況面積との対比により特定するのが相当

である。
(3) 対象土地乙と関係土地1の面積について
　ア　対象土地乙及び関係土地1の公簿面積は，次のとおりである。
　　　　対象土地乙　　23㎡
　　　　関係土地1　　79㎡
　　ところで，上記各土地の公簿面積は，地目がそれぞれ公衆用道路及び内務省用地であるため，各土地の面積をメートル法に書き換える際に，尺貫法の換算で求めた換算値から小数点以下の数値は切り捨てられている（旧不動産登記法施行令第4条（昭和35年政令第228号）参照）。
　　したがって，本件においては，可能な限り正確な面積による対比を行う観点から，メートル法による書換前の尺貫法による数値を採用するのが相当であり，これによる対象土地乙及び関係土地1の公簿面積は次のとおりである。
　　　　対象土地乙　　7坪（23.140㎡）
　　　　関係土地1　　24坪（79.338㎡）
　イ　昭和2年分筆前の対象土地乙と関係土地1を併せた土地の範囲は，対象土地甲の南側筆界，関係土地1の西側筆界，対象土地乙及び関係土地1の南側筆界で囲まれたものとなり，上記2の(1)オ，同カ，2の(2)ア(エ)，2の(2)イ(イ)，同イ(ウ)及び2の(3)のことからすると，K1，S16，S15，S11，S22，S12，S14，S24，S13，S18及びK1の各点を順次直線で結んだ範囲であると認められる。
　　この範囲の測量成果における面積は，121.730㎡であるところ，当該面積を上記アの対象土地乙と関係土地1の公簿上の面積比（7坪と24坪の比率）で按分した結果は，次のとおりとなる。
　　　　対象土地乙　　27.489㎡
　　　　関係土地1　　94.241㎡
(5) 対象土地乙の西側筆界は，上記1の(5)のとおり，関係土地2の北側筆界すなわち対象土地乙及び関係土地1の南側筆界に垂直に接していることから，S13点とS18点とを直線で結んだ線を基線として，同線に垂直な直線により，上記(2)のイの土地の範囲を上記(2)のイの面積比により求めた線（C1点とK2点とを直線で結んだ線）であると認められる。
　　よって，本件筆界の西端点は，同線の北端点（K2点）とするのが相当

である。

第4　結　論

　以上の事実及び認定結果から，本件筆界は，別紙特定図面中Ｋ１点とＫ２点とを結ぶ直線とするのが相当とされた。

対象土地甲の所在		地　番	947番13
対象土地乙の所在		地　番	946番5

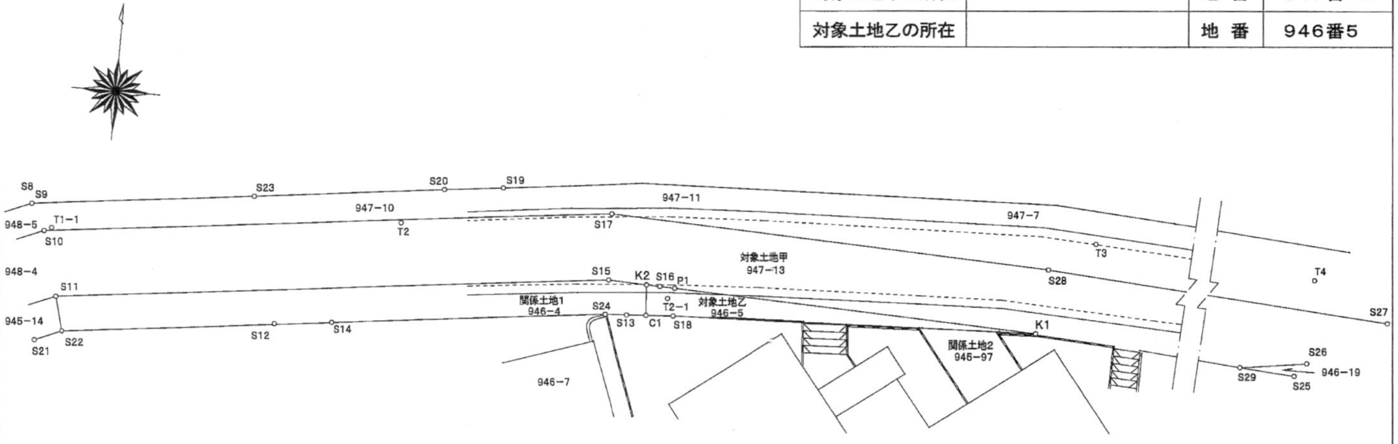

座　標　一　覧　表

測　点　名	X　座　標	Y　座　標	備　　考
C1	−37323. 602	−14129. 651	計算点
S8	−37319. 504	−14171. 775	御影石
S9	−37319. 531	−14171. 764	ペンキ(御影石上)
S10	−37321. 346	−14170. 788	ペンキ
S11	−37325. 789	−14169. 613	鋲
S12	−37326. 364	−14154. 690	区金属標
S13	−37323. 692	−14131. 021	ペンキ
S14	−37325. 939	−14150. 843	鋲
S15	−37321. 362	−14132. 452	鋲
S16	−37321. 508	−14128. 948	鋲
S17	−37316. 800	−14132. 628	鋲
S18	−37323. 486	−14127. 881	区金属標
S19	−37315. 678	−14140. 065	民金属標
S20	−37316. 144	−14144. 022	民コンクリート杭
S21	−37328. 892	−14170. 797	鋲
S22	−37328. 129	−14168. 993	鋲
S23	−37317. 711	−14156. 789	区金属標
S24	−37323. 773	−14132. 481	縁石曲り
S25	−37324. 462	−14077. 586	民コンクリート杭
S26	−37323. 892	−14076. 764	鋲
S27	−37320. 316	−14071. 608	鋲
S28	−37318. 034	−14102. 850	鋲
S29	−37324. 186	−14081. 262	刻みペンキ
P1	−37321. 549	−14127. 949	計算点

拡大図　S=1:100

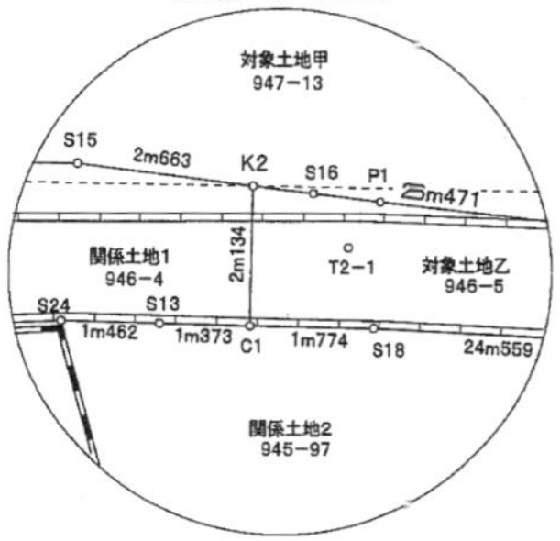

座　標　一　覧　表

測　点　名	X　座　標	Y　座　標	備　　考
K1	−37322. 527	−14103. 341	民金属標
K2	−37321. 473	−14129. 791	計算点

座　標　一　覧　表

測　点　名	X　座　標	Y　座　標	備　　考
T2	−37318. 688	−14146. 723	鋲
T3	−37315. 990	−14099. 826	鋲
T4	−37317. 761	−14076. 748	鋲
T1−1	−37321. 085	−14170. 307	鋲
T2−1	−37322. 299	−14128. 361	鋲

凡例		
	○ Kn	筆界点
	○ Cn	計算点
	○ Sn	引照点(石杭・ブロック塀等)
	○ Tn	機械点
	○ Pn	主張点
	00m00	筆界辺長

手続番号		縮尺	1／250

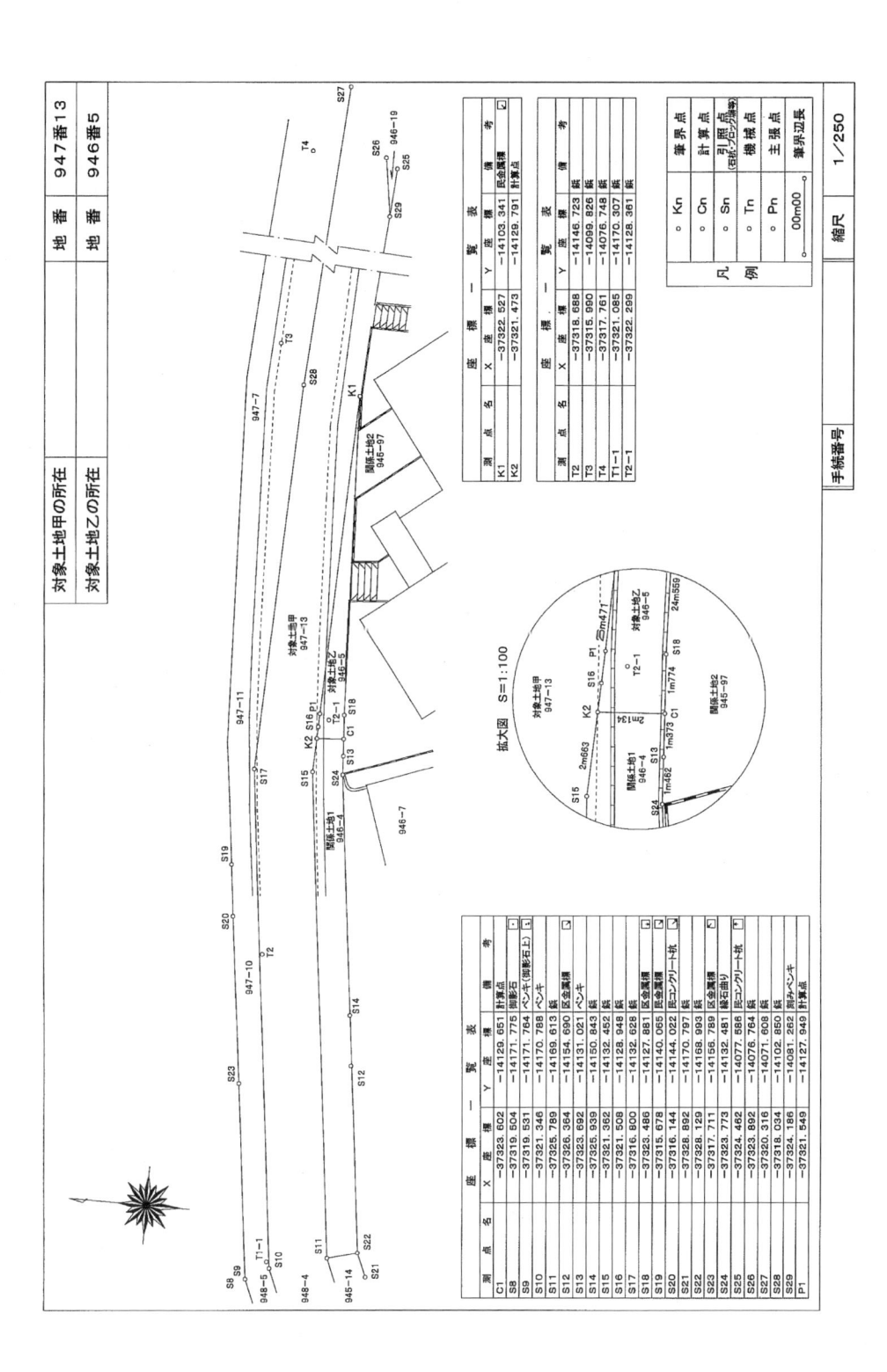

事例 21

一元化前の分筆筆界について，複数の境界確認書を踏まえながら，囲障の状況，隣地の分筆経緯，所有権界の状況等により特定した事例

> 本件筆界は，昭和26年の分筆よって形成された筆界（以下「昭和26年分筆筆界」という。）の一部である。過去，複数の境界確認書が取り交わされているが，それらによると，結果として昭和26年分筆筆界の中間部分に段差（クランク形状）が生じることとなる。
> 本件は，囲障の状況及び隣地の分筆の経緯等から，昭和26年分筆筆界は直線であると判断した上で，上記段差を境に，一方はおおむね筆界を示し，一方は所有権界を示していると認定した後，囲障の状況及び境界確認書の内容から，本件筆界は前記所有権界と一定の距離を隔てた平行線として存在すると判断し，前記所有権界を基準として筆界を見いだした事案である。

第1　事案の概要

1　事案の骨子

本件は，対象土地甲1ないし対象土地甲3の所有者が，隣接する対象土地乙1及び対象土地乙2の所有者に対し，筆界の位置の確認を求めたが，同人が協議に応じなかったため，筆界を明確にできなかった事案である。

2　対象土地及び関係土地の状況

(1)　現地は，○○線○○駅の西方約200mに位置し，南側を都道○○○号線（以下「○○通り」という。）に接する平坦な商業地である。

(2)　対象土地及び関係土地は，地図に準ずる図面（以下「本件公図」という。）によれば，次のとおりである。

　　ア　本件筆界1
　　　(ｱ)　対象土地
　　　　　対象土地甲1・対象土地乙1
　　　(ｲ)　関係土地

　　　　　対象土地甲2・対象土地甲3
　　イ　本件筆界2
　　　(ア)　対象土地
　　　　　対象土地甲2・対象土地乙1
　　　(イ)　関係土地
　　　　　対象土地甲1・対象土地乙2
　　ウ　本件筆界3
　　　(ア)　対象土地
　　　　　対象土地甲3・対象土地乙1
　　　(イ)　関係土地
　　　　　対象土地甲1・関係土地1
　　エ　本件筆界4
　　　(ア)　対象土地
　　　　　対象土地甲2・対象土地乙2
　　　(イ)　関係土地
　　　　　対象土地乙1・関係土地2
(3)　対象土地及び関係土地等の位置関係は，後掲特定図面及び土地形状図⑮のとおりである。
(4)　対象土地及び関係土地の所有及び利用の概況は，次のとおりである。
　　なお，以下，地番を表記する場合には，特に支障がない限り所在の表示を省略して記載する。
　　ア　対象土地甲1ないし対象土地甲3
　　　平成19年8月1日に，申請人が，会社分割により取得した。
　　　142番49，142番42ないし142番44及び170番17の土地と共に一体として利用され，これらの土地には鉄骨造3階建ての店舗兼事務所が建築されている。
　　イ　対象土地乙1及び対象土地乙2
　　　平成6年8月24日に，関係人Aが，相続により取得した。
　　　両土地は一体として利用され，これらの土地には木造2階建ての建物（以下「A建物」という。）が建築されている。この建物は，関係人Aが自宅として利用している模様である。

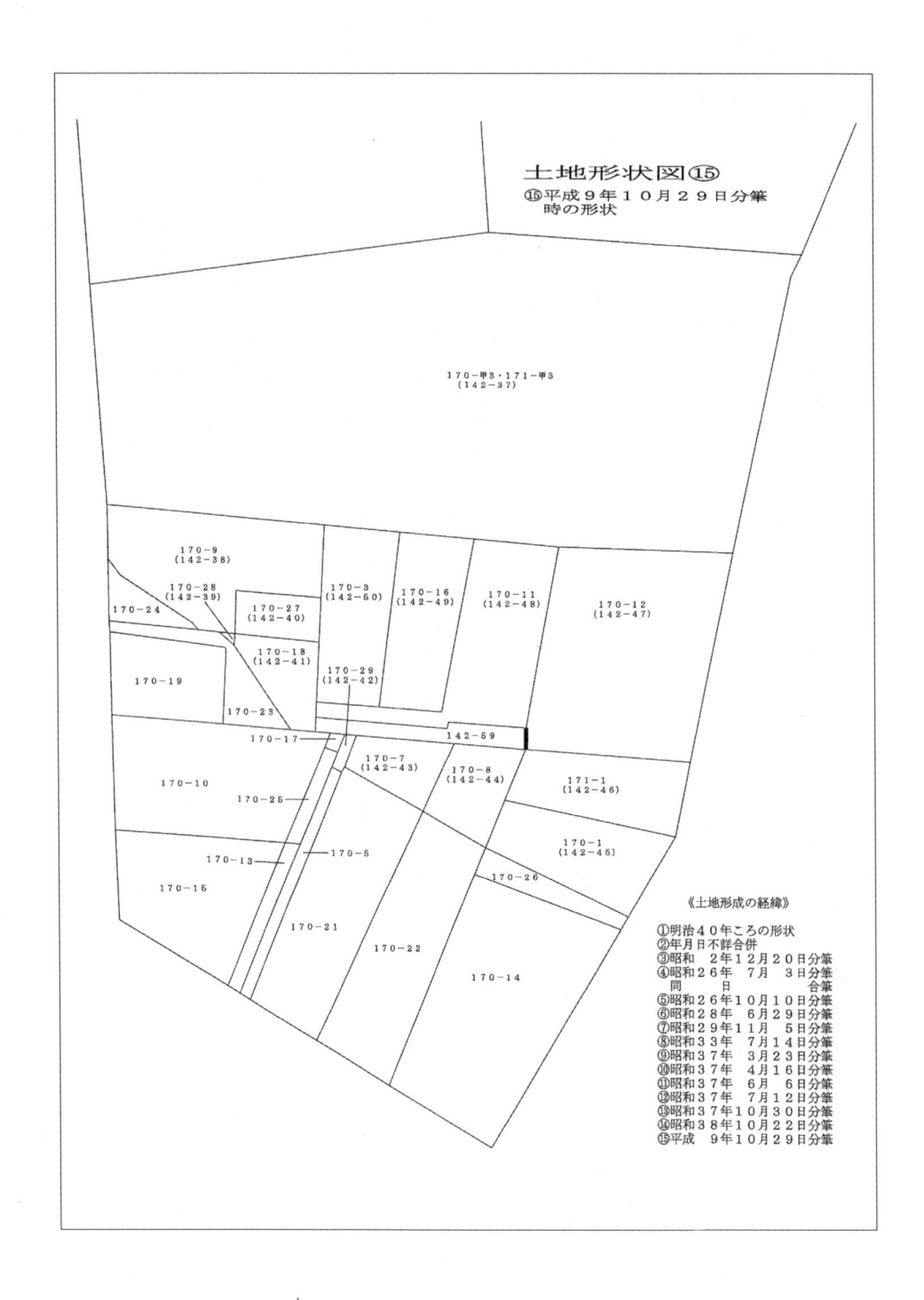

土地形状図⑮

⑮平成9年10月29日分筆時の形状

170-甲3・171-甲3
(142-37)

170-9
(142-38)

170-28
(142-39)

170-24

170-27
(142-40)

170-3
(142-50)

170-16
(142-49)

170-11
(142-48)

170-12
(142-47)

170-18
(142-41)

170-19

170-29
(142-42)

170-23

170-17

142-59

170-10

170-7
(142-43)

170-8
(142-44)

171-1
(142-46)

170-25

170-13

170-5

170-26

170-1
(142-45)

170-15

170-21

170-22

170-14

《土地形成の経緯》
① 明治40年ころの形状
② 年月日不詳合併
③ 昭和 2年12月20日分筆
④ 昭和26年 7月 3日分筆
　　同　　日　　　　合筆
⑤ 昭和26年10月10日分筆
⑥ 昭和28年 6月29日分筆
⑦ 昭和29年11月 5日分筆
⑧ 昭和33年 7月14日分筆
⑨ 昭和37年 3月23日分筆
⑩ 昭和37年 4月16日分筆
⑪ 昭和37年 6月 6日分筆
⑫ 昭和37年 7月12日分筆
⑬ 昭和37年10月30日分筆
⑭ 昭和38年10月22日分筆
⑮ 平成 9年10月29日分筆

ウ　関係土地1

　　昭和37年3月22日に，東京都が，買収により取得した。

　　○○通り用地であるが，北東部分のごく一部は，道路の形態を有さず，関係人A及び申請人の占有の下にあると思われる。

　エ　関係土地2

　　昭和51年6月7日に，関係人Bらが，相続により取得した。

　　鉄筋コンクリート造地下1階付き4階建ての店舗兼事務所兼居宅が建築されている。

(5)　現地の状況は，次のとおりである。

　ア　対象土地甲1ないし対象土地甲3とその西側に隣接する関係土地2，対象土地乙1及び対象土地乙2の間には，ブロック塀及び万年塀（以下それぞれの塀を「ブロック塀1」又は「万年塀」といい，2つの塀を一括して「本件ブロック塀1及び万年塀」という。）が設置されている。

　　本件ブロック塀1及び万年塀は，北部分のブロック塀1と南部分の万年塀が，対象土地甲2と関係土地2との境界線の途中で一直線に連結したものであるが，堅固に結合され，一体の塀を形成している。

　　なお，同塀には，経年の影響と思われる屈折及び傾きが認められる

　イ　万年塀を支える支柱は，対象土地甲1ないし対象土地甲3側（壁面東側）にある。

　ウ　対象土地甲2及び関係土地2とそれらの北側に隣接する142番37との三筆境付近にコンクリート石（以下「S1コンクリート石」という。）が埋設されている。

　エ　対象土地甲2，対象土地乙2及び関係土地2との三筆境付近に2つの金属標が設置されている。

　　一つは，万年塀下の地面に設置され（以下「P5金属標」という。），他方は，万年塀の上部に万年塀の中心線を示すと思われる位置に設置されている（以下「P4金属標」という。）。

　オ　対象土地甲2，対象土地甲1及び対象土地乙1との三筆境付近に金属標が設置されている。

　　この金属標は，万年塀の上部に万年塀の中心線を示すと思われる位置に設置されている（以下「P2金属標」という。）。

　カ　関係土地2とその北側に隣接する142番37との筆界付近にはブロック

塀（以下「ブロック塀2」という。）が設置されている。
- キ　対象土地甲2とその北側に隣接する142番37との筆界付近には対象土地甲1の北東端点付近まで続くブロック塀（以下「ブロック塀3」という。）が設置されている。
- ク　対象土地甲1，対象土地甲3及びそれらの東側に隣接する142番47との三筆界付近にはコンクリート石（以下「S36コンクリート石」という。）が埋設されており，対象土地甲3及び142番44並びにそれらの東側に隣接する142番47及び142番46との四筆界付近にもコンクリート石（以下「S35コンクリート石」という。）が埋設されている。

3　対象土地及び関係土地の沿革

(1)　管轄登記所に保管されている資料からは，最も初期の状態を明らかにすることができないが，明治40年以前には，対象土地及び関係土地は，旧東京都〇〇区〇〇△丁目170番3（昭和20年に町名・地番が変更されるまでは，〇〇郡〇〇村大字〇〇字〇〇170番地の内甲3号）及び同所171番3（以下，「旧×番×」と表記した地番は，昭和40年3月1日付け町名・地番変更以前の地番である。）の一部であった（土地形状図①参照）。

(2)　上記の土地の配列及び地番は，下記(4)に記す分筆及び合筆並びに町名・地番変更を経て，現在に至った。
　　本件筆界1ないし筆界4は，昭和26年7月3日に，旧170番3が旧170番3及び旧170番9に分筆された際に形成された筆界（以下「昭和26年分筆筆界」という。）の一部である（土地形状図④参照）。

(3)　なお，各土地が分筆により形成されたのは，対象土地甲3を除き，登記簿と土地台帳とのいわゆる一元化作業の完了前であるため，地積測量図は，対象土地甲3を除き，管轄登記所に備え付けられていない。

(4)　土地形成の経緯
　　※　昭和26年分筆筆界が形成された後，分筆及び合筆により，その両側に対象土地及び関係土地が順次形成されたが，本書においてはその経緯を省略する。

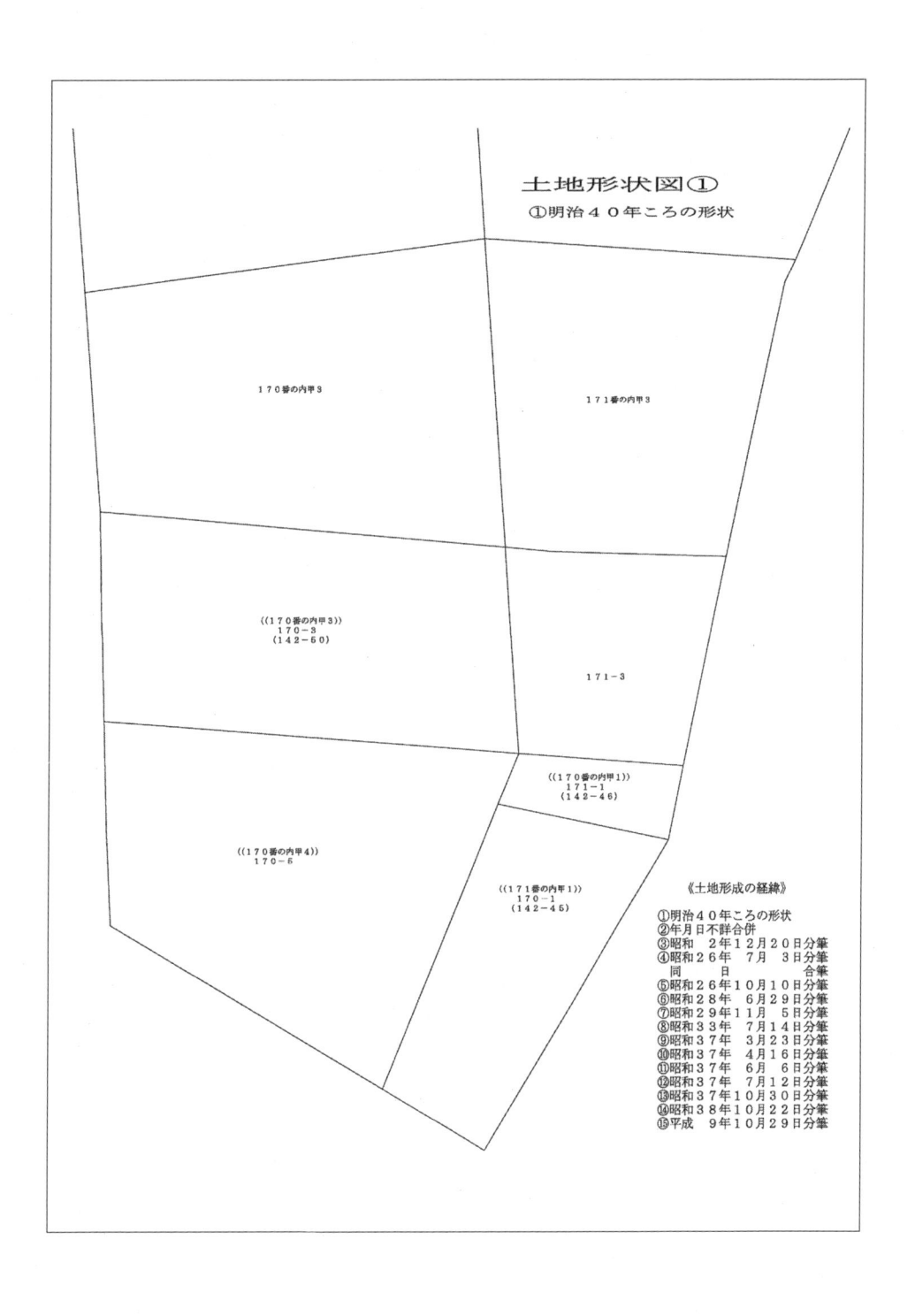

土地形状図①

①明治40年ころの形状

170番の内甲3

171番の内甲3

《(170番の内甲3)》
170-3
(142-60)

171-3

《(170番の内甲1)》
171-1
(142-46)

《(170番の内甲4)》
170-6

《(171番の内甲1)》
170-1
(142-45)

《土地形成の経緯》

① 明治40年ころの形状
② 年月日不詳合併
③ 昭和 2年12月20日分筆
④ 昭和26年 7月 3日分筆
　　同　　日　　　合併
⑤ 昭和26年10月10日分筆
⑥ 昭和28年 6月29日分筆
⑦ 昭和29年11月 5日分筆
⑧ 昭和33年 7月14日分筆
⑨ 昭和37年 3月23日分筆
⑩ 昭和37年 4月16日分筆
⑪ 昭和37年 6月 6日分筆
⑫ 昭和37年 7月12日分筆
⑬ 昭和37年10月30日分筆
⑭ 昭和38年10月22日分筆
⑮ 平成 9年10月29日分筆

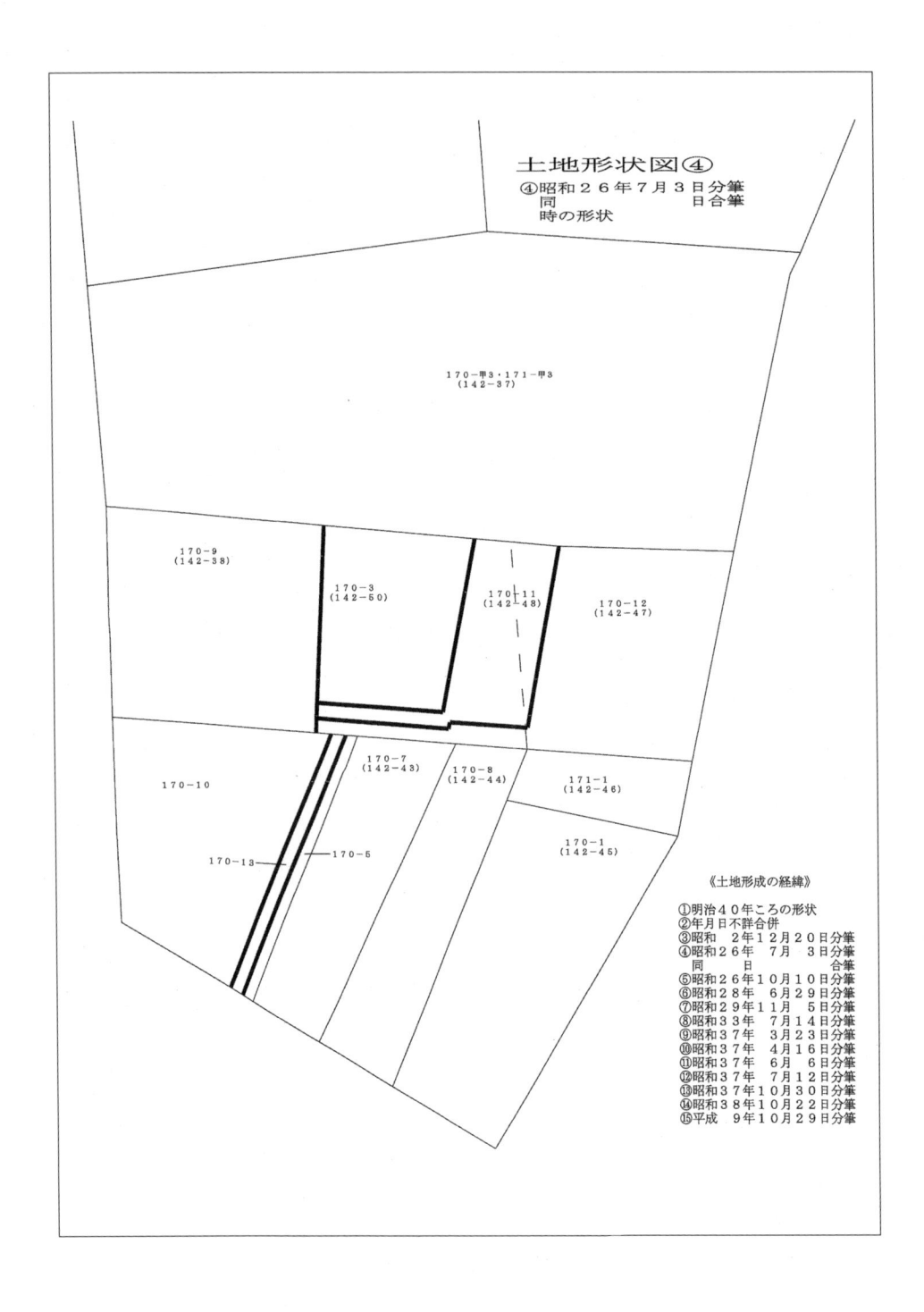

土地形状図④

④昭和２６年７月３日分筆
　同　　　　　日合筆
　時の形状

１７０-甲３・１７１-甲３
（１４２-３７）

１７０-９
（１４２-３８）

１７０-３
（１４２-５０）

１７０-１１
（１４２-４８）

１７０-１２
（１４２-４７）

１７０-１０

１７０-１３

１７０-５

１７０-７
（１４２-４３）

１７０-８
（１４２-４４）

１７１-１
（１４２-４６）

１７０-１
（１４２-４５）

《土地形成の経緯》

①明治４０年ころの形状
②年月日不詳合併
③昭和　２年１２月２０日分筆
④昭和２６年　７月　３日分筆
　同　　　　　日　　合筆
⑤昭和２６年１０月１０日分筆
⑥昭和２８年　６月２９日分筆
⑦昭和２９年１１月　５日分筆
⑧昭和３３年　７月１４日分筆
⑨昭和３７年　３月２３日分筆
⑩昭和３７年　４月１６日分筆
⑪昭和３７年　６月　６日分筆
⑫昭和３７年　７月１２日分筆
⑬昭和３７年１０月３０日分筆
⑭昭和３８年１０月２２日分筆
⑮平成　９年１０月２９日分筆

第2　申請人及び関係人の主張並びにその根拠

1　申請人の主張及びその根拠

　申請人は，本件筆界1ないし筆界4は，万年塀の中心線上にあり，具体的には，P5点，P4点及びP3点を順次直線で結んだ線であると主張する。その根拠は，次のとおりである。

(1)　上記各点には金属標（P5金属標，P4金属標及びP2金属標）が設置してあり，平成元年7月に，対象土地甲1，対象土地甲2，対象土地乙1，対象土地乙2及び関係土地2の当時の所有者が，これら金属標を境界標として，境界の確認をしている（甲a号証，9号証及び11号証）。

(2)　平成4年4月にされた，対象土地甲1と対象土地甲3との境界確認に際しては，上記P2金属標を基準として使用している（甲e号証）。

(3)　対象土地甲3については，平成9年10月29日に，対象土地甲3が142番47から分筆された際の地積測量図（Ha号証）が存在するが，この地積測量図は，上記(2)の境界確認に際して作成された測量図面（甲e号証）と辺長距離及び境界標が一致することから，上記(2)と同様に，P2金属標を基準として使用している。

(4)　対象土地甲2と関係土地2との境界については，P5金属標をもって，平成20年1月30日に，現在の所有者間において境界確認が再度されている（甲g号証）。

2　関係人A（対象土地乙1及び対象土地乙2）の主張及びその根拠

　関係人Aは，現地に居住していると思われるが，再三にわたる呼びかけにまったく応答しないため，確認することができない。

3　関係人Bら（関係土地2）の主張

(1)　対象土地甲2と関係土地2との筆界はS1コンクリート石とP5金属標とを結んだ直線だと思う。

(2)　S1コンクリート石の埋設の経緯は知らないが，対象土地甲2の元所有者が同土地を売却する以前からあった。

(3)　ブロック塀1は，対象土地甲2の元所有者の父が，自らの土地内に設置した。設置時期は，昭和38年以降である。

(4) 万年塀の設置の経緯は知らないが，対象土地甲2の元所有者の父と対象土地乙1及び対象土地乙2の当時の所有者であった関係人Aの姉とが話し合って，対象土地甲2の元所有者の父が設置したと思う。

　　設置時期は，昭和38年以前である。

(5) ブロック塀2は，142番37に建築されている○○幼稚園の園舎が建て替えられた際（平成10年8月4日新築）に，同幼稚園が，142番37の土地内に設置した。

(6) 現在，対象土地乙1及び対象土地乙2上にあるA建物は，以前は，現在より南にあった。しかし，東京オリンピックのころ，○○通りが北側に拡幅される際に，敷地が同道路下に入ることになり，現在の位置に曳行移転された。

　　その際，関係土地2から対象土地乙2を分筆し（昭和37年10月30日），関係人Aの姉に譲渡した（土地形状図⑬参照）。

(7) A建物は，関係土地2と対象土地乙2との筆界ぎりぎりまで曳行されたので，関係土地2と対象土地乙2との筆界は，同建物の外壁面であると先代から聞いている（その旨の意見書（Ｃａ号証））。

4　東京都（関係土地1）の主張及びその根拠

170番17，142番42ないし142番44と○○通りとの境界は確定している（後掲特定図面のＳ7点，Ｓ6点及びそれら以西の2点を順次，直線で結んだ線。ただし，これらの点は，○○通り以北に位置する土地同士の筆界点を示すものではない。）。

対象土地乙1，関係土地1，170番17等の配列が資料によって異なる（環状第○号線用地測量（其の三）実測図。以下「本件丈量図」という。）。

5　○○幼稚園（142番37ほか）の主張

ブロック塀2は，同園所有地（142番37）内に設置されており，ブロック塀3は，申請人の所有地（対象土地甲1，対象土地甲2及び142番49）内に設置されている。

6　対象土地甲2の元所有者の主張及びその根拠

対象土地甲2の元所有者は，次のとおり供述した。

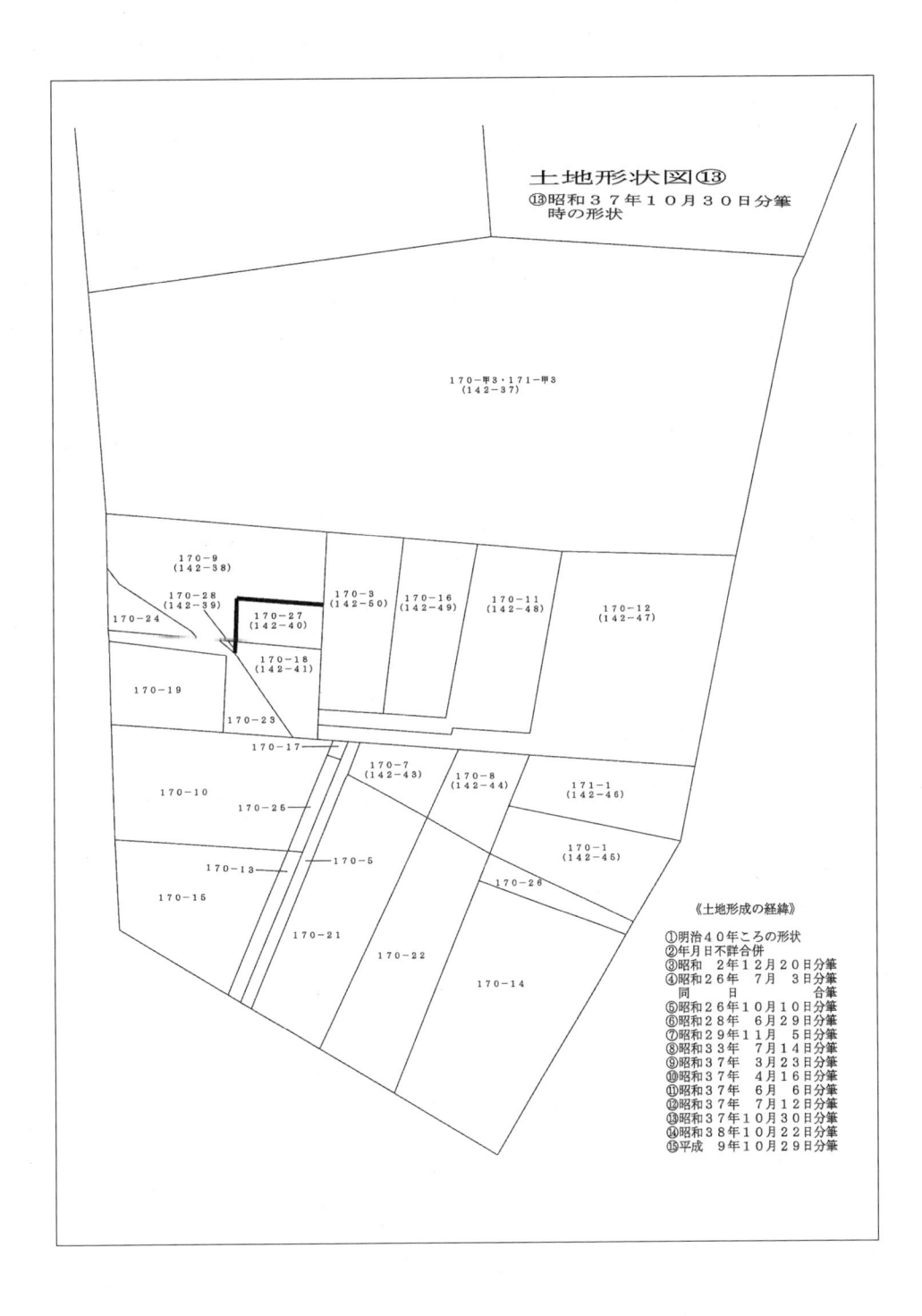

土地形状図⑬

⑬昭和37年10月30日分筆時の形状

170-甲3・171-甲3
(142-37)

170-9
(142-38)

170-28
(142-39)

170-24

170-27
(142-40)

170-3
(142-50)

170-16
(142-49)

170-11
(142-48)

170-12
(142-47)

170-18
(142-41)

170-19

170-23

170-17

170-10

170-25

170-7
(142-43)

170-8
(142-44)

171-1
(142-46)

170-13

170-5

170-1
(142-45)

170-15

170-26

170-21

170-22

170-14

《土地形成の経緯》

① 明治40年ころの形状
② 年月日不詳合併
③ 昭和 2年12月20日分筆
④ 昭和26年 7月 3日分筆
　　同　　　日　　合筆
⑤ 昭和26年10月10日分筆
⑥ 昭和28年 6月29日分筆
⑦ 昭和29年11月 5日分筆
⑧ 昭和33年 7月14日分筆
⑨ 昭和37年 3月23日分筆
⑩ 昭和37年 4月16日分筆
⑪ 昭和37年 6月 6日分筆
⑫ 昭和37年 7月12日分筆
⑬ 昭和37年10月30日分筆
⑭ 昭和38年10月22日分筆
⑮ 平成 9年10月29日分筆

(1) 万年塀は，Ａ建物が境界ぴったりの位置まで曳行移転されたことに不安を感じて，母が，対象土地甲２内に設置した。
　　設置時期は，東京オリンピックのころだと思う。
(2) 万年塀の西側壁面が境界であると前々から聞いていた。そこで，関係土地２との境をなすブロック塀は，万年塀の西側壁面に沿って設置した。
　　ブロック塀の設置時期は，昭和38年ころだったかもしれない。
(3) 平成元年に対象土地甲２を売却する際，対象土地乙１及び対象土地乙２の所有者であった関係人Ａの姉に境界の確認を求めたところ，結局，万年塀の厚みの半分を譲ることで合意に至った。
　　関係人Ｂらとは，本来の境界である本件ブロック塀壁面よりも西側（関係人Ｂら側）で合意していたので，対象土地甲２の西側境界線には，対象土地乙２と関係土地２との境界部分に段差ができてしまった。
(4) Ｓ１コンクリート石の埋設の経緯は，よく知らないが，父に言われるがままにそこが境界点だと思っていた。
　　なお，かつては同じ位置に，戦後の混乱期に設置されたと思われる上部に十字の刻みのある20cmないし30cmの丸石があった。
(5) 対象土地乙２と関係土地２との境界は，Ａ建物の下にあると聞いている。

第３　本件筆界に対する判断

　本件筆界１ないし筆界４は，昭和26年分筆筆界の一部であるが，分筆に関する地積測量図は存在しない。また，本件地域には不動産登記法第14条第１項に基づく地図も存在しない。
　よって，本件は，囲障の状況，公図の形状，境界確認書，対象土地甲３について作成された地積測量図及び関係人等からの聴取内容に基づき判断することとなる。
　各資料についての評価及び事実認定並びにそれらに基づく判断は，以下のとおりである。

1　地図に準ずる図面（公図）の検討
(1) 本件公図は，明治時代に作成された土地台帳附属地図を原図として作成されている。
(2) 本件公図において，各対象土地及び関係土地の配列は現地とほぼ一致す

る。
(3) 本件公図において、昭和26年分筆筆界は、直線として描画されている。
(4) 本件公図において、170番19、170番23、142番41及び142番59の南側筆界線を順次つなげた筆界線（前掲土地形状図⑮参照）は、直線として描画されているが、本件丈量図等では、170番18（現在の142番41）以西の土地が南に出っ張っており、段差のある形状として描画されている。

これについては、①管轄登記所に保管されている地図に準ずる図面（公図）のうち最古のものにより確認できる形状が直線であること（明治40年以前の形状と思われる。）、②段差を生じさせる分筆及び合筆の経緯がないこと、③公図訂正の形跡がないこと、④本件丈量図によると、当該筆界は約31mであり、当該段差は約3mであるところ、この現況を無視して当該筆界線が直線として描画されたとは考え難いこと等から、当該筆界は、直線であると判断するのが相当である。

よって、本件丈量図は、土地の接続形状を判断する資料としては採用できない。

2　囲障の状況に係る検討

(1) Ｓ１コンクリート石及びこれを起点として設置されたブロック塀

Ｓ１コンクリート石の埋設の経緯は必ずしも明らかではないが、関係人Ｂら及び対象土地甲２の元所有者の供述から、平成元年以前に、それ以前にあった丸い境界石に替えて埋設されたと思われる。

Ｓ１コンクリート石には、上面の十字の切込みにより、杭の中心点（以下「Ｓ１点」という。）が示されている。

Ｓ１コンクリート石を起点として、それぞれ、南方向にブロック塀１、西方向にブロック塀２及び東方向にブロック塀３が設置されており、これらのブロック塀が、土地の境界を示す指標となっている。

(2) 本件ブロック塀１及び万年塀

ブロック塀１は、Ｓ１点を壁面西側の起点とし、南方向に向かって延び、対象土地甲２と関係土地２との境界の途中で万年塀に連結している。

ブロック塀１と万年塀は、壁面西側が一直線にそろえられた一体化した塀である。

ブロック塀１は、関係人Ｂらからの聴取によれば、昭和38年以降に対象

土地甲 2 の元所有者の父が，対象土地甲 2 内に設置した。

　万年塀は，対象土地甲 2 の元所有者の供述から，昭和38年ころに，対象土地甲 2 の当時の所有者が，対象土地甲 2 内に設置したと推測される。

　以上，上記(1)及び(2)から，周囲の土地所有者は，Ｓ 1 コンクリート石の位置（のみならず，その中心であるＳ 1 点）を明確に意識した上で，ブロック塀を設置したことがうかがわれる。

(3)　Ｐ 5 金属標及びＰ 4 金属標

　Ｐ 5 金属標は，万年塀下の地面に設置されており，Ｐ 4 金属標は，万年塀の上部に万年塀の中心線を示す位置に設置されている。

　両金属標は，甲 a 号証及び甲 d 号証において，「新設金属プレート」と記されていることから，平成元年に行われた境界確認の際に設置されたと認められる。

　また，両金属標は，Ａ建物の北側外壁面をなぞった直線上に存在する。

(4)　Ｐ 2 金属標

　Ｐ 2 金属標は，万年塀の上部に万年塀の中心線を示す位置に設置されている。

　当該金属標は，甲 b 号証及び甲 d 号証において，「新設金属プレート」と記されていることから，平成元年に行われた境界確認の際に設置されたと認められる。

3　境界確認書の検討

　以下の境界確認書が提出された。

　①平成元年 7 月11日付け境界立会確認書（甲 a 号証）

　　　対象土地甲 2 ・関係土地 2

　②平成元年 7 月11日付け境界立会確認書（甲 b 号証）

　　　対象土地甲 2 ・142番49

　③平成元年 7 月11日付け境界立会確認書（甲 c 号証）

　　　対象土地甲 2 ・142番37

　④平成元年 7 月12日付け境界立会確認書（甲 d 号証）

　　　対象土地甲 2 ・対象土地乙 1 及び乙 2

　⑤平成 4 年 4 月 1 日付け土地境界承諾書（甲 e 号証）

　　　対象土地甲 1 ・142番47（対象土地甲 3 を分筆する前）

⑥平成20年1月17日付け境界確認書（甲f号証）

対象土地甲1ないし対象土地甲3，142番49，142番44，142番37，142番45ないし142番47

⑦平成20年1月30日付け境界確認書（甲g号証）

対象土地甲2・関係土地2

以上の境界確認書では，P5，P4，P2金属標及びS1コンクリート石を基準として，境界が確認されている。

ただし，上記3つの金属標は，①ないし④の境界確認の際に設置されたと認められるので，⑤以降の境界確認は，①ないし④における既存事実を引き継いだものと考えられる。

なお，①ないし④の境界確認は，対象土地甲2を囲む全境界についてしており，また対象土地甲2は，境界が確認された翌月に売買により譲渡されていること（H23-2号証）及び対象土地甲2の元所有者夫婦から聴取した内容から，売買手続の一環としてされたものと認められる。

4　地積測量図の検討

対象土地甲3については，平成9年10月29日に同土地が142番47から分筆された際の地積測量図（Ha号証）がある。

これは，前記3の⑤に添付された測量図面（甲e号証）と辺長距離等が合致するので，従来の境界確認の内容を引き継いで作成されたと認められる。

また，同地積測量図に記された境界標のうち，東側に位置する2つのコンクリート石（S36コンクリート石及びS35コンクリート石）が現存する。S36コンクリート石は，甲e号証において，「新設コンクリート杭」と記されていることから，平成4年に埋設されたと考えられる。

北側筆界の中間当たりに記された2つの金属鋲（C37点及びC38点に当たる。ただし，甲e号証では，新設金属標とされている。）は，周辺一面が堅固なウッドデッキで覆われているため，存在を確認できない。

5　本件筆界について

(1)　本件筆界1ないし筆界4は，昭和26年分筆筆界の一部である。

昭和26年分筆筆界は，当該分筆がされた当時の地図に準ずる図面（公図）に直線として描かれていること及びその直線性を変更する分筆，合筆

又は地図訂正がされた経緯が見受けられないことから，直線であると考えられる。

　　一方，申請人の主張は，本件筆界2の北端部分に約7cmの屈折があるとするものであり，昭和26年分筆筆界は，全長約17mの途中に約7cmのクランク形状を有する筆界として創成され，10年後の昭和37年にその屈折点を起点として，隣地（関係土地2）が分筆されたとするものである。

　　また，申請人は，本件筆界1ないし筆界4は，万年塀の中心線上にあるとする。

　　しかし，①万年塀の中心を境界として合意した平成元年の境界確認協議は売買手続の一環としてされたこと及び②対象土地甲2の元所有者夫婦の供述から，万年塀の中心線は所有権界であると判断されること並びに①囲障の状況（万年塀を支える支柱が万年塀壁面東側にあること及びS1点が本件ブロック塀1及び②万年塀の壁面西側の起点となっていること。）及び関係人Bらが本件ブロック塀1及び万年塀よりも西側を対象土地甲2と関係土地2との境界として確認していること（甲a号証及び甲g号証）から，本件筆界1ないし筆界4は，万年塀よりも西側に直線として存在すると認められる。

(2)　S1点は，それを起点とする3つのブロック塀の配置から，周囲の土地所有者に境界点として認識されていると認められる。

　　また，前記3の①ないし⑦の境界確認書に添付された図面のいずれにもS1コンクリート石と思われる石が境界標として記載されている。

　　なお，同図面には，P5点，P4点及びP2点を示す金属標並びにS14点を示すコンクリート石と思われる境界標も記載されているところ，これらの境界標間の距離は，本件手続における測量（以下「本件測量」という。）の結果とほぼ一致するから，上記各境界確認書における境界標は，本件測量における測点と同一の位置にあると判断できる。

　　以上のことから，S1点が昭和26年分筆筆界の北端点であると判断するのが相当である。

(3)　P5金属標は，前記3の①ないし⑦の境界確認書のいずれにおいても境界標として認識されており，万年塀よりも西側にある。さらに，A建物の北側外壁面をなぞった直線上に設置されており（本件測量の結果），このことは，A建物の外壁面が関係土地2と対象土地乙2との筆界であるとする関係人Bらの主張（Ca号証）とも合致するから，P5点も，昭和26年分

筆筆界上にあると推測される。

　このことから，昭和26年分筆筆界は，Ｓ１点とＰ５点とを結んだ延長線上に見いだされるとも考えられるが，Ｐ５金属標に何らかの誤差があった場合，それがわずかであったとしても，同筆界の南端付近では，大きく増幅するおそれがある。

　Ｐ５金属標及びＰ４金属標が設置されたと思われる平成元年の境界確認図面（甲ａ号証ないし甲ｄ号証）では，両金属標間の距離は７㎝であるが，本件測量では，約６㎝であるので，両金属標の位置には，経年劣化等，何らかの不確定要素がある。

　実際，Ｓ１点とＰ５点とを結んで延長した直線は，万年塀の南端では，万年塀の柱から約10㎝西側を通過する。

　仮に，この線が筆界であるとすると，対象土地甲２の元所有者が，本来の境界は，万年塀の西側壁面にあると認識し，かつ，同人が境界標であると認識するＳ１点がブロック塀１の西側壁面に位置している事実との整合性を欠くことになるから，Ｓ１点と結ぶ筆界点としてＰ５点を採用することは適切ではない（なお，同直線は，Ａ建物の内部を通過する。）。

　ところで，Ｐ２金属標及びＰ４金属標は，万年塀の上部に設置されたいわゆる笠の上に貼り付けられているが，同笠の万年塀の柱からの出っ張りは，Ｐ４金属標付近では，西側に約0.5㎝，東側に約２㎝であり，同笠は，万年塀の真上に乗っていない。しかも，万年塀の南端では，西側に約1.5㎝，東側に約１㎝であり，ずれ方が一定していない。

　これらのことから，Ｐ４金属標に内包される不確定要素としては，笠のずれ，万年塀の傾き・屈折，設置誤差及び測量誤差が考えられる。また，Ｐ５金属標に設置誤差があることも否定できないし，ある程度の測量誤差もある。

　よって，Ｓ１点と結ぶべき点は，Ｐ５点ではなく，できる限り昭和26年分筆筆界の南端付近に見いだされるべきである。

(4)　前記のとおり，囲障の状況及び供述等から，筆界は西側壁面付近に直線として存在すると考えられる。一方，申請人が主張する境界（所有権界）は，万年塀の幅の中央にあるのだから，筆界は，同壁の幅の半分程度の距離を隔てた位置に，所有権界と平行な直線として存在すると考えられる。

　よって，Ｐ５金属標及びＰ４金属標間の距離は，平成元年の境界確認時

において7cmであると確認されていることから，本件筆界1ないし筆界4は，平成元年に確認された所有権界を復元することにより，その西側7cmの位置に見いだすことができる。

(5) ところで，地積測量図（Ｈa号証）は，前記3の⑤の境界確認書に添付された図面（甲e号証）と合致することから，当該地積測量図に示されている対象土地甲3の西側筆界（本件筆界3に相当する。）は，Ｐ2金属標を基準として判断されている。

　当該地積測量図は，本件筆界3に相当する線が，万年塀の中心線（すなわち所有権界）を示していることから，この限りにおいて，採用することができない。しかし，その余の部分については，境界確認がされていること及び本件測量の結果，東側筆界の両端に記されている2つのコンクリート石（Ｓ36点及びＳ35点）を現地で確認できることから，重要な資料である。

(6) 以上から，本件筆界3の南端点及び北端点については，当該地積測量図の東西方向の筆界線を西方向に延長し，昭和26年分筆筆界線と交わる点として見いだすのが相当である。

　また，その他必要な点については，当該地積測量図（Ｈa号証）と合致する前記3の⑤の境界確認書に添付された図面（甲e号証）を用いて復元するのが相当である。

(7) 上記(6)に従い，まず，当該地積測量図（Ｈa号証）における42番59の南西端点を復元し（Ｐ3点），その点とＣ46点（Ｈa号証に記載された折れ点を復元した点）とを結んで西方向に7cm延長した点をＳ1点と結ぶべき点として，Ｋ4点と判断した（以下，Ｓ1点とＫ4点とを結んだ直線を「特定昭和26年分筆筆界」という。）。

(8) 次に，当該地積測量図（Ｈa号証）における142番59の北西端点を復元し（Ｐ1点），その点とＣ38点（Ｈa号証に記載された鋲を復元した点）とを結んで西方向に延長した直線と特定昭和26年分筆筆界との交点をＫ1点と判断した。

(9) 次に，前記3の⑤の境界確認書に添付された図面（甲e号証）を用いて，当時のＰ2点を復元し（Ｃ1点），その点とＣ15点（甲e号証に記載された既設コンクリート杭を復元した点）とを結んで西方向に延長した直線と特定昭和26年分筆筆界との交点をＫ2点と判断した。

(10) 次に，Ａ建物の北側外壁の角であるＳ2点及びＳ23点を結んだ直線と特

定昭和26年分筆筆界との交点をＫ５点と判断した。

なお，Ｓ２点及びＳ23点を結んだ直線は，Ｐ５点及びＰ４点を通過する。このことから，Ｐ５点及びＰ４点は，従前検討したとおり何らかの不確定要素を内包しているものの，それは，主に東西方向への誤差であり，南北方向の位置については，信頼できる。

⑾　本件筆界４の南端点は，対象土地乙１及び対象土地乙２のそれぞれの登記簿上の面積を基に両土地間の筆界線を求め，それと特定昭和26年分筆筆界との交点をＫ３点と判断した。

判断の詳細は，次のとおりである。

ア　対象土地乙１及び対象土地乙２は，Ｋ５点，Ｓ２点，Ｃ７点，Ｃ６点，Ｋ４点，Ｋ５点を順次，直線で結んで区画した範囲にあると判断した。

なお，この区画の面積は，49.46㎡であり，登記簿上の面積49.90㎡とほぼ一致する。

Ｃ７点は，次の２直線の交点である。

①　Ａ建物の角であるＳ２点とＳ28点とを結んで延長した線（Ｃａ号証）。

②　確定している道路境界点Ｓ７点とＳ６点とを結んで延長した線上にあるＣ４点とＳ７点とを結んだ線（以下「道路境界延長線」という。）。

なお，道路境界延長線はそもそも，○○通りの拡幅としての分筆線を復元したものと考えられることから，筆界としての信頼度が高いと判断した。

Ｃ６点は，次の２直線の交点である。

①　Ｃ46点とＫ４点とを結んで延長した線

②　道路境界延長線

イ　対象土地乙１及び対象土地乙２を画する筆界（及びその西方向への延長線）であるＫ３点，Ｃ３点及びＣ５点を順次結んだ直線は，対象土地乙２及び142番39の登記簿上の面積を過不足なく確保する位置にあると判断した。

対象土地乙２は，曳行移転されたＡ建物の範囲に合わせて関係土地２（旧170番９）から分筆された土地であると考えられる（Ｃａ号証）。同様

に，142番39は，当該分筆の一環として，対象土地乙1から分筆された土地である（前掲土地形状図⑬）。当該分筆登記手続では，当時，一般的に行われていたいわゆる残地処理の手法が採られたと考えられるから，実際に測量・求積された面積が登記簿に記載された土地は，対象土地乙2及び142番39であると考えられる。

　よって，対象土地乙1及び対象土地乙2を画する筆界（及びその西方向への延長線）は，この考え方に基づいて求めるのが相当である。

　この結果，対象土地乙1は，15.55㎡と判断されるが，登記簿上の面積は，15.99㎡であるので，その差はわずかである。

⑿　なお，以上により判断される本件筆界1ないし筆界4は，K4点付近では，万年塀の柱角から2.7cm西側に位置する。

第4　結　論

以上の認定及び筆界調査委員の意見を総合すれば，本件筆界は，以下のとおり特定するのが相当である。

1　本件筆界1

　対象土地甲1と対象土地乙1との筆界は，後掲特定図面中，K1点とK2点とを結んだ直線であると特定する。

2　本件筆界2

　対象土地甲2と対象土地乙1との筆界は，後掲特定図面中，K2点とK3点とを結んだ直線であると特定する。

3　本件筆界3

　対象土地甲3と対象土地乙1との筆界は，後掲特定図面中，K1点とK4点とを結んだ直線であると特定する。

4　本件筆界4

　対象土地甲2と対象土地乙2との筆界は，後掲特定図面中，K3点，K5点とを結んだ直線であると特定する。

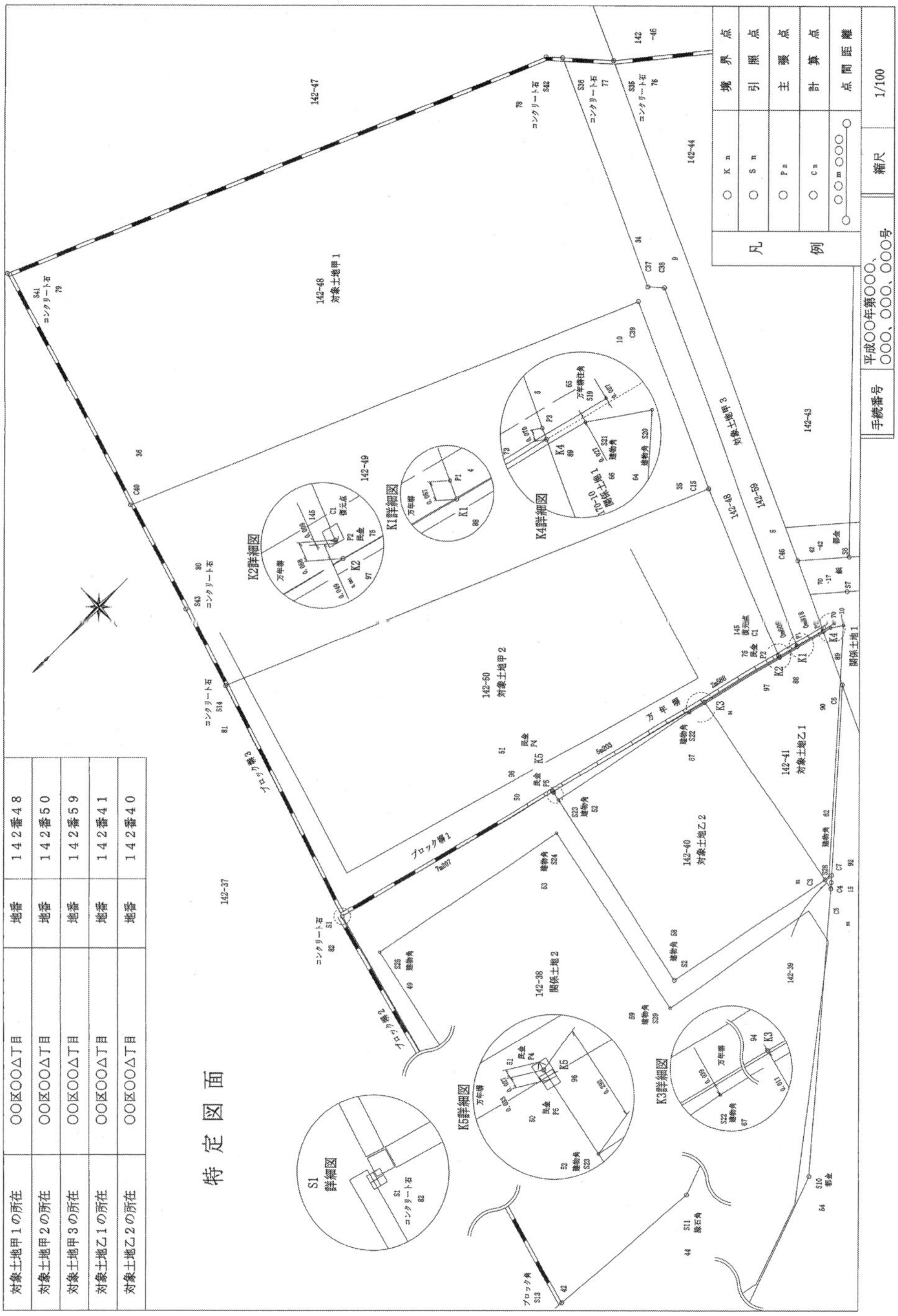

対象土地甲１の所在	○○区○○△丁目	地番	１４２番４８
対象土地甲２の所在	○○区○○△丁目	地番	１４２番５０
対象土地甲３の所在	○○区○○△丁目	地番	１４２番５９
対象土地乙１の所在	○○区○○△丁目	地番	１４２番４１
対象土地乙２の所在	○○区○○△丁目	地番	１４２番４０

事例 22

一元化前の分筆筆界について，公図上の土地の配列と現地の占有状況による配列にそごがあるため，公図を基礎的資料として特定した事例

> 本件事例における対象土地甲と対象土地乙との筆界は，昭和27年に分筆により形成された筆界であるが，管轄登記所には当該分筆に係る地積測量図等が保管されておらず，対象土地甲が存する自治体の固定資産税課等においても分筆申告書に添付された申告実測図等は保管されていない。
>
> 本件筆界を特定するための主な資料として，申請人提出の土地実測図，地図に準ずる図面（本件公図）及び旧土地台帳附属地図（旧公図）を採用した。
>
> 本件公図によれば，対象土地甲の北側隣接地は対象土地乙であるところ，対象土地甲の北側隣接地は，参考土地の所有者の建物の敷地として利用されており，対象土地乙の所有者の占有を確認することができないことから，公図が持ち合わせている定性的信頼性にかんがみ，本件公図に描画された土地の配列を基礎的な資料として筆界を特定した事例である。

第1　事案の概要

1　事案の骨子

本件は，対象土地甲とその北側に接する対象土地乙との筆界（以下「本件筆界」という。）の位置について，対象土地甲の所有者が対象土地乙の所有者に確認を求めたところ，対象土地乙の所有者がその確認に応じなかったことにより，本件筆界が不明となった事案である。

なお，本件における対象土地及び関係土地は，次のとおりである。

　　　　　対象土地甲　　173番6
　　　　　対象土地乙　　173番5
　　　　　関係土地1　　174番1
　　　　　関係土地2　　178番1
　　　　　参考土地　　　173番1

2 対象土地及び関係土地の現況並びに所有状況

(1) 対象土地等の現況

現地は，○○線の○○駅から東へ徒歩1分ほどの所に位置する平坦な住宅地であり，対象土地等の位置関係は，別紙特定図面のとおりである。

(2) 対象土地の所有状況

ア 対象土地甲

当該土地の所有者は，申請人である。

イ 対象土地乙

当該土地の所有者は，関係人Aらである。

(3) 関係土地の所有状況及び占有状況

ア 関係土地1

当該土地の所有者は，関係人Bらであり，同人らが所有する事務所兼倉庫の敷地として利用されている。

イ 関係土地2

当該土地の所有者は，関係人Cであり，公衆用道路の一部として利用されている。

ウ 参考土地

当該土地の所有者は，参考人である。

(4) 対象土地の占有状況

対象土地の現地における占有状況については，地図に準ずる図面（以下「本件公図」という。）の検討（後記第3の1(2)）において述べる。

3 対象土地の沿革

(1) 対象土地甲の元地は，地租改正により○○郡○○村大字○○字○○173番の土地として創設され，明治45年5月25日に同番2の土地を，大正15年3月31日に同番3の土地を，昭和6年12月28日に同番4の土地をそれぞれ分筆した後，昭和7年10月1日の○○区の新設合併により現在の所在となった。その後，昭和27年2月6日に同番5（対象土地乙），同番6（対象土地甲）及び同番7の各土地を分筆（以下「昭和27年分筆」という。）し，さらに，昭和28年3月31日に同番8の土地を分筆したことにより現在の形状となった。

(2) 上記(1)のとおり，対象土地甲及び対象土地乙は，昭和27年分筆により形

成された土地であり，また，本件筆界は，昭和27年分筆により形成されたものである。

第2　申請人及び関係人の主張並びにその根拠

1　申請人の主張及びその根拠

　申請人は，本件筆界は，対象土地甲の北西角に設置されているコンクリート杭（K2点）と同土地の北東角に設置されている金属鋲（K1点）とを直線で結んだ線であると主張する。

　その根拠は，次のとおりである。

(1)　対象土地甲とその北側に隣接する土地（173番1の土地の所有権登記名義人である参考人が占有する土地）との間には，コンクリートブロック塀（以下「甲北ブロック塀」という。）が設置されている。同ブロック塀については，設置時期は不明であるものの，参考人が設置したものであり，それによって上記土地間の占有界は明白であることから，その南側縁付近をなぞった直線及びその延長線上に位置するK2（コンクリート杭），S9（金属鋲）及びK1（金属鋲）の各点を直線で結んだ線を本件筆界と認識している。

(2)　対象土地甲付近の現況を測量した図面として，昭和26年11月28日付け土地実測図（以下「実測図①」という。）がある。同図には地番が付されていないものの，表記されている各土地の形状，点間距離及び面積計算の結果から，同図に描画されている©の部分は対象土地甲（173番6の土地）を示しており，また，実測図①が作成された年月日と昭和27年分筆の年月日とが近時であることから，同図を元に対象土地甲の北側及び南側筆界が形成されたものと認識している。

(3)　申請人は，次のとおり付言する。

　ア　対象土地甲と関係土地1との筆界については，申請人と関係人Bらとの間で境界確認書（以下「確認書①」という。）が取り交わされており，これによると，確認された境界（筆界）は，K2点を基点に両土地の間に設置されている3段のコンクリートブロック塀（以下「甲西ブロック塀」という。）の西側縁付近をなぞり，S8点（コンクリート杭）に至る直線である。

　イ　対象土地甲と関係土地2との筆界については，申請人と関係人Cとの

間で境界確認書（以下「確認書②」という。）が取り交わされており，これによると，確認された境界（筆界）は，Ｋ１点（金属鋲）とＳ６点（金属鋲）とを直線で結んだ線である。

ウ　対象土地甲とその南側に隣接する173番13の土地との筆界については，対象土地甲の前所有者である〇〇と173番13の土地の前所有者である株式会社〇〇との間で土地境界承諾書（以下「承諾書」という。）が取り交わされており，これによると，確認された境界（筆界）は，以前，両土地の間に設置されていたコンクリートブロック塀及び万年塀（以下，両塀を併せて「元甲南ブロック塀」という。）の南側縁付近をなぞった直線及びその延長線上に位置するＳ８（コンクリート杭），Ｓ７（コンクリート杭）及びＳ６（金属鋲）の各点を順次直線で結んだ線である。

2　関係人Ａらの主張

関係人Ａらは，本件公図において，対象土地甲の北側が対象土地乙となっており同土地の所有権登記名義人が関係人Ａらであることは承知しているが，同土地付近を占有しておらず，同土地付近には関係人Ａらが所有する土地は存しないと認識しているとする。

したがって，関係人Ａらは，本件筆界の位置について具体的な主張をすることができないとする。

3　関係人Ｂらの主張及びその根拠

関係人Ｂらは，本件筆界の西端点は，Ｋ２点（コンクリート杭）であると主張し，その根拠は，上記１の(3)アと同一であるとする。

4　関係人Ｃの主張及びその根拠

関係人Ｃは，本件筆界の東端点は，Ｋ１点（金属鋲）であると主張し，その根拠は，上記１の(3)イと同一であるとする。

第3　本件筆界に対する判断

本件筆界は，前記第１の３(2)のとおり，昭和27年分筆により形成された筆界であるが，同分筆に係る地積測量図等が管轄登記所等に保管されていないこと

から，本件に係る判断資料を検討したところ，本件筆界は，本件公図，申請人提出の土地実測図，境界標及び囲障の設置状況，筆界確認書，地積測量図並びに申請人及び関係人の主張に基づいて，後記4で述べる申請人提出の土地実測図に表記された辺長等を現地に復元することにより，その位置を特定するのが相当である。

各資料についての評価及び事実認定並びにそれに基づく判断は，以下のとおりである。

1 地図に準ずる図面（公図）の検討
(1) 本件公図の原図は，土地台帳附属地図（以下「旧公図」という。）であるところ，両図に描画された対象土地等の配列は一致する。
(2) 対象土地付近においては，次のとおり，本件公図における対象土地等の配列と本件の関係者の主張に基づく現地における占有状況とが一部において相違している。

ア 本件公図における対象土地等の配列について，対象土地甲の南方向に存する173番2の土地から順に北方向に接する各土地の登記記録上の所有権登記名義人，地目及び地積を示すと次のとおりである。
　(ア) 173番2の土地　○○電車株式会社　雑種地　979㎡
　(イ) 173番3の土地　○○　宅地　36.36㎡
　(ウ) 173番7の土地　○○　宅地　78.61㎡
　(エ) 173番13の土地　○○　宅地　76.75㎡
　(オ) 対象土地甲（173番6の土地）申請人　宅地　231.47㎡
　(カ) 対象土地乙（173番5の土地）関係人Aら　畑　119㎡
　(キ) 173番1の土地　参考人　宅地　200.85㎡
　(ク) 173番8の土地　○○　宅地　161.15㎡
　(ケ) 173番11の土地　○○　宅地　128.76㎡
　(コ) 173番9の土地　○○　宅地　167.83㎡
　(サ) 173番12の土地　○○　宅地　204.53㎡
　(シ) 173番4の土地　○○　宅地　278.79㎡
　(ス) 173番10の土地　○○　宅地　46.90㎡

イ 本件の現地調査によれば，上記アの各土地の範囲の現地における占有状況は，次のとおりである。

㈦　173番2の土地は，同土地の所有権登記名義人である○○電車株式会社が所有する高架鉄道敷として利用されている。当該土地の北側には金属フェンスが施設されており，当該フェンスによって，その北側に隣接する173番3の土地との占有界が明確にされている。

㈧　173番3及び同番7の土地は，173番3の土地の所有権登記名義人である○○が所有する工場兼居宅（家屋番号173番7の2）の敷地として一体的に利用されている。当該土地の北側にはコンクリートブロック塀等の囲障がないものの，当該土地と173番13の土地に存する建物の外壁により，当該土地の北側に隣接する173番13の土地との占有界が明確にされている。

㈩　173番13の土地は，同土地の所有権登記名義人である○○が所有する共同住宅（家屋番号173番13の2）の敷地として利用されている。当該土地の北側には，最近まで元甲南ブロック塀が設置されており，当該ブロック塀によって，その北側に隣接する対象土地甲との占有界が明確であった。

　なお，元甲南ブロック塀が現地に存していた事実については，承諾書に表記された形状及び現地における同塀の残存部分から確認することができる。

㈣　対象土地甲は，同土地の所有権登記名義人である申請人が所有していた居宅兼共同住宅（家屋番号173番4。平成20年10月31日取壊し）の敷地として利用されていた経緯があるが，現在は更地である。当該土地の北側には甲北ブロック塀が設置されており，当該ブロック塀によって，その北側に隣接する土地との占有界が明確にされている。

㈤　対象土地甲の北側は，173番1の土地の所有権登記名義人である参考人所有の居宅（以下「173番1建物」という。）の敷地として利用されているところ，本件公図における対象土地付近の土地の配列からすると，当該部分は対象土地乙と認められるものの，関係人Aらは，173番1建物の敷地の管理者は参考人であるとしており，本件公図に描画されている対象土地及びその北側隣接地の配列及び形状は現地のそれと一致しないと申述する。

㈥　173番1建物の敷地の北側にはコンクリートブロック塀が設置されており，当該塀の北側は，173番8の土地の登記名義人である○○が

所有する共同住宅兼事務所の敷地として利用されている。

また，同土地の北側隣接地以北は，本件公図における上記アの(ケ)ないし(ス)の配列及び登記記録上の所有権登記名義人と，現地における配列及び占有者とに一致を見ることができる。

(3)　○○都税事務所には，地籍図が保管されており，同図における対象土地等の配列及び形状と本件公図のそれとは一致している。

(4)　ところで，公図の一般的な評価としては，距離，角度，方位及び地積といった定量的な面については信用性は低いが，隣接地との位置関係や筆界が直線であるか曲線であるかなどという定性的な面については，かなり信用できるというのが裁判例の多くに見られるところである。

(5)　上記(2)のとおり，本件公図における対象土地等の配列と本件関係者の主張に基づく現地における占有状況とは，一部において相違しているものの，前記第1の3(1)の土地台帳，登記簿及び登記記録における対象土地等の分筆経過及び旧公図における対象土地等の配列状況並びに上記(4)の公図の一般的な評価からすると，本件公図における対象土地等の配列は，本件筆界を特定するための資料とするのが相当である。

2　境界標及び囲障等の検討

本件筆界付近に設置されている境界標及び囲障等の設置の経緯は，本件の現地調査，申請人及び関係人らの主張並びに本件の関係資料の検討結果からすると，次のとおり判断することができる。

(1)　確認書①及び承諾書に表記された境界標及び囲障等について

　ア　対象土地甲の北西角付近にはコンクリート杭（K2点）が設置されているところ，当該位置は甲北ブロック塀と甲西ブロック塀とがT字型に接する交点付近を示しており，対象土地甲，関係土地1及び対象土地乙の占有境と一致している。

また，同南西角付近にはコンクリート杭（S8点）が設置されているところ，当該位置は，上記1の(2)イ(ウ)で確認した元甲南ブロック塀と，甲西ブロック塀とがT字型に接する交点付近を示しており，対象土地甲，関係土地1及び173番13の土地の占有境と一致している。

　イ　対象土地甲と関係土地1との筆界については，申請人と関係人Bらとの間で確認書①が取り交わされており，これによると，確認された境界

（筆界）は，測点P２（コンクリート杭）を基点に両土地間に設置されている甲西ブロック塀の西側縁付近をなぞり，測点P３（コンクリート杭）に至る直線である。

ウ　K２点とS８点との点間距離は，本件での測量成果（以下「測量成果」という。）では19.754mのところ，確認書①においてこれに対応すると見られる測点P２と測点P３との点間距離は19.754mであり，一致する。

　このことから，現地に設置されているK２点及びS８点の各境界標は，確認書①で確認された測点P２及び測点P３の各境界標と同一点であると判断するのが相当である。

エ　対象土地甲と173番13の土地との筆界については，対象土地甲の前所有者である○○と173番13の土地の前所有者である株式会社○○との間で承諾書が取り交わされており，これによると，確認された境界（筆界）は，上記１の(2)イ(ウ)で確認した元甲南ブロック塀の南側縁付近をなぞった直線及びその延長線上に位置する測点17（コンクリート杭），測点K４（コンクリート杭）及び測点K３（金属鋲）の各点を順次直線で結んだ線である。

オ　S８点とS６点との点間距離は，測量成果では11.412mのところ，承諾書においてこれに対応すると見られる測点17と測点K３との点間距離は11.41mであり，不動産登記規則第10条第４項第１号の精度区分（以下「公差」という。）の範囲内で一致する。

　このことから，現地に設置されているS８点及びS６点の各境界標は，承諾書で確認された測点17及び測点13の各境界標と同一点であると判断するのが相当である。

カ　以上のことから，S８点（コンクリート杭）は，対象土地甲，関係土地１及び173番13の土地の三筆境を示す境界標と判断するのが相当である。また，K２点（コンクリート杭）は，本件筆界を特定するための引照点として採用するのが相当である。

(2)　確認書②に表記された境界標及び囲障等について

ア　対象土地甲の北東角付近には金属鋲（K１点）が設置されている。

イ　対象土地甲と関係土地２との筆界については，申請人と関係人Cとの間で確認書②が取り交わされており，これによると，確認された境界（筆界）は，測点P４（金属鋲）と測点P１（金属鋲）とを直線で結んだ線

である。
- ウ　S6点とK1点との点間距離は，測量成果では19.674mのところ，確認書②において，これに対応すると見られる測点P4と測点P1との点間距離は19.674m（座標計算の結果）であり，一致する。

　　このことから，現地に設置されているS6点及びK1点の各境界標は，確認書②で確認された測点P4及び測点P1の各境界標と同一点であると判断するのが相当である。
- エ　また，S6点の境界標については，上記(1)のオのとおり，承諾書で確認された測点K3の境界標と同一点である。
- オ　以上のことから，S6点（金属鋲）については，対象土地甲，関係土地2及び173番13の土地の三筆境を示す境界標と判断するのが相当である。また，K1点（金属鋲）は本件筆界を特定するための引照点として採用するのが相当である。

3　地積測量図の検討

　管轄登記所には，173番13の土地に係る地積測量図（以下「173－13測量図」という。）が保管されており，同図には各筆界の点間距離が記載されていることから，これを資料として現況の境界標間の距離の検討を行う。

(1)　測量成果における点間距離と173－13測量図においてこれらに対応すると見られる点間距離とを比較した結果は，次のとおりとなり，いずれも公差の範囲内で一致している。
- ア　S8点とS6点との点間距離は，測量成果では11.412mのところ，173－13測量図においてこれに対応すると見られる点間距離は11.37mであり，その差は0.042mである。
- イ　S8点とS5点（コンクリート杭）との点間距離は，測量成果では6.835mのところ，173－13測量図においてこれに対応すると見られる点間距離は6.89mであり，その差は0.055mである。

(2)　以上のこと及び上記2の(1)オの承諾書の検証結果からすると，S8点及びS6点は，本件筆界を特定するための引照点とするのが相当である。

4　申請人提出の土地実測図について

　申請人から，実測図①及び○○家所有地実測図（以下「実測図②」といい，両

図を併せて「実測図等」という。）が提出されており，両図の検証結果は，以下のとおりである。

(1) 実測図①には173番の土地がⒶないしⒹ部分に区分され，Ⓐ部分を除いた各部分ごとに図解法による面積計算の結果が表記されている。また，実測図②には実測図①のⒸ部分と見られる土地について，図解法による面積計算の結果が表記されている。

なお，両図には作成日と推認される年月日（昭和26年11月28日）が表記されているところ，同年月日は，本件筆界の形成原因である昭和27年分筆の年月日と近時である。

以上のとおり，実測図①及び実測図②は，両図に表記された年月日が一致しており，かつ，両図に表記された点間距離が一致していることから推認すると，同一測量実施者による1つの作業に基づき作成されたものと認めるのが相当である。

(2) 実測図①に表記されたⒸ及びⒹの部分の配置及び形状は，本件公図における対象土地甲及び分筆前の173番7の土地（現在の173番7及び同番13の土地）を，それぞれⒸ及びⒹと仮定した場合の現地における配置及び形状と一致している。

なお，実測図①にはⒹ部分について，宅地部分と道路部分との現況地目境と見られる形状が表記されている。昭和38年撮影の航空写真において，鉄道敷地の北側部分については，東西に貫く道路形状が見られるところ，現在ではその形状は見られず，宅地として利用されている。

(3) 実測図②の東側筆界付近には，南北に貫く背割り線の形状で点線が表記されているところ，同点線は，現地における宅地部分と現況道路部分とを分ける現況地目境と一致する。

(4) 実測図①に表記されたⒷないしⒹ部分の面積計算の結果と，上記(2)において仮定した各土地の土地台帳に記載された地積とを比較した結果は，次のとおりである。

なお，Ⓑ部分については本件公図に描画された土地の配列から173番5の土地と仮定する。

　ア　Ⓒ部分の面積は，70.25坪と表記されており，対象土地甲が分筆された際の地積（当時の地目は畑）である2畝10歩（＝70坪）とは一致する。

　イ　Ⓓ部分の面積は，47.93坪と表記されており，173番7の土地が分筆さ

れた際の地積（当時の地目は畑）である1畝17歩（＝47坪）とは一致する。
　ウ　Ⓑ部分の面積は，38.35坪と表記されており，対象土地乙が分筆された際の地積（当時の地目は畑）である1畝6歩（＝36坪）とは2坪の相違が見られる。
(5)　上記(4)のウのとおり，対象土地乙と見られるⒷ部分の地積について，実測図①の面積計算の結果と土地台帳の地積の記載との間に相違が見られるものの，上記(1)ないし(3)の事実から，実測図①は，173番1の土地を分割するための調査段階の図面と判断するのが相当である。
(6)　実測図①のⒸ部分及び実測図②における各筆界点の点間距離と，測量成果における上記2の各項で引照点として採用した各境界標間の距離とを比較した結果は，次のとおりであり，いずれも公差の範囲内で一致している。
　ア　K2点とS8点との点間距離は，測量成果では19.754mのところ，実測図等においてこれに対応すると見られる点間距離は19.787mであり，その差は0.033mである。
　イ　S8点とS6点との点間距離は，測量成果では11.412mのところ，実測図等においてこれに対応すると見られる点間距離は11.393mであり，その差は0.019mである。
　ウ　S6点とK1点との点間距離は，測量成果では19.674mのところ，実測図等においてこれに対応すると見られる点間距離は19.696mであり，その差は0.022mである。
　エ　K1点とK2点との点間距離は，測量成果では12.471mのところ，実測図等においてこれに対応すると見られる点間距離は12.424mであり，その差は0.047mである。

5　本件筆界について

(1)　上記4のことから，本件筆界は，実測図等に表記された測量成果に基づき形成したものと認めるのが相当であり，同図等のⒸ部分については対象土地甲と，Ⓓ部分については分筆前の173番7の土地（現在の173番7及び同番13の土地）とするのが相当である。
(2)　以上のことから，現地に存するK1点及びK2点を対象土地甲の北東筆界点及び北西筆界点とするのが相当であり，本件筆界が対象土地甲の北東

筆界点と北西筆界点とを直線で結んだ線であることからすると，本件筆界は，K1点とK2点とを結んだ直線とするのが相当である。

第4　結　語

以上の認定及び筆界調査委員の意見を総合すれば，本件筆界は，K1点とK2点とを直線で結んだ線で特定するのが相当である。

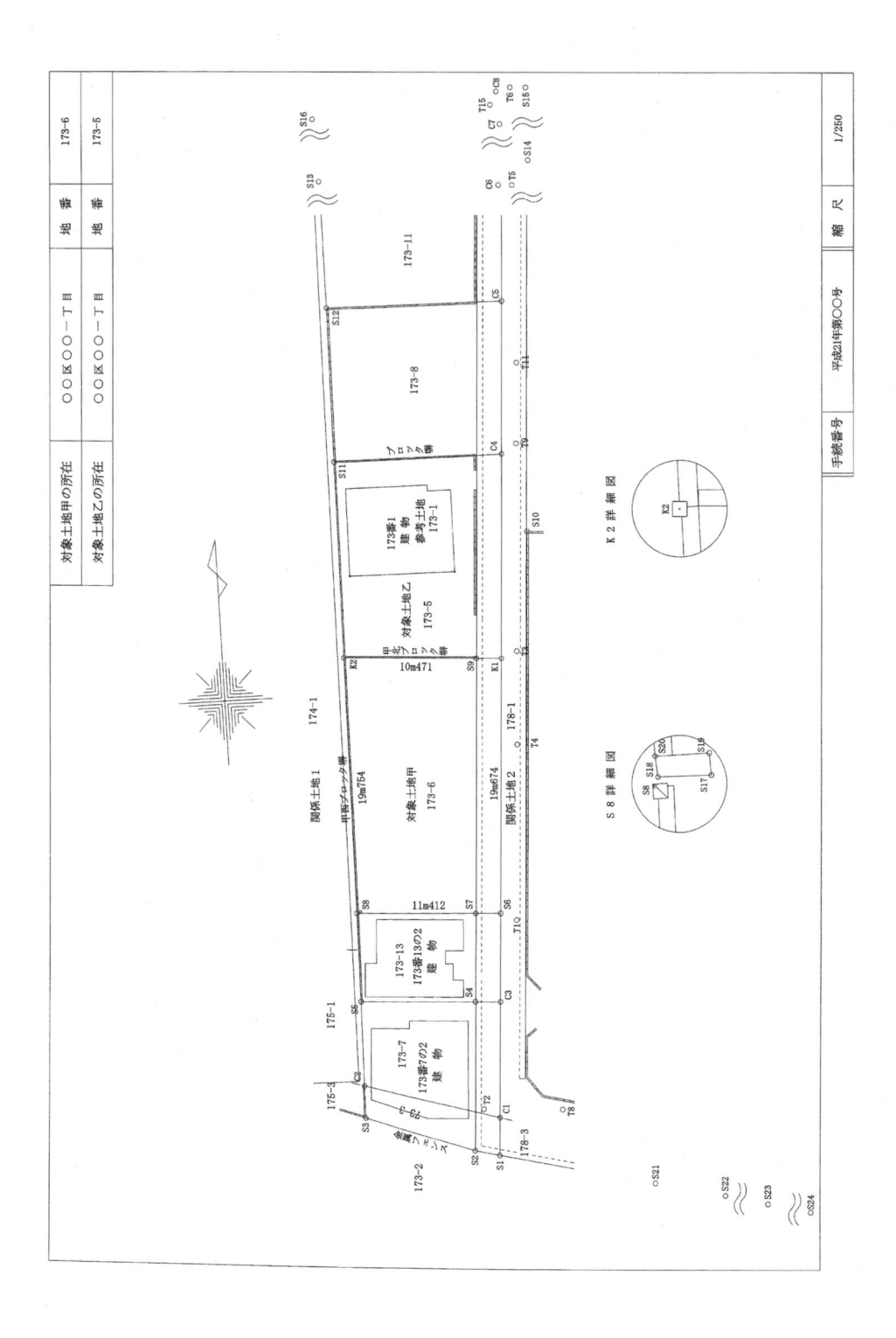

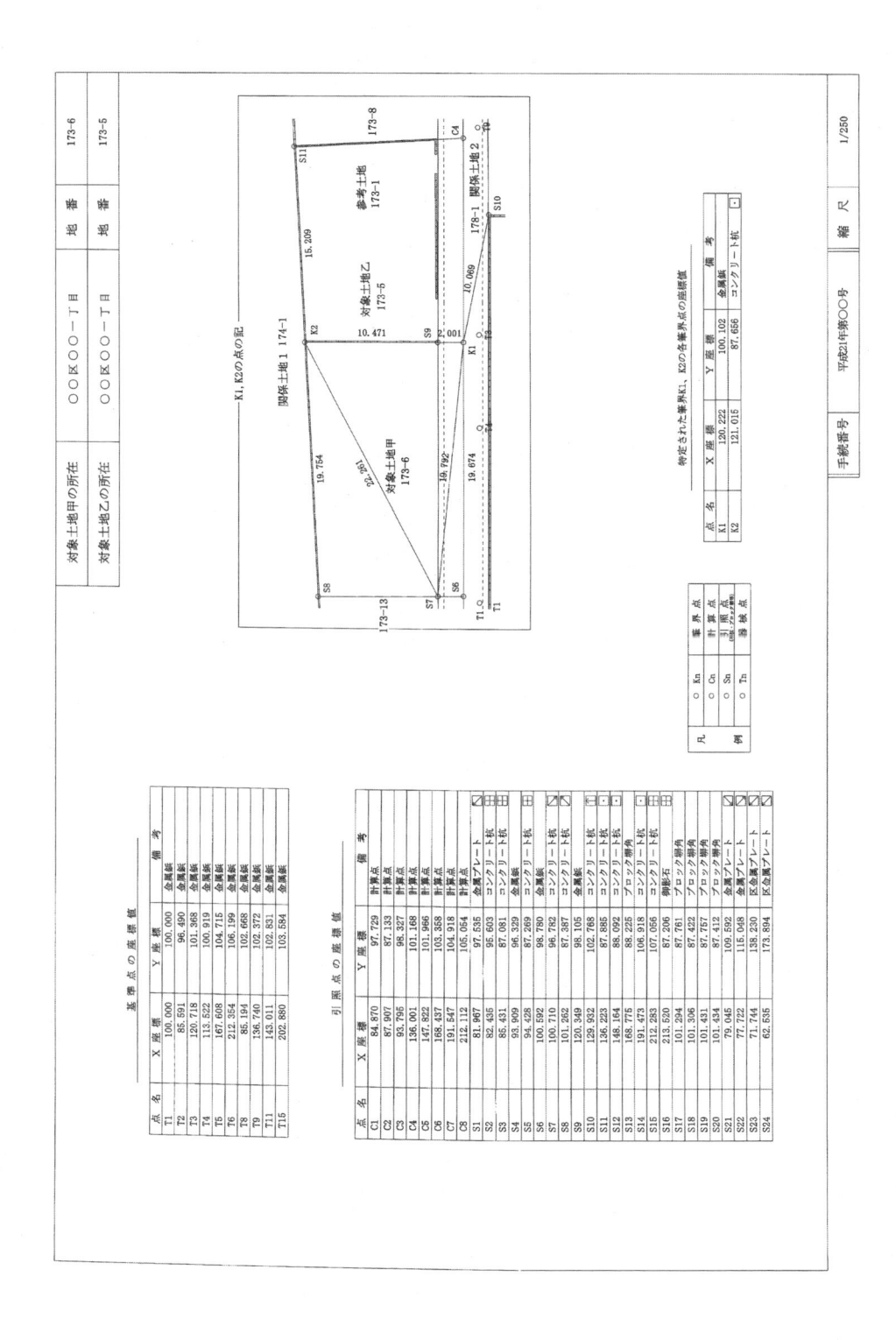

対象土地甲の所在	○○区○○一丁目	地番	173-6
対象土地乙の所在	○○区○○一丁目	地番	173-5

基準点の座標値

点名	X座標	Y座標	備考
T1	100.000	100.000	金属鋲
T2	85.591	96.490	金属鋲
T3	120.718	101.368	金属鋲
T4	113.522	100.919	金属鋲
T5	167.608	104.715	金属鋲
T6	212.354	106.199	金属鋲
T8	85.194	102.668	金属鋲
T9	136.740	102.372	金属鋲
T11	143.011	102.831	金属鋲
T15	202.880	103.584	金属鋲

引照点の座標値

点名	X座標	Y座標	備考
C1	84.870	97.729	計算点
C2	87.907	87.133	計算点
C3	93.795	98.327	計算点
C4	136.001	101.168	計算点
C5	147.822	101.966	計算点
C6	168.437	103.368	計算点
C7	191.547	104.918	計算点
C8	212.112	105.054	計算点
S1	81.967	97.535	金属プレート
S2	82.436	95.603	コンクリート杭
S3	85.431	87.081	コンクリート杭
S4	93.909	96.329	金属鋲
S5	94.428	87.269	コンクリート杭
S6	100.592	98.780	金属鋲
S7	100.710	96.782	コンクリート杭
S8	101.262	87.387	コンクリート杭
S9	120.349	98.105	コンクリート杭
S10	129.932	102.768	コンクリート杭
S11	136.223	87.885	コンクリート杭
S12	148.164	88.092	ブロック塀角
S13	168.775	88.225	ブロック塀角
S14	191.473	106.918	金属プレート
S15	212.283	107.056	コンクリート
S16	213.520	87.206	御影石
S17	101.294	87.761	ブロック塀角
S18	101.306	87.422	ブロック塀角
S19	101.431	87.757	ブロック塀角
S20	101.434	87.412	金属プレート
S21	79.045	109.592	金属プレート
S22	77.722	116.048	金属プレート
S23	71.744	138.230	区金属プレート
S24	62.535	173.894	区金属プレート

特定された筆界点K1、K2の各筆界点の座標値

点名	X座標	Y座標	備考
K1	120.222	100.102	金属鋲
K2	121.015	87.656	コンクリート杭

凡例
○ Kn 筆界点
○ Cn 計算点
○ Sn 引照点
○ Tn 基準点

手続番号 平成21年第○○号
縮尺 1/250

事例 23

対象土地乙の里道（赤道）について，公図に関する裁判例を踏まえて，公図上に描画された幅員を検証して特定した事例

　本件事例における対象土地が存する街区は，明治初期の地租改正により創設されたものであることから，対象土地甲とそれに隣接する道路敷である対象土地乙（赤道）との筆界（以下「本件筆界」という。）は，いわゆる原始筆界である。

　本件事例は，対象土地乙の道路幅員を認定するに当たり，公図に関する裁判例を勘案した上で本件公図に描画された幅員を検証するとともに，当該幅員を過去の官民境界確定の経緯から4間（7.27m）であると認定し，現況道路の中心線から対象土地甲及び対側地に対し，均等に3.635m配分した線をもって本件筆界とした事例である。

第1　事案の概要

1　事案の骨子

　本件は，対象土地甲とその北西側に隣接する道路敷（対象土地乙）との筆界（以下「本件筆界」という。）について，対象土地甲の前所有者が，対象土地乙の所有者に対し，境界確定協議を求めたところ，対側地の所有者の協力が得られなかったため境界確定協議が不調となったことから，本件筆界の位置について筆界特定を求めた事案である。

　なお，本件における対象土地及び関係土地は，次のとおりである。

　　　　対象土地甲　　1137番1
　　　　対象土地乙　　1137番1先無番（赤道）
　　　　関係土地1　　1137番5
　　　　関係土地2　　1138番11

2　対象土地及び関係土地の現況並びに所有状況及び占有状況

（1）　現地は，○○線○○駅から南西方向へ150mほど進んだ所に位置する緩

やかな傾斜のある商業地と住宅地が混在する地域である。
(2) 対象土地等の位置関係は，別紙特定図面のとおりである。
(3) 対象土地甲の所有権登記名義人は，本件の申請人である。

当該土地は，申請人が売買により所有権を取得し，申請人が所有する建物の敷地として利用されている。

なお，本件の当初の申請人は，前申請人であったが，平成〇〇年〇月〇日付け特定承継の申出により，申請人がその地位を承継したものである。
(4) 対象土地乙の所有者は，〇〇区（以下「関係人A」という。）であり，当該土地は，未登記の土地（赤道）である。

当該土地は，関係人Aが管理する公衆用道路として利用されている。
(5) 本件に係る関係土地は，次のとおりである。

ア 関係土地1の所有権登記名義人は，関係人Bである。

当該土地は，関係人Bが所有する建物の敷地として利用されている。

イ 関係土地2の所有権登記名義人は，関係人Cである。

当該土地は，関係人Cが管理する未登記建物の敷地として利用されている。
(6) 本件筆界付近の北西側には，L型形状の側溝（以下「本件L型側溝」という。）が設置されている。

また，本件筆界付近の南東側及び対象土地甲と関係土地2との筆界付近には，L字形状に化粧タイル張り土留め（以下「甲土留め」といい，本件筆界付近の南東側に設置されているものを「甲土留め第1部分」，対象土地甲と関係土地2との筆界付近に設置されているものを「甲土留め第2部分」という。）が設置されており，本件L型側溝及び甲土留め第1部分が対象土地甲と対象土地乙との占有界となっている。

なお，甲土留め第2部分は，対象土地甲の西角付近から南東方向へ奥行き約5mの位置まで設置されており，また，同部分の南東側に接続してブロックフェンス（以下「甲ブロックフェンス」という。）が対象土地甲の南角付近まで，ほぼ一直線に設置されており，甲土留め第2部分及び甲ブロックフェンスが対象土地甲と関係土地2との占有界となっている。
(7) 対象土地乙と1414番1の土地（以下「甲対側地」という。）との筆界付近の南東側には，本件L型側溝と同形状の側溝（以下「対側地L型側溝」という。）が設置されている。

また，上記筆界付近の北西側には，万年塀が設置されており，対側地Ｌ型側溝及び同万年塀が対象土地乙と甲対側地との占有界となっている。
(8) 対象土地甲と関係土地１との筆界付近の南西側には，ブロック塀（以下「甲ブロック塀」という。）が設置されており，この北東側に接して万年塀（以下「Ａ万年塀」という。）が併設されており，甲ブロック塀及びＡ万年塀が対象土地甲と関係土地１との占有界となっている。
なお，甲ブロック塀は，対象土地甲の北角付近から東角付近まで，ほぼ一直線に設置されている。

3 対象土地の沿革

(1) 対象土地甲は，明治初期の地租改正により創設された土地であるところ，数次にわたる分筆及び合筆を経た後，昭和〇〇年〇月〇日に1137番２及び同番３を分筆し，現在の形状となっている。
(2) 対象土地乙は，未登記の土地であり，管轄登記所に保管されている地図に準ずる図面（以下「本件公図」という。）には，赤道（公衆用道路）として描画されている。
(3) 対象土地甲は，上記(1)のとおり，分筆等の経緯はあるものの，対象土地甲と対象土地乙との間において筆界が再形成された経緯はないことから，本件筆界は，上記(1)の地租改正により形成された赤道と民有地とのいわゆる原始筆界である。
なお，対象土地甲に係る地積測量図は，各分筆時期が台帳制度と登記制度の一元化前であることから，管轄登記所に保管されていない。

第２ 申請人及び関係人の主張及びその根拠

1 申請人の主張及びその根拠

(1) 前申請人は，本件筆界は，Ｓ５，Ｓ６，Ｓ７及びＳ８の各点（金属標）を順次直線で結んだ線であると主張する。
(2) その根拠は，次のとおりである。
ア Ｓ５，Ｓ６，Ｓ７及びＳ８の各点を順次直線で結んだ線は，本件Ｌ型側溝の南東縁と対側地Ｌ型側溝の北西縁との間の実測距離（以下「対象土地乙現況幅員」という。）が関係人Ａの主張する対象土地乙の道路幅員7.27

mに満たないことから，対象土地乙現況幅員の各中点を結んだ線を対象土地乙の中心線として，その中心線から対象土地甲及び甲対側地に対して3.635mを均等に割り振った位置である。

　なお，S5，S6，S7及びS8の各点の金属標については，関係人B及び関係人Cと境界確認の上，前申請人が設置したものであり，これら各点を順次直線で結んだ線が本件筆界であることについては，関係人Aもその妥当性を認めている。

　イ　S5点は，平成〇〇年〇月〇日付け境界確認書（以下「確認書1」という。）において，前申請人と関係人Bとの間で同点が対象土地甲と関係土地1との境界点として確認，合意した点である。

　ウ　S8点は，平成〇〇年〇月〇日付け境界確認書（以下「確認書2」という。）において，前申請人と関係人Cとの間で同点が対象土地甲と関係土地2との境界点として確認，合意した点である。

(3)　また，前申請人は，次のとおり付言する。

　ア　S2点及びS3点の両御影石の埋設経緯等は不明であるが，両御影石を結んだ線は，公共用地境界図（以下「境界図3」という。）により道路境界が確定していることから，両御影石を直線で結んだ線が対象土地甲の南東側筆界であると認識している。

　イ　対象土地甲の南西側筆界は，S2点とS8点とを結んだ線であると認識している。

　ウ　対象土地甲の北東側筆界は，S3点とS5点とを結んだ線であると認識している。

2　関係人Aの主張及びその根拠

　関係人Aは，本件筆界の明確な位置を示すことはできないが，対象土地乙の道路幅員は，7.27m（4間）であると主張する。

　その根拠は，対象土地乙が昭和〇〇年に東京都から移譲された際，東京都において同土地の道路管理図面として保管されていた〇〇区路線一覧図（以下「路線一覧図」という。）に上記道路幅員が明記されていることにある。

3　関係人Bの主張及びその根拠

　関係人Bは，本件筆界の北東端点は，対象土地甲の北角付近に設置されて

いる金属標（S5点）であると主張する。

その根拠は，同金属標は，平成〇〇年に関係人B，関係人A及び前申請人の間で境界を確認したことにある。

なお，関係人Bは，対象土地甲と関係土地1との筆界は，上記の金属標と対象土地甲の東角付近に埋設されている御影石（S3点）とを直線で結んだ線上にあると認識している旨付言する。

4　関係人Cの主張及びその根拠

関係人Cは，本件筆界の南西端点は，対象土地甲の西角付近に設置されている金属標（S8点）であると主張する。

その根拠は，同金属標は，平成〇〇年に関係人C，関係人A及び前申請人の間で境界を確認したことにある。

なお，関係人Cは，対象土地甲と関係土地2との筆界は，上記の金属標と対象土地甲の南角付近に埋設されている御影石（S2点）とを直線で結んだ線上であると認識している旨付言する。

第3　本件筆界に対する判断

本件筆界は，前記第1の3(3)のとおり，明治初期に形成された原始筆界であることから，本件に係る判断資料を検討した結果，本件筆界は，本件公図及びその原図である閉鎖された地図に準ずる図面，路線一覧図，公共用地土地境界図，現地の占有状況，境界標の設置状況等に基づいて特定するのが相当である。

各資料についての評価及び事実認定並びにそれに基づく判断は，以下のとおりである。

1　地図に準ずる図面（本件公図）の検討
(1)　管轄登記所が保管する対象土地等に係る地図に準ずる図面（本件公図）の原図は，明治時代に作成された土地台帳附属地図（以下「本件旧公図」という。）である。
(2)　現地における対象土地等の配列及び形状は，本件公図のそれとほぼ一致していることから本件公図は，本件筆界を特定するための資料として採用

するのが相当である。
(3)　本件公図及び本件旧公図における本件筆界の形状は，対象土地甲，対象土地乙及び関係土地１の三筆境を基点とすると，同点から南西方向へ延びる直線が途中，南南西方向へ緩やかに１点屈曲し，同屈曲点から対象土地甲，対象土地乙及び関係土地２の三筆境に至るまでの直線で描画されている。

　　また，対象土地乙と甲対側地との筆界の形状は，上記の本件筆界の形状に対し，ほぼ平行に描画されている。
(4)　本件公図における対象土地甲の南西側筆界及び北東側筆界の形状は，それぞれ直線で描画されている。
(5)　本件筆界を特定するに当たっては，対象土地乙の幅員を確認することが必要であるところ，それを証する重要な資料は，本件公図及び本件旧公図のほかに存しない。
(6)　公図に関する裁判例によると，「公図は，定量的にはそれほど信用することができないとしても，一般に公図より信用性の高い資料がないときには，里道，水路，堤塘など官有地の位置や幅員を決定する場合，まず公図上の位置，幅員を測り，これを公図の縮尺で除して，官有地と隣接地との境界を定めるのが通例である。」(神戸地裁洲本支部平成８年１月30日判決・判例地方自治158号83頁）と判示されている。
(7)　本件公図及び本件旧公図における本件筆界付近及びその周辺土地付近の対象土地乙の幅員をスケールにより読み取ると，おおむね４間（7.27m）であると認められる。

2　公共用地土地境界図の検討

(1)　対象土地乙については，次のとおり道路境界が確定している部分が存する。

　　ア　対象土地甲の南西方向に位置する1138番１の土地付近とその対側地である1411番３の土地付近の道路境界については，土地境界図（以下「境界図１」という。）により確定している。

　　　　境界図１における確定点（以下，境界図１及び後記イの土地境界図の点名は，特定図面において同確定点を復元した点名とする。）Ｃ４，Ｃ５，Ｃ６及びＣ７の各点を直線で結んだ線とＣ10，Ｃ11，Ｃ12及びＣ13の各点を直線

で結んだ線との道路幅員は，7.27mである。

イ　対象土地甲の南西方向に位置する1138番10の土地付近とその対側地である1413番30の土地付近の道路境界については，土地境界図（以下「境界図2」という。）において確定している。

境界図2における確定点C8とC9の両点を直線で結んだ線とC13とC14の両点を直線で結んだ線との道路幅員は，7.27mである。

ウ　本件の測量成果（以下「測量成果」という。）によると，現地における境界図1及び境界図2の確定点の位置は，当該確定点付近に設置されているL型形状の側溝の外縁からおおむね10cm程度民有地側において確定しており，両境界図における官民境界の確定手法は，関係人Aが主張する7.27mの対象土地乙の道路幅員を満たしていない幅員分を現況道路の中心線から均等に配分しているものと認められる。

(2)　対象土地甲の南東側筆界付近の道路境界については，境界図3により確定している。

ア　境界図3におけるP2点（御影石）とP1点（御影石）との点間距離13.803mと測量成果におけるこれら両点に相当すると見られるS2点（御影石）とS3点（御影石）との点間距離は，一致している。

イ　境界図3によれば，対象土地甲の隣接地番及び所有者の記載がされていることから，同境界図における官民境界確定協議を行った当時，隣接する土地所有者との境界確認を得た上で確定したものと認められる。

(3)　以上のことからすると，境界図1，境界図2及び境界図3は，本件筆界を特定するための資料とするのが相当である。

3　地積測量図の検討

(1)　管轄登記所には，平成○年○○月○○日に1137番4の土地から同番6の土地が分筆された際の地積測量図（以下「測量図1」という。），平成○○年○月○○日に1136番3の土地から同番9の土地が分筆された際の地積測量図（以下「測量図2」という。）が保管されている。

(2)　測量図1及び測量図2には，筆界点の座標値又は恒久的地物から筆界点までの距離の記載がないことから，これをもって両測量図を直ちに現地に復元することはできないが，両測量図には，境界標の種類及び筆界点間の距離が記載されていることから，本件筆界を特定するための資料とするの

が相当である。
(3) 測量図1における1137番6の土地の南東側筆界の辺長は，5.68mであるところ，測量成果における同筆界に相当すると見られるS3とS4（金属標）の両点との点間距離は，5.694mであり，その差異は，0.014mである。

なお，上記の差異は，不動産登記規則第10条第4項第1号の精度区分の範囲において一致している。

また，現地におけるS3点及びS4点の境界標の種類は，測量図1に表記されている1137番6の土地の南東側筆界の南端点及び北端点のそれと一致している。

(4) 測量図2における1136番9の土地の南東側筆界の辺長は，6.43mであるところ，測量成果における同筆界に相当すると見られるS2とS1（金属標）の両点との点間距離は，6.431mであり，ほぼ一致している。

また，現地におけるS2点及びS1点の境界標の種類は，測量図2に表記されている1136番9の土地の南東側筆界の北端点及び南端点のそれと一致している。

4 境界標及び囲障等の検討

本件に係る境界標等の埋設経緯等については，本件の現地調査，前申請人及び関係人の陳述並びに関係資料から次のとおりであると判断できる。

(1) 対象土地甲の南東側筆界の両端点付近には，御影石（S3及びS2の両点）が埋設されている。

ア　S3及びS2の両点は，上記2の(2)ア及びイの検討結果からすると，境界図3において官民境界が確定した確定点であると認められる。

イ　S3点は，上記3の(3)の検討結果からすると，対象土地甲の東角筆界点であると認められることから，同点は，本件筆界を特定するための引照点とするのが相当である。

ウ　S2点は，上記3の(4)の検討結果からすると，対象土地甲の南角筆界点であると認められることから，同点は，本件筆界を特定するための引照点とするのが相当である。

(2) 対象土地甲の北角筆界点付近には，金属標（S5点）が設置されている。

ア　Ｓ５点は，前記第２の１(2)イのとおり，確認書１において前申請人と関係人Ｂとの間で境界確認をした上で設置された境界標であり，両者において，対象土地甲と関係土地１の境界を示すものとして認識しており，争いはない。

　　イ　甲ブロック塀は，前申請人及び関係人Ｂの陳述並びにその占有状況からすると，申請人の所有と認められるところ，Ｓ３とＳ５の両点を直線で結んだ線は，甲ブロック塀の北東面をなぞった線とほぼ一致している。

　　ウ　以上のことからすると，対象土地甲の北東側筆界は，Ｓ３点からＳ５点を通る直線上に存すると認められる。

(3)　対象土地甲の西角筆界点付近には，金属標（Ｓ８点）が設置されている。

　　ア　Ｓ８点は，前記第２の１(2)ウのとおり，確認書２において前申請人と関係人Ｃとの間で境界確認をした上で設置した境界標であり，両者において，対象土地甲と関係土地２の境界を示すものとして認識しており，争いはない。

　　イ　甲ブロックフェンスは，前申請人及び関係人Ｃの陳述並びにその占有状況からすると，申請人の所有と認められるところ，Ｓ２とＳ８の両点を結んだ直線は，甲ブロックフェンスの南西面をなぞった線とほぼ一致している。

　　ウ　以上のことからすると，対象土地甲の南西側筆界は，Ｓ２点からＳ８点を通る直線上に存すると認められる。

5　対象土地乙の道路幅員の検討

(1)　一般的に道路等の長狭物の幅員に関する現況以外の認定資料としては，過去に官民境界に係る確定協議が成立している場合，通常それに示された道路幅員が重要な資料になり得るものであると認められ，また，現況の道路が改修工事等により拡幅あるいは縮小したような特段の事情がない限り，一定の幅員をもって連続しているものと認定することは合理的な手法であると考えられる。

(2)　関係人Ａは，前記第２の２のとおり，対象土地乙の道路幅員は，路線一覧図記載の当該幅員7.27ｍ（４間）であると主張し，さらに，上記２の(1)

ア及びイのとおり，対象土地甲の南西側付近の対象土地乙の道路境界は，この幅員をもって確定している経緯がある。

(3) 本件公図及び本件旧公図における対象土地乙の幅員は，上記1の(7)のとおり，おおむね4間（7.27m）であると認められる。

(4) 以上の検討結果からすると，対象土地乙の幅員は，4間（7.27m）であるとするのが相当である。

(5) 対象土地乙の現況幅員について

対象土地乙の幅員については，上記(4)のとおり，4間（7.27m）であるとするのが相当であるところ，本件筆界付近の対象土地乙の現況幅員は，次のとおりである。

ア S3点を基点とし，同点からS5点を直線で結んだ線の延長線と本件L型側溝の南東縁との交点をS9点（計算点）とし，同点から対側地L型側溝の北西縁に対して垂線を下ろした線との交点をS14点（計算点）とした場合のS9点とS14点との点間距離は，7.184mである。

イ S2点を基点とし，同点からS8点を直線で結んだ線の延長線と本件L型側溝の南東縁との交点をS11点（計算点）とし，同点から対側地L型側溝の北西縁に対して垂線を下ろした線との交点をS17点（計算点）とした場合のS11点とS17点との点間距離は，6.964mである。

ウ 本件L型側溝及び対側地L型側溝の設置状況においては，1点の屈曲点が存する。

なお，本件筆界については，上記1の(3)のとおり，本件公図及び本件旧公図においても1点の屈曲点が描画されている。

本件L型側溝における南東縁の屈曲点S10点と対側地L型側溝における北西縁の屈曲点S16点との点間距離は，7.101mである。

エ 対象土地乙の現況幅員に対する道路中心点は，上記ア，イ及びウにより算出した点間距離の2分の1の距離C3，C2及びC1の各点（計算点）となる。

6 本件筆界について

本件筆界については，上記5の(1)の検討結果を踏まえた上，上記2の(1)アないしウの官民境界の確定手法に準じて特定するのが相当である。

(1) 本件筆界の北東端点について

本件筆界の北東端点は，Ｃ３点とＣ２点とを直線で結んだ線（以下「道路中心線１」という。）を基線とし，道路中心線１から対象土地乙の幅員7.27ｍを均等に配分した幅員3.635ｍを対象土地甲側へ平行移動させた線（以下「道路幅員線１」という。）の延長線と，Ｓ３点を基点とし，同点とＳ５点を直線で結んだ線の延長線との交点をＫ１点（計算点）とするのが相当である。

(2)　本件筆界の南西端点について

　　本件筆界の南西端点は，Ｃ１点とＣ２点とを直線で結んだ線（以下「道路中心線２」という。）を基線とし，道路中心線２から対象土地乙の幅員7.27ｍを均等に配分した幅員3.635ｍを対象土地甲側へ平行移動させた直線（以下「道路幅員線２」という。）と，Ｓ２点を基点とし，同点とＳ８点を直線で結んだ線との交点をＫ３点（計算点）とするのが相当である。

(3)　本件筆界の屈曲点について

　　本件筆界における屈曲点は，道路幅員線１と道路幅員線２との交点をＫ２点（計算点）とするのが相当である。

第４　結　論

　以上の事実及び認定結果から判断すると，本件筆界は，別紙特定図面中のＫ１，Ｋ２及びＫ３の各点を順次直線で結んだ線とするのが相当とされた事例である。

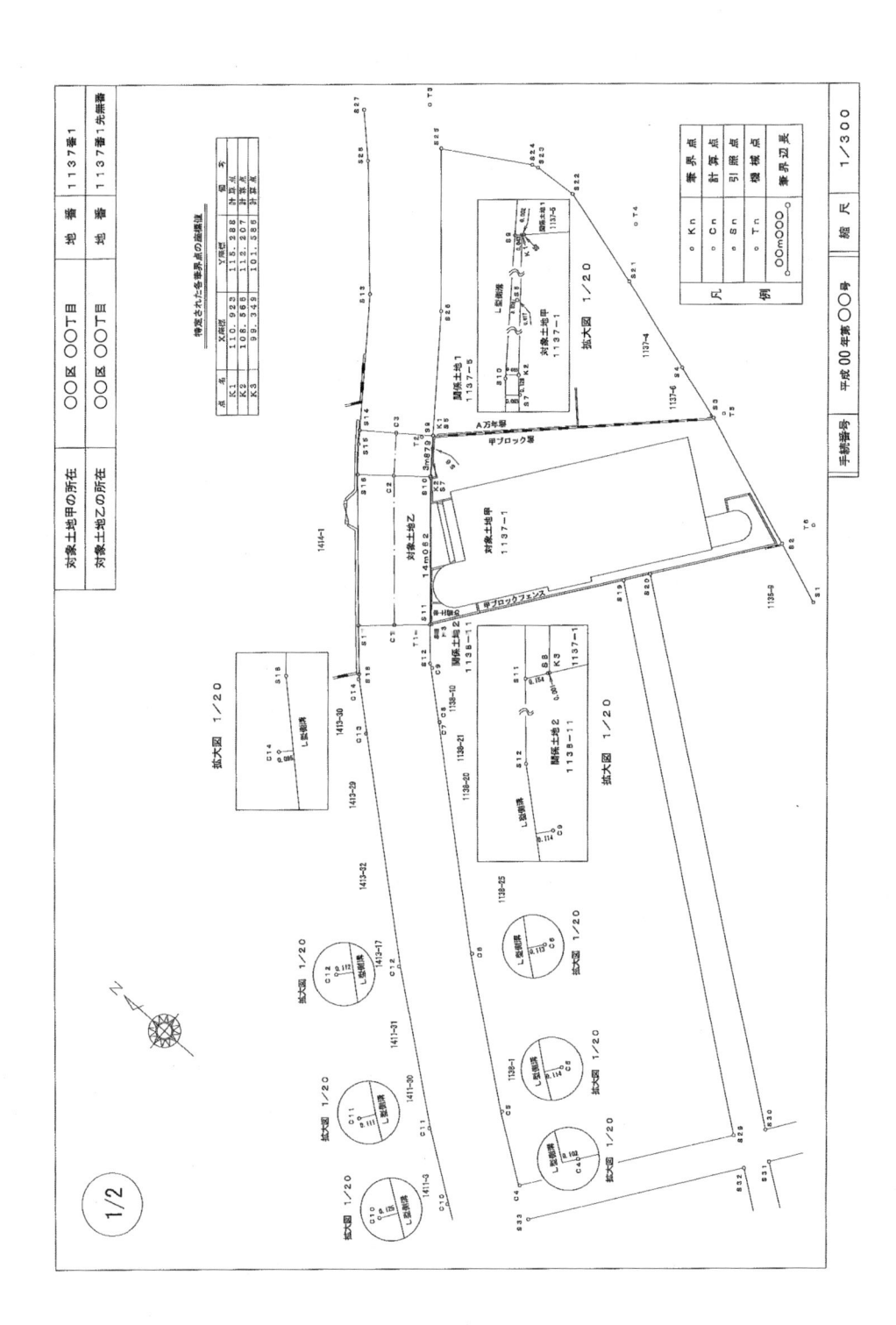

| 対象土地甲の所在 | ○○区 ○○丁目 | 地番 | 1137番1 |
| 対象土地乙の所在 | ○○区 ○○丁目 | 地番 | 1137番1先無番 |

座標値

点名	X座標	Y座標	記号
S1	72.253	127.644	金属鋲
S2	78.256	129.836	鋲部分
S3	91.227	134.406	鋼板釘
S4	96.682	136.044	金属鋲
S5	110.921	115.290	金属鋲
S6	110.183	114.292	金属鋲
S7	108.788	102.114	金属鋲
S8	99.350	101.555	金属鋲
S9	110.954	115.256	L字鋼板
S10	108.618	112.134	L字金属鋲
S11	99.443	101.462	L字金属鋲
S12	96.982	98.553	L字鋼板
S13	124.415	121.475	L字鋼板
S14	115.750	111.012	L字鋼板
S15	115.959	109.933	L字鋼板
S16	114.458	107.683	L字鋼板
S17	104.682	96.873	L字金属鋲
S18	101.613	93.371	L字金属鋲
S19	87.817	116.948	金武鋲
S20	86.181	119.123	金属鋲
S21	105.971	138.839	金属鋲
S22	115.585	141.557	区名所属札
S23	115.958	141.277	L字鋼板
S24	120.418	141.106	L字鋼板
S25	128.188	136.524	鋲
S26	118.068	124.772	L字鋼板
S27	136.333	134.423	L字鋼板
S28	132.866	130.998	L字鋼板
S29	45.071	84.047	金属鋲
S30	43.073	85.480	金属鋲
S31	40.277	84.382	金属鋲
S32	53.206	84.812	L字鋼板
S33	102.063	98.168	金属鋲
C1	111.385	109.909	折算点
C2	113.852	113.135	折算点
C3	57.982	66.701	折算点
C4	63.873	70.903	折算点
C5	75.855	80.415	折算点
C6	92.552	95.026	折算点
C7	92.564	95.065	折算点
C8	96.560	98.462	折算点
C9	52.177	60.772	折算点
C10	68.243	65.088	折算点
C11	80.525	74.835	折算点
C12	97.398	89.543	折算点
C13	101.340	92.979	折算点
C14	100.700	100.000	鋲
T1	114.454	136.955	鋲
T2	131.756	145.390	鋲
T3	109.021	135.392	鋲
T4	90.712	133.104	鋲
T5	77.011		

手続番号 平成00年第○○号
縮尺

事 例 24

原始筆界について，対象土地の実測図を有力な資料として特定した事例

　管轄登記所が保管する旧土地台帳附属地図は，明治初期に作成されたものとはいいがたく，本件筆界がいわゆる原始筆界なのかについて明確な判断をすることはできない。しかしながら，旧土地台帳に表記された合筆の経緯及び旧土地台帳附属地図に描画された地番の配列からすると，本件筆界は，地租改正の際に形成された筆界（以下「原始筆界」という。）であると推認される。

　本件においては，本件筆界を実測したと推認される二つの図面が存在しているところ，両図に表記された筆界を，それぞれ現地に復元した結果は相違することとなる。そこで，両図の比較検討を行い，申請人が保有する昭和10年土地実測図に表記された筆界を現地に復元することにより，その位置を特定した。

第1　事案の概要

1　事案の骨子

　　本件は，対象土地甲と対象土地乙との筆界（以下「本件筆界」という。）について，対象土地甲の所有者が対象土地乙の所有者に確認を求めたところ，双方に意見の相違があり，筆界が不明となった事案である。

2　対象土地及び関係土地の現況並びに所有状況等

　(1)　対象土地等の現況

　　現地は，○○線○○駅から南西へ150ｍほどの所に位置する平坦な住宅地であり，対象土地及びその周辺土地の位置関係は，別紙特定図面のとおりである。

　(2)　本件筆界に係る対象土地

　　ア　対象土地甲

当該土地の所有権登記名義人は，申請人である。

　　　同土地は，申請人が売買により所有権を取得したものであり，同人が所有する区分建物の敷地として利用されている。

　　イ　対象土地乙

　　　当該土地の所有者は，関係人Aらである。

　　　同土地は，関係人Aらが相続により所有権を取得したものであり，同人らが所有する区分建物の敷地として利用されている。

　(3)　本件筆界に係る関係土地

　　ア　○○区○○二丁目14番11の土地（以下「関係土地1」という。）

　　　当該土地の所有権登記名義人は，関係人Bであり，同土地の借地人が所有する建物の敷地として利用されている。

　　イ　○○区○○二丁目14番4の土地（以下「関係土地2」という。）

　　　当該土地の所有権登記名義人は，関係人Cであり，同土地の借地人が所有する建物の敷地及び通路として利用されている。

3　対象土地等の沿革

　(1)　対象土地甲

　　ア　対象土地甲の元地である○○区○○町191番1の土地（現在の14番5の土地）は，昭和10年3月25日に同番4の土地（関係土地2）及び同番5の土地（対象土地甲）を分筆（以下「昭和10年分筆」という。）した。

　　イ　上記アにより創設された対象土地甲は，昭和28年11月1日の町名地番変更（以下「昭和28年町名地番変更」という。）により現在の所在地番となり，その後，昭和36年10月7日に14番6の土地を分筆したことにより現在の形状となった。

　　ウ　なお，14番5の土地の旧表題部には上記ア以前の昭和3年10月30日付けの分筆の経緯が記載されているが，旧土地台帳には上記アを含むこれらの記載がないため，対象土地甲に係る分・合筆の経緯のすべてを明らかにすることはできない。

　(2)　対象土地乙

　　　○○区○○町189番2の土地（対象土地乙）は，昭和28年町名地番変更により現在の所在地番となり，昭和52年12月10日に14番14の土地を分筆し，さらに，昭和61年2月17日に14番15の土地を分筆したことにより現在の形

状となった。

　なお，対象土地乙についても，上記(1)のウと同様の理由により，同土地が創設されるに至る分・合筆の経緯のすべてを明らかにすることはできない。

(3)　関係土地1

　関係土地1は，昭和42年10月27日に14番1の土地から分筆されたことにより創設された。

　なお，関係土地1の元地である14番1の土地についても，上記(1)のウと同様の理由により，同土地が創設されるに至る分・合筆の経緯のすべてを明らかにすることはできない。

(4)　関係土地2

　上記(1)のアにおいて創設された関係土地2は，昭和28年町名地番変更により現在の所在地番となり，その後，平成14年12月24日に14番16ないし同番18の各土地を分筆したことにより現在の形状となった。

(5)　本件筆界が形成された経緯

　旧土地台帳の沿革欄によると，対象土地甲の分筆元地である191番1の土地には193番1の土地が，また，対象土地乙の分筆元地とみられる189番1の土地には190番2の土地がそれぞれ合筆された表記がある。

　一方，本来であれば，土地の合筆に基づき旧土地台帳附属地図にも合筆の処理がなされていなければならないところ，管轄登記所に保管されている昭和28年町名地番変更前の地番が描画された旧土地台帳附属地図（以下「旧公図1」という。）には，上記合筆に係るすべての土地の地番及び筆界が描画されていた痕跡がないことから，同図は明治初期に作成されたものとはいいがたく，本件筆界がいわゆる原始筆界なのかどうかについて明確な判断をすることはできない。

　しかしながら，上記合筆の経緯からすると，189番1の土地及び191番1の土地に合筆された各土地の元番が重複していないことが確認でき，かつ，189番1の土地と191番1の土地との間において合筆されたことが認められないという二つのことをかんがみると，本件筆界は，地租改正の際に形成された筆界（以下「原始筆界」という。）であると推認される。

第2 申請人及び関係人の主張並びにその根拠

1 申請人の主張及びその根拠

申請人は，本件筆界は，申請人代理人作成の現況実測図（以下「現況実測図」という。）中，ウ点（特定図面中，P2点）とエ点（特定図面中，P1点）とを直線で結んだ線であると主張する。

その根拠は，次のとおりである。

(1) 申請人が対象土地甲の所有権を取得した際，同土地の前所有者から昭和10年1月6日付け○○作成の○○家所有土地実測図（以下「甲実測図」という。）を売買契約書の附属書面として譲り受けていることから，当該実測図に表記された各筆界を現地に復元したものが対象土地甲の各筆界と認識している。

(2) また，対象土地甲には申請人が所有する建物が存しているところ，対象土地甲と対象土地乙との占有界は当該建物の基礎により明白であることから，本件筆界は，当該基礎付近をなぞる直線であると認識している。

2 関係人Aらの主張及びその根拠

関係人Aらは，本件筆界は，同人らの代理人である土地家屋調査士○○が作成した現況調査図中，B点（14番8の土地の南西角付近に位置する金属鋲）とイ点（特定図面中，K2点）とを直線で結んだ線をそのまま北方向へ延長した線であると主張する。

その根拠は，次のとおりである。

(1) 管轄登記所に備え付けられている地図に準ずる図面（以下「本件公図」という。）において，対象土地甲，14番11，同番10，同番8及び同番1の各土地と対象土地乙との筆界は，直線の形状で描画されている。

(2) 14番10，同番9（平成17年12月17日に14番8の土地に合筆）及び同番1の各土地と対象土地乙との筆界については，当時における各土地の所有者間において，境界確認書（以下「乙東確認書」という。）を取り交わしており，本件公図に描画された上記(1)の筆界の形状を勘案すると，乙東確認書に表記された対象土地乙の東側筆界をそのまま北方向に延長した直線の一部が本件筆界であると認識している。

3 関係人Bの主張及びその根拠

関係人Bは，関係土地1と対象土地甲との筆界は，現況実測図中，ア点（特定図面中，S21点）とイ点（特定図面中，K2点）とを直線で結んだ線及びその延長線であると主張する。

その根拠は，関係人Bは，関係土地1，14番10及び同番8の各土地に係る土地求積図を保有しており，関係土地1，14番10及び同番8の各土地の所有者間において，筆界の位置を確認していることから，当該実測図は信頼性があるものと認識していることによる。

4 関係人Cの主張及びその根拠

関係人Cは，関係土地2と対象土地甲との筆界は，現況実測図中，カ（特定図面中，S17点），オ（特定図面中，S26点）及びエ（特定図面中，P1点）の各点を順次直線で結んだ線であると主張する。

その根拠は，次のとおりである。

(1) 関係人Cは，関係土地2に係る昭和10年1月6日付け○○作成の○○家所有土地実測図（以下「関2実測図」という。）を保有しており，当該実測図に表記された各筆界を現地に復元したものが関係土地2の各筆界と認識している。

(2) また，関係土地2と対象土地甲との筆界は，関係人Cと申請人との間において，カ，オ及びエの各点を順次直線で結んだ線で確認しているところ，当該各点は関2実測図に表記された各筆界を現地に復元したものと同一であると認識している。

第3 本件筆界に対する判断

本件筆界は，原始筆界であると認められることから，本件に係る判断資料を検討したところ，本件筆界は，後記各項において述べる旧公図1，甲実測図，関2実測図，各道路確定図並びに申請人及び関係者の主張に基づいて，後記3の(2)で述べる甲実測図に表記された筆界を現地に復元することにより，その位置を特定するのが相当である。

本件に係る各資料についての評価及び事実認定並びにそれに基づく判断は，以下のとおりである。

1 地図に準ずる図面（公図）の検討
(1) 本件公図は，昭和28年町名地番変更後の地番が描画された旧土地台帳附属地図（以下「旧公図2」という。）を謄写して作成されたものであり，その旧公図2は旧公図1を謄写して作成されたものである。
(2) 本件公図における本件筆界の形状について
　ア　本件公図における対象土地及びその周辺土地の形状及び配列は，現地におけるそれとおおむね一致している。
　イ　本件公図及び旧公図2によれば，対象土地甲の北西角点付近は，対象土地甲，対象土地乙及び関係土地2の三筆境の形状で描画されているところ，旧公図1における当該部分は，対象土地乙と関係土地2との筆界が対象土地甲の北西角点から同土地の西側筆界上を南へ進んだ位置を基点としており，いわゆる鍵型の形状で描画されている。

2 対象土地甲及び14番6の土地の東側筆界の検討
　対象土地甲及びその北東側隣接地である14番6の土地の東側筆界については，○○（管理者）が保管する14年第3942号土地境界図（以下「3942号確定図」という。）及び108－330号土地境界図（以下「330号確定図」という。）により道路境界（以下「○○号国道境」という。）が確定しており，両図の検証結果は，以下のとおりである。
(1) 3942号確定図及び330号確定図には座標値，境界標の種類及び恒久的地物から境界点までの距離が表記されており，現存する引照点を基点として両図に表記された○○号国道境を復元することが可能である。
(2) 現地における14番16及び同番18の各土地の東側筆界付近には都金属標（S10点及びS12点）が，対象土地甲及び14番6の土地（以下，14番6の土地と対象土地甲とを併せて用いる際には，「対象土地甲等」という。）の東側筆界付近には民金属標（S17点及びS20点）及び金属鋲（T2点）がそれぞれ設置されており，3942号確定図及び330号確定図に表記された境界標の設置状況と一致する。また，本件に係る測量の成果（以下「本件測量成果」という。）における上記境界標間の距離と，3942号確定図及び330号確定図において，これらに対応すると見られる点間距離とを比較したところ，すべてにおいて不動産登記規則第10条第4項第1号の精度区分（以下「公差」という。）の範囲内で一致している。

(3) 以上のことから，3942号確定図及び330号確定図は，本件筆界を特定するための資料としては信頼性が高いものと認められ，両図における○○号国道境を現地に復元した結果は，S12，S20及びS21（刻み印）の各点を順次直線で結んだ屈曲線となることから，対象土地甲等の北東角点及び南東角点は当該屈曲直線上に存していると判断するのが相当である。

3 甲実測図及び関2実測図並びに乙実測図の検討

申請人からは甲実測図が，関係人Cからは関2実測図が，また，関係人Aらからは昭和4年2月及び○○と表記されている実測平面図（以下「乙実測図」という。）がそれぞれ提出されており，各図の検証結果は，以下のとおりである。

(1) 乙実測図について

乙実測図には，土地の区画及び図解法に基づく点間距離の表記があるものの，境界標の設置状況及び座標法に基づく位置の情報が表記されてないことから，当該図面のみをもって直ちに現地の復元を可能とするものではなく，同図を現地に復元するには，そのための基点及び基線が必要となる。

ア 対象土地乙の西側に隣接する道路（以下「乙西道路」という。）からの復元

(ア) 乙西道路は，○○区が保管する○○区129－1号土地境界図（以下「129－1号確定図」という。）により道路境界が確定しているところ，上記確定図が作成される以前において，数次にわたる境界確定が実施されており，その結果である道路確定図が複数存在している。

(イ) 乙西道路縁には，区コンクリート杭（S32点）が設置されているところ，その位置は，129－1号確定図及び昭和27年10月21日第107号○○区○○町197－2番地先水路敷境界南標示図に表記されている道路境界中，点間距離が公差の範囲内で一致している二つの直線（S31点とS32点とを直線で結んだ線及びS32点とS39点とを直線で結んだ線）の接合部である。また，上記各点間距離は，本件測量成果におけるそれとも公差の範囲内で一致していることから，昭和27年当時からその位置に異動がないものと推認される。

(ウ) ここで仮に，基点を上記(イ)で検証したS32点と，また，基線を129

−1号確定図に表記された乙西道路境として，乙実測図に表記された本件筆界の復元を試みたところ，復元された本件筆界は，対象土地乙に存する共同住宅の東側部分を縦断する結果となる。
　イ　○○号国道境からの復元
　　(ア)　現地における13番8の土地の東側筆界点付近には民金属標（S23点）が，また，同番4の土地の南東角点付近には金属鋲（S38点）がそれぞれ設置されており，○○（管理者）が保管する北109−362号土地境界図（以下「362号確定図」という。）に表記された境界標の設置状況と一致する。また，本件測量成果における上記境界標間の距離と，362号確定図においてこれに対応すると見られる点間距離とを比較した結果は，公差の範囲内で一致している。
　　(イ)　362号確定図中，S1ないしS3の各点の境界標の種類は，330号確定図中，P1ないしP3の各点の境界標の種類と一致しており，かつ，本件測量成果における各境界標間の距離は，それぞれ公差の範囲内で一致していることをかんがみると，両図に表記された上記各点は同一点であり，362号確定図に表記された道路境界は，対象土地甲等の東側筆界屈曲点まで直線の形状であると認められる。
　　(ウ)　ここで仮に，基点を上記(ア)のS23点と，また，基線を362号確定図及び330号確定図に表記された道路境界を直線で結んだ線として，乙実測図に表記された本件筆界の復元を試みたところ，復元された本件筆界は，上記アの(ウ)の復元結果と同様に対象土地乙に存する共同住宅の東側部分を縦断する結果となる。
(2)　甲実測図及び関2実測図について
　ア　甲実測図及び関2実測図に表記された地積について
　　(ア)　甲実測図には，作成当時における対象土地甲等について，図解法に基づく点間距離が表記されている。また，甲実測図及び関2実測図には測量日（昭和10年1月6日）が表記されているところ，その日は，対象土地甲等の創設原因である昭和10年分筆の原因日付（昭和10年3月25日）及び対象土地甲の前所有者が所有権を取得した原因日付（昭和10年3月25日売買）と近時である。
　　(イ)　甲実測図及び関2実測図には，昭和10年当時における191番5（対象土地甲等），191番4（関係土地，14番16，14番17及び14番18の各土地）及び

191番1（14番5，14番12及び14番13の各土地）の各土地の地積がそれぞれ表記されているところ，当該地積と各土地の旧土地台帳に表記された地積との比較した結果において，甲実測図及び関2実測図に表記されたそれらが若干多いことから，土地台帳を所管していた税務署に提出された分筆申告図でないことが確認できる。

(ウ) 一般に，申告実測図は，徴税の基礎資料とされることから，売買取引のための実測図は当事者が保管し，これとは別に税務署への申告のために地積を若干程度過少にして作成されたものが存在している場合があり，甲実測図及び関2実測図は，その内の前者であると推定され，実測値を表記したものであると考えられる。

イ ○○号国道境に存する御影石の縁石について

(ア) ○○号国道境には御影石の縁石が敷設されているところ，国道○○号の管理者である○○によると，当該縁石は道路拡幅事業に伴い大正4年又はその近時に設置したものであるとし，3942号確定図及び330号確定図に表記された道路境界は，当該縁石の設置状況を勘案した上，隣接地所有者との立会い確認の結果を図化したものであるとする。

(イ) また，甲実測図及び関2実測図に表記された○○号国道境の点間距離と，3942号確定図及び330号確定図に表記されたそれらに対応すると見られる点間距離とを比較したところ，それぞれの点間距離は公差の範囲内で一致していることから，甲実測図及び関2実測図は，御影石の縁石の設置状況に基づき作成されたものと推認される。

ウ 甲実測図及び関2実測図に表記された各点間距離の整合性について

(ア) 甲実測図及び関2実測図に表記された図解法に基づく各点間距離は，尺貫法によるものであり，小数点以下第2位の表記であることから，メートル法に換算した結果には最大18mmの誤差が内在することになる。

(イ) 上記(ア)の事実を勘案した上で，甲実測図及び関2実測図に表記された図解法に基づく各三角形を図上復元したところ，復元した各三角形は三辺が閉合するために必要な数学的条件におおむね合致していることが認められる。

(3) 上記(1)及び(2)における各検証から，乙実測図に表記された測量成果と，

甲実測図及び関2実測図に表記されたそれとを比較したところ，現地の占有状況を勘案した場合において，甲実測図及び関2実測図に表記された各土地の形状及び点間距離が本件筆界の形状を正確に表記していると認められることから，本件筆界は，甲実測図及び関2実測図に表記されたそれを現地に復元する方法により特定するのが相当である。

4 本件筆界の復元方法の検討

甲実測図及び関2実測図を現地に復元するには，基点及び基線が必要となるところ，その具体的な基点及び基線並びに復元した対象土地甲等の筆界点の位置は，次のとおりである。

(1) 対象土地甲等の北東角点について

ア 対象土地甲等と関係土地2との筆界付近には民金属標（S17点）及び金属鋲（S26点）が設置されており，申請人と関係人Cとの間で取り交わされた平成21年4月28日付け土地境界確認書（以下「甲関2確認書」という。）に表記された境界標の設置状況と一致する。

イ いわゆる官民境界確定協議の法的性質については，所有権の及ぶ範囲に関する私法上の契約であると解するのが通説・判例の立場であり，その結果は，筆界を認定するに当たってのあくまでも一つの資料にすぎない。しかしながら，隣接する民有地の所有者の立会いを求めて境界の確認をするなどの手続を経たものについては，その手続の内容について相当の合理性があると認められることから，この官民境界確定協議が成立している場合は，それ自体を筆界を認定するに当たっての重要な資料として採用するのが相当である。

ウ また，民有地間の境界に関する合意については，これによって筆界自体が変動するものではないが，甲関2確認書におけるZAP4点の座標値は，上記2において検証した330号確定図のP1点のそれと同一値であることからすると，対象土地甲等の北東角点はS17点であると判断するのが相当である。

(2) 対象土地甲等の南西角点について

ア 対象土地乙と14番1，同番9（14番8の土地に合筆）及び同番10の各土地との筆界については，当時における各土地の所有者間において，乙東確認書が取り交わされているところ，同書には関係土地1の北西角点

（対象土地甲等の南西角点）が大谷石杭と表記されており，当時における対象土地乙及び関係土地１の所有者間における対象土地甲等の南西角点の認識が一致していることが認められる。また，当該大谷石杭は，コンクリートたたきを掘削したと見られる形状部分に設置されていることから，設置後に異動がないものと推認される。

イ 対象土地甲等の南側筆界については，以下のとおり，複数の測量成果が存在している。

(ア) 管轄登記所が保管する関係土地１に係る地積測量図及び乙東確認書に表記された対象土地甲等の南側筆界の点間距離は，13.150m及び13.215mである。

(イ) 本件測量成果における対象土地甲等の南東角付近にある刻み印（S21点）と大谷石杭に塗布されたペンキ印（K２点）との点間距離は，13.218mであり，上記(ア)の測量成果と公差の範囲内で一致する。

(ウ) 甲実測図に表記された対象土地甲等の南側筆界の点間距離は，7.33間（＝13.328m）である。しかしながら，同図における対象土地甲等の南西角点には丸印の表記があり，境界標の設置状況を明示したものと推認されるところ，その付近に存する境界標等は，上記アの大谷石杭のみである。

ウ 以上のことから，対象土地甲等の南西角点は大谷石に塗布されたペンキ印の位置（K２点）であると判断するのが相当である。

(3) 本件筆界の具体的な復元方法について

ア 甲実測図が作成された当時における測量の手法は，平板測量による方法が一般であり，既知点から求点までの角度をアリダート（測量機器）を用いて測定した上，鋼巻き尺により点間距離を計測して作図を行い，土地を求積するための図解法（三斜求積法）による距離については，スケールによる図上読取りにより作成されていた。

このことから，上記方法により作成された図面において，目視可能な点間距離については一定の精度は有していると認められるところ，夾角や図解法に基づく三角形の高さについては，必ずしも現在の精度に合致したものということはできず，本件筆界を特定するに当たっては，当時において目視可能と推認される筆界点間の距離を基礎とするのが相当である。

イ　対象土地甲等の北西角点は，上記4の(1)で検証した同土地の北東角点と認められるＳ17点及び上記4の(2)で検証した同土地の南西角点と認められるＫ2点を中心として，甲実測図に表記された点間距離である7.78間（＝14.146m）及び7.7間（＝14.000m）を半径とする各円の交点（Ｃ3点）として復元する。

ウ　対象土地甲等の北西角点付近について，甲実測図及び関2実測図に表記された形状と，本件公図に描画された形状とは齟齬しているところ，上記3の(2)アのとおり，両図に表記された測量日と，対象土地甲及び関係土地2が創設された日とは近時であり，当該部分が昭和10年分筆により形成されたという二つの事実をかんがみると，旧公図1に描画された当該部分の形状は正しいものと判断するのが相当である。

　　このことから，本件筆界の北端点は，Ｋ2点を基点として，同点と上記イで検証した対象土地甲等の北西角点であるＣ3点とを直線で結んだ線上を北方向へ甲実測図に表記された7.30間（＝13.273m）進んだ位置（Ｋ1点）として復元するのが相当である。

エ　なお，関係人Ａは，前記第2の2(2)のとおり，対象土地甲，14番11，同番10，同番8及び同番1の各土地と対象土地乙との筆界は，直線の形状であると主張しているところ，600分の1の縮尺で作製された公図上に0.2mmの細線で描画した場合において，わずかな屈曲点を設けて描画することはきわめて困難であり，かつ，前記第1の3(5)の分・合筆の経緯及び旧公図1に描画された地番の配列からすると，本件筆界及び上記筆界の南側部分の各形成原因は，原始筆界及び分筆筆界とそれぞれ推認されることから，同図に描画された筆界が直線の形状であるにもかかわらず，上記イ及びウの復元結果においてわずかな屈曲点が存する場合は，屈曲線であると判断するのが相当である。

第4　本件筆界について

1　本件筆界の南端点は，前記第3の4(2)ウにより，Ｋ2点とするのが相当である。

2　本件筆界の北端点は，前記第3の4(3)ウにより，Ｋ1点とするのが相当である。

3　以上のことから，本件筆界は，K1点とK2点とを直線で結んだ線とするのが相当である。

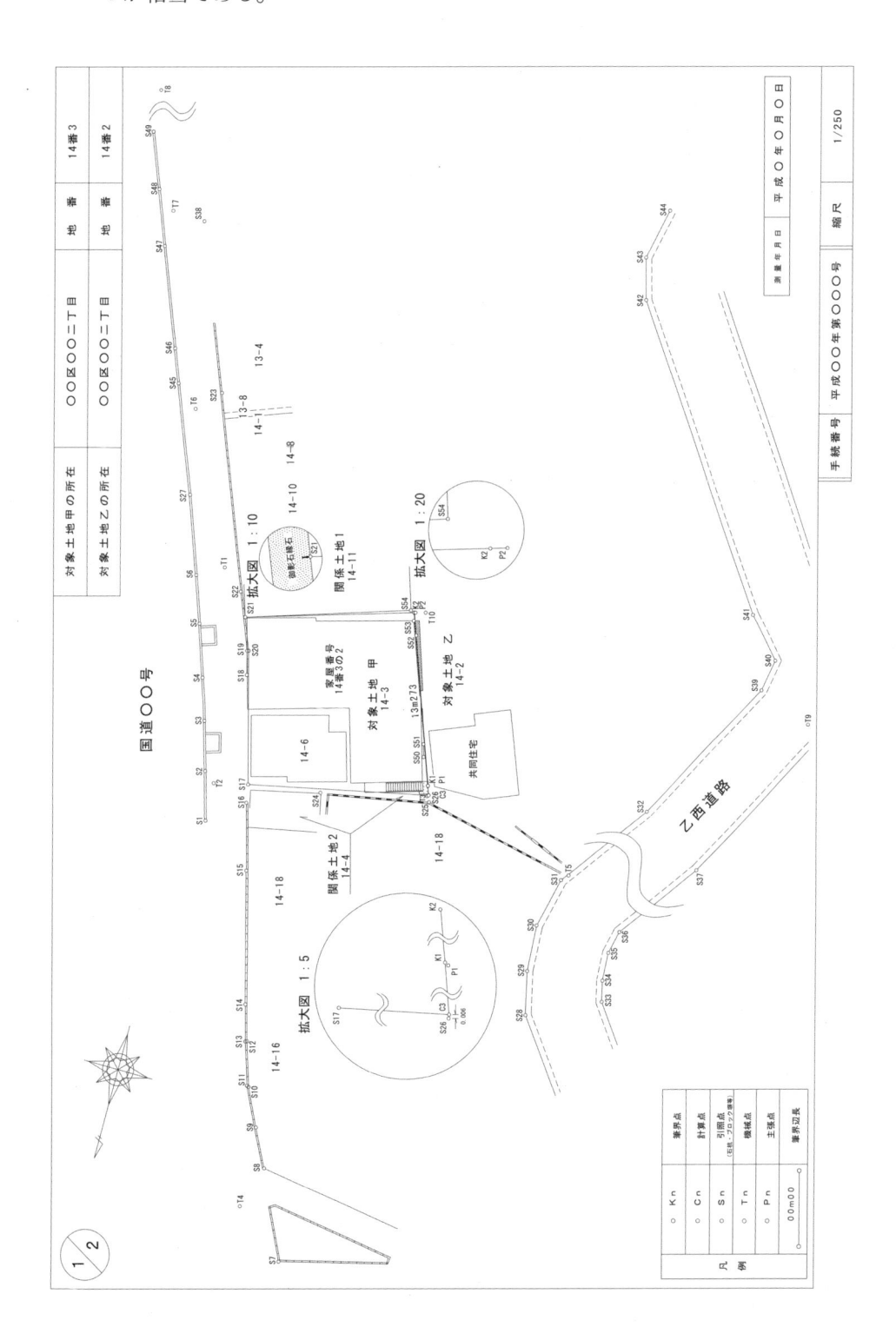

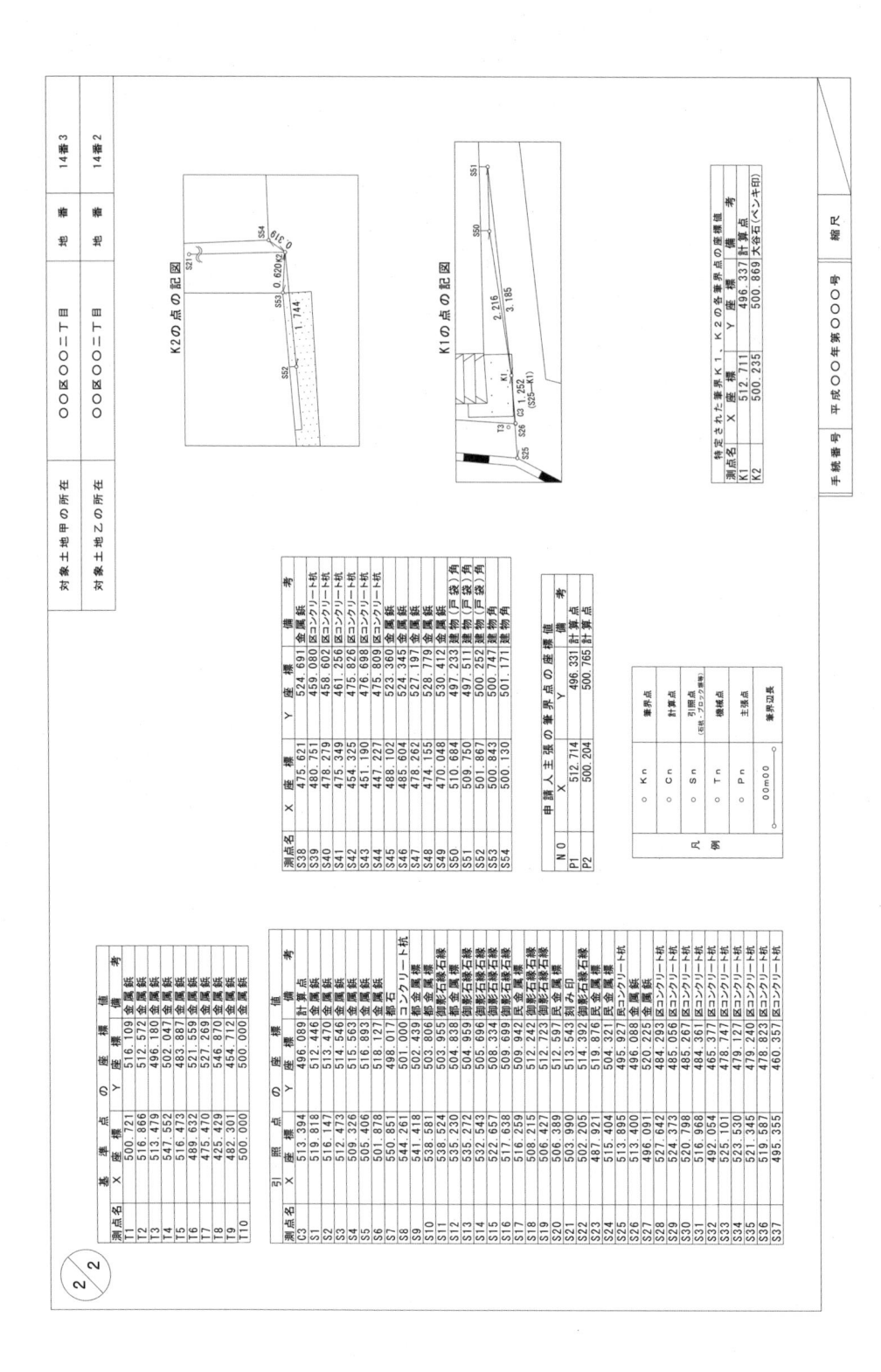

対象土地甲の所在	○○区○○○丁目	地番	14番3
対象土地乙の所在	○○区○○○丁目	地番	14番2

K2の点の記図

K1の点の記図

特定された筆界K1、K2の各筆界点の座標値

測点名	X座標	Y座標	備考
K1	512.711	496.337	計算点
K2	500.235	500.869	大谷石(ペンキ印)

| 手続番号 | 平成○○○年第○○○○号 | 縮尺 | |

申請人主張の筆界点の座標値

測点名	X座標	Y座標	備考
S38	475.621	524.691	金属鋲
S39	480.751	459.080	区コンクリート杭
S40	478.279	458.602	区コンクリート杭
S41	475.349	461.256	区コンクリート杭
S42	454.325	475.826	区コンクリート杭
S43	451.190	476.698	区コンクリート杭
S44	447.227	475.809	区コンクリート杭
S45	488.102	523.360	金属鋲
S46	485.604	524.345	金属鋲
S47	478.262	527.197	金属鋲
S48	474.155	528.779	金属鋲
S49	470.048	530.412	金属鋲
S50	510.684	497.233	建物(戸袋)角
S51	509.750	497.511	建物(戸袋)角
S52	501.867	500.252	建物角
S53	500.843	500.747	建物角
S54	500.130	501.171	建物角

NO	X	Y	備考
P1	512.714	496.331	計算点
P2	500.204	500.765	計算点

凡例

○	Kn	筆界点
○	Cn	計算点
○	Sn	引照点(石積、ブロック塀等)
○	Tn	機械点
○	Pn	主張点
00m00		筆界辺長

基準点の座標値

測点名	X座標	Y座標	備考
T1	513.394	496.089	計算点
T2	519.818	512.446	金属鋲
T3	516.147	513.470	金属鋲
T4	512.473	514.546	金属鋲
T5	509.326	515.563	金属鋲
T6	505.406	516.893	金属鋲
T7	501.878	518.127	金属鋲
T8	550.851	498.017	都石
T9	544.261	501.000	コンクリート杭
T10	500.000	500.000	金属鋲

引照点の座標値

測点名	X座標	Y座標	備考
C3	513.394	496.089	計算点
S1	519.818	512.446	金属鋲
S2	516.147	513.470	金属鋲
S3	512.473	514.546	金属鋲
S4	509.326	515.563	金属鋲
S5	505.406	516.893	金属鋲
S6	501.878	518.127	金属鋲
S7	550.851	498.017	都石
S8	544.261	501.000	コンクリート標
S9	541.418	502.439	都金属標
S10	538.581	503.806	都形石標石標
S11	538.524	503.955	御形石標石標
S12	535.230	504.838	都形石標石標
S13	535.272	504.959	御形石標石標
S14	532.543	505.696	御形石標石標
S15	532.657	508.334	御形石標石標
S16	522.657	509.699	御形石標石標
S17	517.638	509.942	民金属標
S18	516.259	512.242	御形石標石標
S19	508.215	512.723	御形石標石標
S20	506.427	512.597	民金属標
S21	503.990	513.543	刻み石印
S22	502.205	514.392	御形石標石標
S23	487.921	519.876	民金属標
S24	515.404	504.321	民コンクリート杭
S25	513.895	495.927	金属鋲
S26	513.400	496.088	金属鋲
S27	496.091	520.225	金属鋲
S28	527.642	484.293	区コンクリート杭
S29	524.373	485.056	区コンクリート杭
S30	520.798	485.267	区コンクリート杭
S31	516.968	484.361	区コンクリート杭
S32	492.054	465.377	区コンクリート杭
S33	525.101	478.747	区コンクリート杭
S34	523.530	479.127	区コンクリート杭
S35	521.345	479.240	区コンクリート杭
S36	519.587	478.823	区コンクリート杭
S37	495.355	460.357	区コンクリート杭

2/2

筆界特定事例集	定価：本体2,800円（税別）

平成22年11月10日 初版発行

編 著 東京法務局不動産登記部門
地図整備・筆界特定室

発行者 尾 中 哲 夫

発行所 日 本 加 除 出 版 株 式 会 社

本 社 郵便番号 171-8516
東京都豊島区南長崎3丁目16番6号
TEL （03）3953－5757（代表）
　　 （03）3952－5759（編集）
FAX （03）3951－8911
URL http://www.kajo.co.jp/

東日本営業所 郵便番号 171-8516
東京都豊島区南長崎3丁目16番6号
TEL （03）3953－5642
FAX （03）3953－2061

西日本営業所 郵便番号 532-0011
大阪市淀川区西中島5丁目6番3号
チサンマンション第2新大阪301号
TEL （06）6308－8128
FAX （06）6307－2522

組版・印刷・製本／㈱倉田印刷

落丁本・乱丁本は本社でお取替えいたします。
Ⓒ 2010
Printed in Japan
ISBN978-4-8178-3896-4 C2032 ¥2800E

Ⓡ〈日本複写権センター委託出版物〉
本書の無断複写は、著作権法上での例外を除き、禁じられています。複写を希望される方は、事前に日本複写権センターの許諾を得てください。**日本複写権センター** （03-3401-2382）

新版 Q&A 表示に関する登記の実務

中村隆・中込敏久 監修　荒堀稔穂 編集代表

第1巻
- ◎登記手続総論
- ◎土地の表題登記
- ◎分筆の登記

商品番号：49081　略号：表実1
●A5判　●560頁　●定価4,935円（本体4,700円）
●ISBN978-4-8178-3756-1　●平成19年1月刊

第2巻
- ◎合筆登記　◎地積更正
- ◎地目変更　◎地図訂正

商品番号：49082　略号：表実2
●A5判　●562頁　●定価5,040円（本体4,800円）
●ISBN978-4-8178-3769-1　●平成19年5月刊

第3巻
- ◎地積測量図
- ◎土地の滅失の登記
- ◎特殊登記

商品番号：49083　略号：表実3
●A5判　●500頁　●定価4,725円（本体4,500円）
●ISBN978-4-8178-3787-5　●平成19年11月刊

第4巻
- ◎建物の表題登記
- ◎建物の増築の登記

商品番号：49084　略号：表実4
●A5判　●506頁　●定価4,725円（本体4,500円）
●ISBN978-4-8178-3795-0　●平成20年5月刊

第5巻
- ◎建物の合体・合併・分割の登記
- ◎区分建物の登記
- ◎建物の滅失の登記
- ◎建物図面関係

商品番号：49085　略号：表実5
●A5判　●640頁　●定価5,775円（本体5,500円）
●ISBN978-4-8178-3802-5　●平成20年12月刊

特別編
Q&A 表示に関する登記の実務

筆界特定制度 一問一答と事例解説

筆界特定実務研究会 編著

商品番号：49086　略号：表実特
●A5判　●672頁　●定価5,880円（本体5,600円）
●ISBN978-4-8178-3778-3　●平成20年1月刊

日本加除出版

〒171-8516　東京都豊島区南長崎3丁目16番6号
営業部　TEL (03) 3953-5642　FAX (03) 3953-2061　http://www.kajo.co.jp/